高等职业教育新形态一体化教材

大学生职业指导

（第二版）

主　审　梁　正
主　编　叶　蓉　冯　玫
副主编　康秋林　邹　莉　张汉芳
参　编　马　蜂　胡广龙　金　琼　熊　岩

高等教育出版社·北京

内容提要

本书结合职业的特点、就业的形势和大学生成长的特点，根据编者多年的教学实践，在第一版的基础上修订而成。本次修订主要在各个章节增加了二维码教学资源，并对第一版的疏漏进行了匡正。

全书分为8章，包括职业认知、职业生涯规划、求职应聘技巧、求职择业心理、职业形象塑造、职场人际关系、就业政策法规、自主创业等内容，着眼于帮助大学生解决选择职业和初入职场的困惑与困难，给予其特定阶段较为全面、非常实用的指导。书中穿插了大量贴近学生、贴近职场且经典实用的案例，每一章都精心设计了拓展训练项目，具有较强的可读性、实用性和针对性。

本书适合作为高职高专院校、应用型本科院校、成人高等学校开设职业生涯规划与就业指导教育课程的教材和参考书，也可作为从事职业生涯规划与就业指导工作相关机构和人员的培训教材，还可作为大学生求职择业的自学参考书。

图书在版编目（CIP）数据

大学生职业指导 / 叶蓉，冯玫主编. -- 2版. -- 北京：高等教育出版社，2018.3（2020.11重印）

ISBN 978-7-04-049134-0

Ⅰ. ①大… Ⅱ. ①叶… ②冯… Ⅲ. ①大学生-职业选择-高等职业教育-教材 Ⅳ. ①G647.38

中国版本图书馆CIP数据核字（2017）第313207号

大学生职业指导

Daxuesheng Zhiye Zhidao

策划编辑 王 畅　　责任编辑 杨 波　　封面设计 张 楠　　版式设计 张 杰
插图绘制 邓 超　　责任校对 吕红颖　　责任印制 耿 轩

出版发行	高等教育出版社	网　　址	http://www.hep.edu.cn
社　　址	北京市西城区德外大街4号		http://www.hep.com.cn
邮政编码	100120	网上订购	http://www.hepmall.com.cn
印　　刷	固安县铭成印刷有限公司		http://www.hepmall.com
开　　本	787mm×1092mm　1/16		http://www.hepmall.cn
印　　张	17	版　　次	2013年3月第1版
字　　数	360千字		2018年3月第2版
购书热线	010-58581118	印　　次	2020年11月第7次印刷
咨询电话	400-810-0598	定　　价	34.40元

物 料 号　49134-00

第二版前言

2013 年，我们在紧密结合大学生的特点基础上编写的《大学生职业指导》，因立足于大学生就业的现实，着眼于整体提升大学生的职业素养，特别突出“学以致用”的指导思想，而得到学生们的喜爱，并受到同行和读者们的肯定。

时隔四年，物换星移，随着计算机网络的普及与现代信息技术的发展，越来越多的数字化信息资源被应用到教育教学当中。我们借此东风，在原有教材的基础上，以教学设计为根本，通过制作一系列数字化媒体资源，以达到进一步优化组合教学内容，使教材内容更饱满和学生学习方式更立体的最终目标。

我们的数字信息资源，覆盖了每一章的重要知识点，通过图片、动画、视频、网络、习题等多媒体向学习者传达课程内容，学生通过扫描二维码可一键式获取学习资料。我们用丰富的数字信息资源给学生创建无缝学习环境，变封闭学习为开放学习，更好引导学生自主探究学习。这不仅给教师教学提供极大便利，也利于学生实现个性化学习。

本次修订工作主要由梁正、叶蓉、冯玫、康秋林、邹莉、张汉芳、马蜂、胡广龙、金琼、熊岩等老师负责完成。由于编者水平有限，本书疏漏之处在所难免，敬请广大专家和读者批评指正。

编　者

2017 年 10 月

第一版前言

就业是民生之本，也是实现人生价值的舞台。大学生就业是我国就业问题中带有战略性的核心问题。受众多因素影响，大学生就业难已成为不争的事实。解剖就业难的原因，我们不难发现，从高校步入社会，有的大学生茫然不知所措，表现出明显的水土不服。他们或者职业定位不准，生涯目标模糊，或者职业素养不佳、自卑心理较重，或者应聘技巧缺乏、政策法规不清，从而导致求职择业失败或初入职场失利。

每个大学生都是可塑之才，都承载着家庭和社会的厚望。给予他们较为全面的职业指导，帮助他们在知己知彼的前提下规划好职业生涯，以娴熟的求职技巧征服面试官，以优异的职场表现赢得企业青睐，以精心的准备实现创业之梦，为他们走进职场、适应职场搭桥铺路，这正是编者编写本书的初衷。

本书特色鲜明，既有理论知识的必要阐述，又偏重方法和技巧的传授；既引用了大量贴近时代、贴近职场、贴近学生的经典案例，又穿插了一些实用有趣的自我测试和情景模拟。每一章都精心设计了实操性训练题，适合课堂讨论练习使用或作为课外素质拓展训练项目。总之，本书内容全面，条理清晰，体例新颖，可读性强，较好地做到了理论性与实用性相结合，知识性与趣味性相统一。

本书由武汉软件工程职业学院叶蓉担任主编，拟定编写大纲并最后统稿。冯玫和康秋林担任副主编，协助完成全书的核校。全书分为八章：第一章“职业认知”由胡广龙编写，第二章“职业生涯规划”由邹莉编写，第三章“求职应聘技巧”由冯玫编写，第四章“求职择业心理”由陈自良和金琼编写，第五章“职业形象塑造”由康秋林编写，第六章“职场人际关系”由张汉芳编写，第七章“就业政策法规”由马蜂编写，第八章“自主创业”由叶蓉编写。

在本书的编写过程中，我们参考了国内近期出版的有关教材、著作、论文等，吸收和借鉴了相关作者的研究成果与学术精华。此外，搜索了人民网、百度、搜狐、新浪、阿里巴巴等网站上的大量文献，引用了其中的数据、资料，在此表示诚挚的谢意！另有一些资料、案例由于是多年积累，现已无法查证出处，在此，对无法标注的相关作者表示深深的谢意和歉意！也希望相关作者及时与我们联系。

本书特邀武汉软件工程职业学院招生与就业指导办公室主任梁正担任主审，该校教务处处长张红卫也参与了审稿。他们严谨细致、反复审核，提出了许多宝贵的意见和建议，在此致以衷心的感谢！在编写过程中，也得到了高等教育出版社相关编辑的大力支持和精心指导，在此一并表达诚挚的谢意！

由于编写此书是一项开创性的工作，加之成书仓促、经验不足、水平有限，在内容选择和体例安排上难免存在疏漏和不当之处，敬请读者谅解，也请大家批评指正，以利今后修改完善。

编写组

2012年12月

目　　录

第一章　职业认知

案例导入

学好专业知识是立身之本

刘×，2008年毕业于山东丝绸纺织职业学院丝绸工程专业，现就职于淄博大染坊丝绸集团有限公司，负责公司在深圳的市场拓展工作。

刘×学习刻苦，品学兼优，在校期间是学生社团活动的灵魂人物，多次获专业奖学金，多次被评为三好学生、优秀学生干部。她很注重将所学与实践相结合，除学校安排的校外实习之外，还主动请老师介绍有关实习公司。她于2007年10月申请到淄博大染坊丝绸集团有限公司实习。正是这长达9个月的实习，为她的顺利就业奠定了基础，毕业时顺利成为该公司的正式员工。

公司经常组织员工参加广州、上海以及国外的一些大型丝绸展会，她也常作为骨干参加。但有一次去法兰克福参展，公司却派了一位有英语六级证书的同事参加。虽然刘×在专业和从业资历方面更有优势，但英语会话能力欠缺，使她错失了这次开阔眼界的大好机会。她看到了自己的不足，便重拾课本，利用业余时间学习英语，即使出差在外也坚持不懈。

刘×的上司、大染坊丝绸集团有限公司丝绸制品公司经理李××这样评价她："虽然她在学历上不占优势，但是她在高职院校过硬的专业学习为她的工作打下了很好的基础。她是个积极向上、聪明好学、责任心强、乐于奉献的人，非常有可塑性。正是这些特质使她很快在众多大学生中脱颖而出，被公司确定为重点培养对象。她才工作一年，就被派到深圳去负责公司制品部的市场开拓工作，步入管理层。相信她会越来越出色。"

（资料来源：四川招生就业网，《高职生就业故事》）

想一想

专业学习为什么是立身之本？刘×的成功给了你哪些启示？

第一节　职业概述

在现实生活中，职业活动几乎贯穿每个人的一生。从青年时期开启职业生涯，到老年时离开工作岗位，这一阶段长达数十年。青少年时期接受教育与培训，也是为将来的职业活动做准备。职业活动是每个人社会生活的重要组成部分。

一、职业的含义

职业是人类社会发展到一定阶段的产物，是随着社会分工而产生的一种社会现象，并随着社会生产力的发展而不断地发展变化。

人们对职业有着不同的理解。有人认为职业就是“某一种工作”，如医生、教师、律师、导游等。也有人认为，职业是一种“生活来源”。更有人认为，职业是一种“专业类别”，或者是一种“等级身份”。

为了界定职业，我国学者对职业的含义做了深入的研究。《现代汉语词典》将“职业”解释为个人在社会中所从事的作为主要生活来源的工作。从词义学的角度分析，“职业”一词由“职”和“业”组成，“职”即职位、职责、天职、权利与义务，“业”即事业、行业，所以“职业”即指一种承担了某种责任、义务的行业性、专门化的活动。

我国职业生涯指导专家程社明博士认为，职业是参与社会分工，利用专门的知识和技能，为社会创造物质财富和精神财富，获取合理报酬作为物质生活来源，并满足精神需求的工作。这一定义得到广泛认同，它强调了以下 5 个方面。

（1）社会分工。比如人们都要穿牛皮鞋，但自己不能从养牛做起，在养牛、杀牛、制皮、设计鞋样、制作皮鞋、销售皮鞋的各个环节中，都需要相应的人员参与其中，每个人各司其职，最终才能将皮鞋制成，满足人们穿皮鞋的需要。

（2）知识技能。每种职业都要具备专门的知识和技能。比如，推销人员除需要企业知识、产品知识、营销知识、消费知识外，还需要具备学习能力、洞察能力、分析能力、人际交往能力、执行能力等。

（3）创造财富。农民种粮食、蔬菜，服装设计师设计出漂亮的衣服，建筑工人建造高楼大厦，作家著书，舞蹈家跳舞，这些都属于创造财富。有的人创造物质财富，有的人创造精神财富。有的人是直接创造。有的人是间接创造。

（4）合理报酬。劳动者通过创造财富来获得合理报酬。我们创造出来的财富，一部分上缴国家，一部分留在单位，一部分由自己消费，各部分比例由法律规定或者由利益各方商定，这叫做合理报酬。

（5）满足需求。一个人通过获得报酬以满足物质生活和精神生活上的需求。物质生活需求的满足是指通过资金去购买生活上的必需品，包括吃、穿、住、行的用品。精神上的需求，包括喜悦感、团队认同感、实现自我价值以后的满足感等。

二、职业的特征

根据职业产生和发展的历史及其对人类社会发展的影响，职业具有以下特征。

（一）产业性

一个国家，一个社会，就大的方面可以分为三类产业。第一产业包括农业、林业、牧业和渔业等，是国民经济的基础产业。第二产业包括工业和建筑业，工业又包括制造业和采掘业等，这是国民经济的主导产业。第一产业和第二产

业都是物质生产产业。第三产业是流通和服务业，是非物质生产产业，却是社会物质生产和人们生活必不可少的产业。在传统农业社会，农业从业人口比重最大；在工业化社会，工业领域中的职业数量和从业人口显著增加；在科学技术和经济高度发达的社会，第三产业的职业数量和从业人口激增。

（二）行业性

行业是根据生产单位所生产的物品或提供服务者的不同而划分的，它是按企业、事业单位、机关团体和个体从业人员所从事的生产或其他社会经济活动性质的同一性来分类的。同一行业的职业内部，其劳动条件、工作对象、生产工具、操作内容相同或相近。由于环境的同一，人们就会形成相同或相似的行为模式，有共同的语言习惯和道德规范。不同行业的职业间存在着很大的差异，劳动条件、工作对象、工作性质等都不相同。

（三）职位性

所谓职位是一定的职权和相应责任的集合体。职权和责任是组成职位的两个基本要素。职权相同，责任一致，就是同一职位。在职业分类中每一种职业都含有职位的特性。从社会需要角度来看，职业并没有高低贵贱之分，但是，在现实生活中由于对从事职业的人员素质要求不同，以及人们对职业的看法或舆论评价不同，职业便有了层次之分。这种职业的不同层次往往是由不同职业体力、脑力劳动的付出、收入水平、工作任务的轻重、社会声望、权力地位等因素决定的。

（四）规范性

职业规范是职业存在和发展的基础，并以国家法律、职业道德、操作规则等形式表现出来，成为各种职业活动的行为准则。它规范从业人员开展职业活动必须遵守国家法律、职业道德以及本行业的各种操作规则等。每一种职业都有其特定的职业规范，无论职业规范以什么方式出现，也不管不同职业的从业人员主要遵从哪一类职业规范，任何职业活动都有行为准则可循，职业活动总要受一定的职业规范约束。

三、职业的分类

所谓职业分类，是指按一定的规则和标准，把一般特征和本质特征相同或相似的社会职业分成并归纳到一定类别系统中去的过程。世界上的经济发达国家都非常重视对职业分类问题的研究，这不仅是形成产业结构概念和进行产业结构、产业组织及产业政策研究的前提，同时也是对劳动者及其劳动进行分类管理、分级管理及系统管理的需要。

（一）国际职业分类

不管各个国家对职业怎么分类，最终都参照了联合国的标准。1958 年，联合国颁布《国际标准职业分类》，把职业由粗至细分为 4 个层次，即 8 个大类、83 个小类、284 个细类、1506 个职业项目，共列出职业 1881 个。其中 8 个大类如下：

（1）专家、技术人员及有关工作者。

（2）政府官员和企业经理。

（3）事务及相关工作者。

（4）销售工作者。

（5）服务工作者。

（6）农业、牧业、林业工作者及渔民、猎人。

（7）生产和有关工作者、运输设备操作者和劳动者。

（8）不能按职业分类的劳动者。

【拓展阅读】

职业以衣领颜色分类

美国人习惯把从事各种职业的人以衣领的颜色来分类命名。

白领职员：指从事脑力劳动的人员，如技术人员、医务人员和管理人员等。

蓝领人员：指以体力劳动为主的工作人员，如从事机械操作、修理、建筑、搬运等职业的工人。他们因经济地位较低，工作条件较差，劳动时穿蓝领衣服而得名。

灰领工人：指从事维修服务的工人，如汽车修理工、电器维修工等。

粉领职员：多数为女性职员，如售货员、教员和文秘等。

新领职员：又称为“新领阶层”，多从事服务性工作，如保险公司代理商、心理保健护理人员、键盘穿孔操作员、计算机技术人员、审计员等。

金领职员：指进入信息时代的那些与知识打交道的人，如工程师、律师、各种分析师和计划制订人员等。

（资料来源：网易新闻中心，《国外的职业分类》）

（二）我国的职业分类

2007 年修订的《中华人民共和国职业分类大典》，根据我国国情，按照工作性质同一性原则，参照国际职业分类标准，将我国职业归为 8 个大类，66 个中类，413 个小类，1838 个细类(职业)。

（1）国家机关、党群组织、企业、事业单位负责人，其中包括 5 个中类，16 个小类，25 个细类。

（2）专业技术人员，其中包括 14 个中类，115 个小类，379 个细类。

（3）办事人员和有关人员，其中包括 4 个中类，12 个小类，45 个细类。

（4）商业、服务业人员，其中包括 8 个中类，43 个小类，147 个细类。

（5）农、林、牧、渔、水利业生产人员，其中包括 6 个中类，30 个小类，121 个细类。

（6）生产、运输设备操作人员及有关人员，其中包括 27 个中类，195 个小类，1119 个细类。

（7）军人，其中包括 1 个中类，1 个小类，1 个细类。

（8）不便分类的其他从业人员，其中包括 1 个中类，1 个小类，1 个细类。

扫一扫，测一测

从我国现有的职业结构看，职业的分布具有以下三个突出特点：第一，技术性和技能型职业占主导。占实际职业总量 74.8%的职业分布在“生产、运输设备操作人员及有关人员”大类，这一大类的职业分属我国工业生产的各个主要领域，这类职业的特点是以技术性和技能型操作为主。第二，第三产业的职业比重较小。三大产业中的职业分布以第二产业的职业比重最大，广义的第三产业的职业仅占实际职业总量的 10%左右。第三，知识型和高新技术型职业过少。在现有的职业结构中，属于知识型和高技术型的职业数量不足实际职业总量的 3%。

第二节 职业发展

职业是随着社会的发展变化而发展变化的。随着生产力水平的提高和科学技术的进步，社会分工越来越细，专业化程度越来越高，职业的种类也越来越多。与此同时，旧的职业也不断被淘汰。以色列特拉维夫大学的大卫·帕西格教授认为，人类的职业大约每 5 年就更换 20%，50 年后，当今社会约有 5 000 种职业将从人们身边消失。这句话深刻反映了职业的快速发展变化。

一、职业发展趋势

我们正处在知识经济时代，新知识、新技术层出不穷，使得相应的产业结构加快调整和升级，产业结构、行业结构、社会结构以及由此决定的职业结构发生着巨大变化，职业也因此呈现出新的发展趋势。

（一）职业分工越来越细

在职业产生初期，种类少，发展缓慢。在中国封建社会初期的周朝，社会职业与行业是同义词，只被分为王公(发号施令的统治者)、士大夫(负责执行的官吏)、百工(各种手工业工匠)、商旅(商人)、农夫(种田人)、妇功(纺织、编织的妇女)等 6 大类。到了隋朝，增加到 100 多个行业。宋朝增加到 200 多个。明朝则增至 300 多个，当时人们把社会分工统称为 360 行。而 1999 年颁布的《中华人民共和国职业分类大典》中，我国职业种类已达 1 838 个。截至目前，仍呈现不断增多的趋势。

（二）职业内容不断更新

同一职业在不同的时代可能具有截然不同的内容。现代农民不同于刀耕火种时代的农民，农业劳动已不仅仅依靠体力，还需要掌握现代生物学知识、育种知识、土壤肥料知识、气象知识、农业机械知识与技能等。邮政业也是如此，古代依靠骑马传送邮件，现代除了使用飞机、火车、汽车传送外，还广泛使用电报、电话、传真、卫星通信、网络等手段传递信息。

（三）职业结构不断调整

职业结构的调整，是指从事第一产业、第二产业和第三产业的人口所占比例的变化。随着社会的发展，从事农业生产和工业生产的人数逐渐减少，从事商业和服务业的人数逐渐增多。从 19 世纪开始，一些工业发展快的国家从事制造业、运输业、采矿业等工业活动的劳动力逐渐超过从事农业生产的劳动力。20 世纪，一些发达的工业国家又进入服务业取代制造业的时代，交通运输、邮

电通信、饮食业、行政管理、文化教育、卫生、体育、信息服务等在职业中占了很大比重。例如，美国1982年从事服务业的人数已占就业人口的70%。

（四）新职业不断产生

新职业是指经济社会发展中已经存在一定规模的从业人员，具有相对独立和成熟的职业技能，《中华人民共和国职业分类大典》中未收录的职业。新职业分为两类：一是全新职业，即随经济社会发展和技术进步而形成的新的社会群体性工作；二是更新职业，即原有职业内涵因技术更新产生较大变化，从业方式与原有职业相比已发生质的变化。科学技术的不断更新是新型职业不断产生的动力和源泉。如铁路的出现促使成百上千种职业产生，石油和电力应用导致城市电气、汽车、飞机、电报、电话、无线电、化学工业、塑料工业等一大批新行业与新职业的产生。以原子能、计算机、空间技术和现代生物科学为标志的新技术革命，正在开辟许多高新科技产业及一大批新的职业领域。我国人力资源和社会保障部2004年8月建立了新职业信息发布制度，迄今为止已经发布了12批新职业。

【拓展阅读】

我国陆续发布的12批新职业

第一批新职业

2004年8月，第一批9个新职业发布，具体职业名称为形象设计师、锁具修理工、呼叫服务员、水生哺乳动物驯养师、汽车模型工、水产养殖质量管理员、汽车加气站操作工、牛肉分级员、首饰设计制作员。

第二批新职业

2004年12月，第二批10个新职业发布，具体职业名称为商务策划师、会展策划师、数字视频（DV）策划制作师、景观设计师、模具设计师、建筑模型设计制作员、家具设计师、客户服务管理师、宠物健康护理员、动画绘制员。

第三批新职业

2005年3月，第三批10个新职业发布，具体职业名称为信用管理师、网络编辑员、房地产策划师、职业信息分析师、玩具设计师、黄金投资分析师、企业文化师、家用纺织品设计师、微水电利用工、智能楼宇管理师。

第四批新职业

2005年10月，第四批11个新职业发布，具体职业名称为健康管理师、公共营养师、芳香保健师（SPA）、宠物医师、医疗救护员、计算机软件产品检验员、水产品质量检验员、农业技术指导员、激光头制造工、小风电利用工、紧急救助员。

第五批新职业

2005年12月，第五批10个新职业发布，具体职业名称为礼仪主持人、水域环境养护保洁员、室内环境治理员、霓虹灯制作员、印前制作员、集成电路测试员、花艺环境设计师、计算机乐谱制作师、网络课件设计师、数字视频合成师。

第六批新职业

2006年4月，第六批14个新职业发布，具体职业名称为数控机床装调维修工、体育经纪人、木材防腐师、照明设计师、安全防范设计评估师、咖啡师、调香师、陶瓷工艺师、陶瓷产品设计师、皮具设计师、糖果工艺师、地毯设计师、调查分析师、肥料配方师。

第七批新职业

2006年9月，第七批12个新职业发布，具体职业名称为房地产经纪人、品牌管理师、报关员、可编程序控制系统设计师、轮胎翻修工、医学设备管理师、农作物种子加工员、机场运行指挥员、社会文化指导员、宠物驯导师、酿酒师、鞋类设计师。

第八批新职业

2007年1月，第八批10个新职业发布，具体职业名称为会展设计师、珠宝首饰评估师、创业咨询师、手语翻译员、灾害信息员、孤残儿童护理员、城轨接触网检修工、数控程序员、合成材料测试员、室内装饰装修质量检验员。

第九批新职业

2007年4月，第九批10个新职业发布，具体职业名称为衡器装配调试工、汽车玻璃维修工、工程机械修理工、安全防范系统安装维护员、助听器验配师、豆制品工艺师、化妆品配方师、纺织面料设计师、生殖健康咨询师、婚姻家庭咨询师。

第十批新职业

2007年11月，第十批10个新职业发布，具体职业名称为劳动关系协调员、安全评价师、玻璃分析检验员、乳品评鉴师、品酒师、坚果炒货工艺师、厨政管理师、色彩搭配师、电子音乐制作师、游泳救生员。

第十一批新职业

2008年5月，第十一批8个新职业发布，具体职业名称为动车组司机、动车组机械师、燃气轮机运行值班员、加氢精制工、干法熄焦工、带温带压堵漏工、设备点检员、燃气具安装维修工。

第十二批新职业

2009年11月，第十二批8个新职业发布，具体职业名称为皮革护理员、调味品品评师、混凝土泵工、机动车驾驶教练员、液化天然气操作工、煤气变压吸附制氢工、废热余压利用系统操作工、工程机械装配与调试工。

（资料来源：民政部职业技能鉴定指导中心，《新职业和国家发布的12批新职业》）

二、最具潜力的行业

根据社会学家和经济学家的预测，随着中国市场经济的发展和经济结构的调整，21世纪具有巨大发展潜力的十大行业如下。

（一）网络信息咨询与服务业

当今时代是信息化时代，信息网络技术的发展使人们对网络信息的依赖越来越大，网络信息服务也成为社会上的重要行业。这个行业包含了网上购物服

务、商业信息服务、广告媒体服务、技术信息咨询与服务等。

（二）房地产开发业

随着住房政策调整和住房的商品化，房地产开发业成为一个繁荣兴旺的行业，购房是每个家庭的头等大事，房地产开发业因此有无限商机，并因此带动了与之相关的房地产开发、咨询、销售业务、物业管理、租赁、二手房转让行业的迅速发展。房地产开发具有巨大的市场，也具有较高的利润回报，获得了众多房地产投资者的青睐。

（三）社会保险业

随着国家经济的进步和社会保障体系的不断完善，人们的安全防护意识也不断提高，保险意识越来越强。不少家庭都意识到了以少量投入，保证家庭生命财产安全的重要性。因此，保险业日益受到人们的重视。

（四）家用汽车制造业

伴随社会经济的飞速发展和人们物质生活水平的不断提高，家庭对汽车的需求量不断上升，个人对家用汽车的需求将在今后相当长的时间内持续上升，这给家用汽车制造业带来了前所未有的机会，商家也将从中获得丰厚的利润。同时，家用汽车市场的发展还将带动汽车配件、维修以及相关的技术产品生产等行业的发展。

（五）电信业

在当今快节奏、高效率的时代，人们对信息传递的快捷性、同步性要求越来越高，对相关通信产品（如固定电话、手机、传真机）以及通信服务的需求也越来越高。目前，中国的固定电话与移动电话人均拥有率远低于世界平均水平，中国通信市场的开发潜力巨大，这将给通信业带来新的机遇和丰厚的利润。

（六）老年医疗保健品业

第六次人口普查数据显示，我国老年人口达1.78亿。预计到2020年，我国老年人口将达2.48亿。到2050年，中国将有25%的人口达到60岁以上。老年人口比例的增加导致医疗、保健、社区服务等很多方面的需求增加。因此，从事老年人保健品、药品、生活必需品、社区服务等行业将具有很大的发展前景，并形成一个独特的产业。

（七）妇女儿童用品业

随着人们对生活质量要求的提高，女性朋友和儿童对服装、化妆品、洗涤用品以及生活中的一些必需品的需求也越来越大，在这些用品上的投入也越来越高，并带动相关产业的迅速发展，在未来的社会发展中，这一行业仍有巨大的发展潜力。

（八）旅游休闲及相关产业

随着人们生活水平的提高，旅游的机会也越来越多，外出旅游成为人们生活中很寻常的事情。这不仅带动了旅游业的发展，同时也带动了服务业、运动产品、体育场馆、旅行社、旅游产品等行业的繁荣发展，形成了一个促进经济发展的强盛产业。

（九）建筑装饰业

随着住宅产业的发展，室内装饰业也越发活跃。据调查，全国从事建筑装饰行业的人员已有55万，创造的总产值每年达2 400亿元。建筑装饰业的发展带动了化工、纺织、五金、家电、木材加工、卫生陶瓷、劳动力等市场的发展，已经成为国民经济增长的新亮点。

（十）餐饮业

随着社会生活节奏的加快，人们对快餐业的需求也在逐年增加。虽然西式快餐业在中国迅速发展，但是，西式快餐业更多地针对儿童市场。大多数中国成年人更习惯中式快餐，因此中式快餐业在未来社会发展中将占有重要的地位。

【温馨提示】

小微企业是高职生就业的理想平台

小微企业是小型企业、微型企业、家庭作坊式企业、个体工商户的统称。目前，全国范围内经工商注册登记的小微企业占全部注册企业总数的90%以上，其上缴税收比例已经达到全部企业上缴税收的50%。小微企业的工业总产值、销售收入、实现利税分别占总量的60%、57%和40%，流通领域小微企业占全国零售网点的90%以上，小微企业大约提供了75%的城镇就业机会，已经成为拉动社会经济的新增长点，成为推动中国经济社会发展的重要力量。

但小微企业优质人才匮乏，求贤若渴。市场调查显示，小微企业永远是人才需求面广、数量大的雇主，招聘市场上长年不断招聘的企业往往是小微企业。小微企业员工的学历普遍偏低，企业中具有大学文凭的员工比例远远低于高中(职高、中专)、初中、小学文凭的员工比例，这类企业对高素质技能型人才格外青睐。

三、21世纪的主导职业

我国人事管理机构根据全国各类专业协会的有关统计资料，对我国未来急需的人才做了分析和预测。分析结果表明，我国21世纪的主导职业有16类，其基本情况及相关专业如下。

（一）计算机技术类

随着计算机技术的发展和广泛应用，计算机硬件、软件的开发、应用和维护成为社会各行业工作的重要组成部分，并配置部分计算机技术人员从事计算机软硬件方面的安装、调试和维护工作。因此，各行业(如银行、医院、政府部门、企业等)对计算机技术方面的专业人才需求也越来越大，待遇也比较优厚。这些行业需要的专业人才包括计算机硬件工程师、程序员、网络管理员、系统维护专家及数据库管理人员等，这些专业人员一般需要获得计算机、信息技术、电子技术或相关专业的学历或学位。

（二）计算机软件开发类

计算机技术的普及促进了计算机软件业的飞速发展，软件开发成为计算机行业的重要开发领域，软件设计专家成为软件开发业的热门人才。软件开发专家主要从事操作系统、开发工具、应用软件等计算机软件的开发工作，要求具有计算机软件专业或相关专业的学历或学位，并具有一定的软件开发经验。这项职业在未来相当长的时间内，将成为社会上高技术和高待遇的职业。

（三）会计类

随着社会经济的发展和财务管理的规范化，各企业事业单位对会计的需求

量也大大提高，会计成为各行业中的一个热门职业，社会地位和收入也较高。从业者应是具有助理会计师、会计师和高级会计师等不同职称或专业资格认证的专业人才，一般需要具有会计、财经、统计学等专业的学历或学位，通过国家各等级的会计师资格考试，并取得上岗要求的各种会计师资格证书。

（四）保险类

社会保障体系的不断完善促进了保险业的发展，保险业的发展能够将人们生活中的不确定因素造成的损失降低到最小限度。社会对保险业务员、管理人员、精算师和索赔估价员的需求也不断提高，待遇也高于一般的职业。从事保险业的人员一般需要具有保险专业、金融专业、经济类专业、管理类专业的学历或学位。

（五）法律类

随着社会的发展和进步，法律法规也不断健全和完善，国家颁布的各种法律法规将越来越多、越来越细。从事司法工作的政府机构（如法院、检察院）也需要高素质、高学历的法律人才。为了更好地开展法律咨询和处理各种刑事与民事案件，律师在社会上的需求量也将越来越大，律师行业将成为一个高智力、高社会地位和高收入的职业。从事律师行业需要具有法律或其他任何专业领域的学历或学位，并获得国家律师资格证书。

（六）旅游类

21 世纪的旅游业将迅速发展，人们在旅游方面的消费也将大幅度提高，对旅游代理公司的需求也将大幅度增加。同时，旅游业将带动相关产业迅速发展，如航空公司、出租车公司、客轮公司、商业、宾馆和餐饮业等。该职业的从业者一般需要具有旅游管理或管理学、地理学或相关专业的学历或学位。从事导游工作则需要获得导游证。

（七）市场营销类

在当今和未来社会发展中，产品的独立承销商和销售网络的建立将成为企业运作的主要形式。这些承销商和销售网络同时负责为公司开展广告宣传和提供相应的技术或销售服务。证券及金融业、通信、医疗器械、计算机与网络设备、一般的商业机构（如商场）等以经营商品或某一产品的企业或公司均需要市场营销方面的人才。从事这方面工作的人员一般需要具有市场营销学、管理学、经济类专业的学历或学位。

（八）中医和健康医学类

改革开放以来，我国的人均收入和生活水平有了大幅度的提高，人们对自己的生活状态和健康状况也越来越关注，健康医学也应运而生，医用保健品的市场也越来越大，中医学和健康医学成为受大众关注的领域，社会对中医师和健康医学人才的需求量将逐渐增加。通常在这方面工作的从业者需要获得生物医学或中医学专业方面的学历或学位。

（九）老年医学类

人口老龄化是全世界面临的严峻问题，我国也不例外。随之而来的就是老年人的医疗、社会保障、心理问题等一系列社会问题，其中老年医疗和保健是最突出的一个问题，社会将急需医学、老年医学、健康保健和护理等方面的专

业人才，从事老年人医疗保健事业。

（十）家庭护理和服务类

社会生活和工作节奏的加快使家庭成员的压力增大，照顾病人、老人和孩子成为年轻人和中年父母的沉重负担，家庭护理的需求量因此大大提高。相关的热门人才为幼儿教师和家庭服务人员，这类人员通常不需要很高的学历。但是，这个行业的管理者则需要具备社会服务、管理学等方面的学历或学位。

（十一）专业公关类

公关和企业形象设计对企业发展至关重要，公关工作因此成为很有发展前景的职业。该职业的从业者一般需要获得公共关系学、社会服务类专业、经济贸易类专业、管理类专业的学历或学位，最好具有相关的工作经验。

（十二）环境保护类

随着环境污染的加重和国家与公众环保意识的增强，社会对环境保护类专业的人才需求将呈直线上升趋势。环境保护具体包括环境监测、环境质量评价、环境治理（环境工程）和环境卫生等方面的工作，需要环境科学、地理学、生物学、环境化学、环境工程学等方面的专业人才。

（十三）生物化学和生物技术类

生物化学和生物技术是近些年科学研究与生物技术开发的热门领域。该领域在生物制药、保健品开发、治疗疑难病症的药品的研制、人工蛋白质的合成等方面有巨大的发展潜力。该领域的从业者一般需要具有生物化学、生物技术、生物医学、分子生物学等专业的学历或学位。

（十四）人力资源类

未来社会的竞争是人才的竞争，人力资源管理因此备受国家机关、社会团体、企事业单位的重视。如国内的北大方正和联想公司，国外的 IBM、诺基亚、摩托罗拉等著名的公司均有专门的人力资源部门和人力资源专家。在未来发展中，社会对人力资源专家的需求也将不断增大。从事这方面的职业需要具有人力资源管理、心理学、管理学等方面的学历或学位。

（十五）咨询服务类

当今社会是一个信息高度发达的社会，获取信息已经成为科学技术发展和商业运作的关键环节。社会分工的精细化和专门化促进了信息咨询和相关咨询行业的发展，并成为社会发展和进步的一个主导职业。目前社会上的咨询行业有企业咨询、心理咨询、信息咨询（包括各种信息服务咨询）、教育咨询，等等。从事咨询业需要具有教育学、心理学、管理学、信息科学、经济学等方面的学历或学位。

（十六）心理学类

心理学作为一个新兴学科，得到国家政府部门、社会各行业的广泛关注和重视，并在社会各领域中得到广泛应用。我国已经将心理学列为 21 世纪重点发展的学科之一。从事心理学方面的职业需要获得心理学专业或应用心理学专业的学历或学位。从事心理咨询工作还需要取得国家心理咨询师资格证书。

这 16 类职业所对应的职业岗位和职业要求如表 1-1 所示。

表 1-1 21 世纪的主导职业类别、职业岗位和职业要求

编号	职业类别	职业岗位	职业要求
1	计算机技术	计算机硬件工程师、程序员、网络管理员、系统维护员、数据库管理员等	具有计算机、信息技术、电子技术专业及相关专业的学历或学位
2	计算机软件开发	程序员、网络管理员、软件测试员等	具有计算机软件专业或相关专业的学历或学位
3	会计	助理会计师、会计师、高级会计师	具有会计、财经、统计学等专业的学历或学位、各种资格证书
4	保险	保险业务员、管理员、精算师、索赔估价员	具有保险专业、金融专业、经济类专业、管理类专业或其他任何专业的学历或学位
5	法律	司法工作、律师、法律咨询	具有法律或其他任何专业领域的学历或学位、律师资格证书
6	旅游	旅游管理与服务人员等	具有旅游管理或管理学、地理学等相关专业的学历或学位
7	市场营销	各类企业市场营销员等	具有市场营销学、管理学、经济类专业的学历或学位
8	中医和健康医学	中医师、健康医学人员等	具有生物医学、中医学专业的学历或学位
9	老年医学	老年人医疗保健等	具备医学、老年医学、健康保健和护理等知识
10	家庭护理和服务	幼儿教师、家庭服务人员等	具有社会服务、管理学方面的学历或学位
11	专业公关	各公司、企业专业公关人员等	具有公关关系学专业、社会服务类专业、经济贸易类专业、管理类专业的学历或学位及相关工作经验
12	环境保护	环境监测、环境质量评价、环境治理（环境工程）、环境卫生等	环境科学、地理学、生物学、环境化学、环境工程学等方面的专业人才
13	生物化学和生物技术	生物制药、保健品开发、药品研制、人工蛋白粉合成等	具有生物化学、生物技术、生物医学、分子生物学等专业的学历或学位
14	人力资源	各单位人事机构管理人员	具有人力资源、管理心理学、管理学等方面的学历或学位
15	咨询服务	企业咨询、心理咨询、信息咨询、教育咨询等	具有教育学、心理学、管理学、信息科学、经济学等方面的学历或学位
16	心理学	心理咨询人员等	具有心理学专业或相关专业的学历或学位

【拓展阅读】

扫一扫，测一测

国外大学生的就业之路

在高等教育步入大众化阶段后，无论是发达国家还是发展中国家，都面临着大学生就业的新问题，只是各个国家的文化背景不同，就业的路径也各不相同。下面撷取部分国家大学生在择业中的不同观念和方法，给即将或已经毕业的大学生提供参考与借鉴。

1. 美国：靠密集信息网找工作

美国实行毕业生自主择业制度，政府不直接干预和限制，而是由劳工部、学校、中介机构和用人单位协同毕业生选择职业。大学生在毕业前从多个渠道了解就业行情及用人单位的信息。美国高校一般设有毕业生就业指导中心以提供职业指导和就业服务。学生入学第一年，中心就开始对学生进行职业教育，帮助学生接触和了解就业状况。第二年帮助学生发现和了解自己的性格、兴趣和专长，帮助学生选择专业。第三年帮助学生了解雇主资料和市场需求，参加社会实践和一些招聘会，让学生直接感受就业市场。第四年辅导学生写求职信，传授求职要领和面试技巧等专门技能。

2. 加拿大：要在实习中捕捉机会

加拿大大学生择业比较实际，只要能找到工作就行了。许多大学生毕业后并不能马上找到工作，但可以到企业或政府机关去实习。实习期间，用人单位给大学生发放相当于正式雇员50%~70%的薪酬。加拿大大学生找工作的途径主要有三种。第一种途径是求助于学校的“职业介绍服务”，学生可以从这种服务中获得相关的人才需求信息。第二种途径是通过由校方安排的专业实习计划找工作，在最后一个学年里，大学生一般都要去企业、政府机关和民间机构等单位实习3个月左右，部分学生就是通过这种实习找到工作的。第三种途径是到学校或自己联系的单位去实习，然后找到工作。加拿大政府鼓励大学毕业生到生活条件艰苦的欠发达地区工作，在条件相对艰苦的加拿大西北部地区工作，工资要比其他地区高得多。

3. 西班牙：大学生坦然做“蓝领”

在西班牙，大学生都希望能找到一份体面的、与专业对口的工作，但如果实在没有合适的机会，也会放下架子做“蓝领”。西班牙是欧盟成员国中大学毕业生失业率最高的国家之一，大学生的长期失业率约为15%，其中毕业后一年内无法就业者约占当年毕业人数的46%。由于找工作难，西班牙约有35%的大学毕业生只能去做“蓝领”，比如电脑输入员、电话接线员等。西班牙的大学不负责为毕业生提供任何就业线索，学生找工作全靠自己，大学生通过实习找工作是未来实现就业的重要途径。

4. 俄罗斯：30%的大学生要改行

俄罗斯是一个高等教育普及程度极高的国家，高中毕业生的大学入学率达到80%~90%，跨入大学校门只是被看作成年生活的起步。大学生很早就

开始关注毕业后的去向，许多大学生从二年级起就四处活动，寻求各种实践和锻炼机会。实际工作能够和专业直接挂钩固然是好事，但面对毕业后改行比例很高这一社会现实，俄罗斯许多大学生在实习过程中往往并不刻意追求专业与实践的结合。他们很理性地看待毕业后改行这一现象，特别是像外语、计算机等应用性很强的学科，毕业生可能分布于各个行业，从事专业外的各种职业。

5. 巴西：习惯“先就业后择业”

随着巴西近几年经济增长速度放慢，劳动力市场收缩，“先就业后择业”的思想已逐渐为巴西大学毕业生所接受。巴西大学生普遍认为，毕业后只能先就业后择业，不管对工作是否满意，都要先干起来，逐步积累工作经验，一边工作，一边寻找自己所喜爱的工作。里约热内卢市政当局曾招聘500名街道清洁工，应征者竟达13万人，其中不乏即将毕业的大学生和尚未找到工作的大学毕业生。问他们应聘的原因，多数人说是为了积累工作经验，为以后寻找适合自己的工作打基础。

6. 日本：求职者平均要找16家企业

日本大学生求职充满艰辛。据有关调查资料显示，平均每名日本大学生求职要经过16家公司的笔试、面试等各种各样的考试，最后确定的公司平均每人有两家。而就个人来说，条件好的可能会被多家公司抢着要，条件差的跑断腿也无人问津。日本大学毕业生每年有1/4找不到工作，即使辛辛苦苦通过各种考试找到了工作，因感觉不理想在工作3年内辞职者高达30%。

（资料来源：新浪新闻，《国外大学生的就业之路》）

第三节　专业与职业

一、认识专业

专业通常可以从两个方面理解，即学科专业和业务专业。

所谓学科专业，是指在学校教育活动中，大中专学校根据社会职业中专业分工的需要所设立的学业类别。在科学研究和知识管理活动中，它又是根据所要研究或处理的对象性质和涉及领域的差异所做的门类划分，如数学、物理、化学、文学、艺术、经济、法律等。

所谓业务专业是指人们在科学技术进步活动和生产实践活动中描述职业生涯某一阶段、某一人群长期从事的具体业务作业规范，是用于区别各种业务工作业绩的重要标志。比如，同样是从事医疗卫生活动的医务人员，包括外科、内科、研究员和麻醉师等，他们各自表现出明显的业务专业差异。本节所谈的专业是指学科专业。

职业分类并兼顾学科分类是职业技术教育设置专业的重要依据。如目前高等职业院校的专业分设19个大类：农林牧渔、交通运输、生化与药品、资源开发与测绘、材料与能源、土建、水利、制造、电子信息、环保气象与安全、轻纺食品、财经、医药卫生、旅游、公共事业、文化教育、艺术设计传媒、公安、

法律，大类下设二级类78个，共532种专业。

二、专业与职业的关系

扫一扫，看视频

关于专业与就业不对口问题的讨论

专业和职业既有区别，又密切联系。一个具体的专业，既可以对应一个职业岗位，更多的情况是对应一个职业岗位群(或职业领域)。职业岗位群一般由工作内容、社会作用、基本技能要求相近，同时从业者所具备的素质接近的若干个职业岗位构成。如机械设计与制造专业，毕业生所对应的职业领域有机械设计、加工工艺制定、工艺装备设计、CAD/CAM等工程软件应用等。计算机应用技术专业毕业生的就业岗位群包括各类企事业单位、机关团体的计算机维护、数据库编程、网络设备安装与使用、多媒体制作等。又如市场营销专业，仅市场方面，岗位就细分为调研、产品定位、客户沟通、宣传品制作等。各项具体工作在专业素质和性格匹配上又有不同的要求。

专业是用人单位选用高校毕业生的重要参考因素，用人单位到学校挑选毕业生，专业是重要的招聘条件，有些招聘限定在某类或某几类专业之中。接受了高等教育的学生，在确立职业方向和就业岗位时，自然会倾向于选择与自己所学专业一致的职位。

但是，专业不一定是必然导致职业的原因，职业也不一定就是专业的必然结果。2004年，《北京娱乐信报》和智联招聘网做了一次关于专业选择与职业发展关系的调查。调查显示，在填写高考志愿时，只有42%的被调查者是根据自己的兴趣选择专业的，有26%听从父母的决定，有24%服从调剂分配，有8%根据学校教师的意见填报。当问及“如果有机会从头再来，你会如何选择”时，有52%的人表示会另择专业。进入高校后才发现兴趣和专业不能相融是不少大学生的困惑，如果依然选择与专业对口的职业，则性格与岗位不能达到最佳匹配。因此，很多大学生选择了与专业不对口的职业。

国内最具权威性的第三方教育数据咨询和评估机构——麦可思于2016年3月完成了2015届大学生毕业半年后培养质量的跟踪评价。回收全国总样本约25.0万份，其中高职高专生样本约12.7万份。调查覆盖了999个专业，其中高职高专专业为599个；覆盖了全国30个省、自治区和直辖市；覆盖了大学毕业生能够从事的637个职业，其中高职高专毕业生从事的542个职业；覆盖了大学毕业生就业的327个行业。

在调查专业与职业对口问题时，还得到如下统计数据(见表1-2)。

表1-2　2015届高职高专主要专业大类毕业生毕业半年后数据*

高职高专专业大类名称	就业率/%	月收入/元	工作与专业相关度/%	就业满意度/%	职业期待吻合度/%
生化与药品大类	93.5	3 425	64	59	38
轻纺食品大类	92.9	3 288	51	59	44
环保、气象与安全大类	92.7	3 425	53	57	42
公共事业大类	92.6	3 258	51	59	44
材料与能源大类	92.2	3 448	74	62	43

续表

高职高专专业大类名称	就业率/%	月收入/元	工作与专业相关度/%	就业满意度/%	职业期待吻合度/%
交通运输大类	92.1	3 721	63	61	44
制造大类	92	3 688	57	58	40
财经大类	91.7	3 345	58	61	44
文化教育大类	91.5	3 227	63	64	52
电子信息大类	91.3	3 672	53	61	42
土建大类	91.2	3 262	69	56	44
农林牧渔大类	90.4	3 403	57	64	45
艺术设计传媒大类	90.2	3 389	63	62	47
医药卫生大类	90.1	2 975	89	64	52
旅游大类	89.8	3 348	52	60	43
资源开发与测绘大类	87.4	3 669	62	53	37
全国高职高专	91.2	3 409	62	61	44

* 个别专业大类因为样本较少，没有包括在内。

数据来源：麦可思-中国2015届大学毕业生培养质量跟踪评价。

选择与自己的专业相关的工作，不仅在求职时具有较大的优势，而且在工作伊始还会更加得心应手，如果恰恰是你喜欢的工作，简直就会如鱼得水。而如果选择与专业不对口的工作，需要与更具有专业背景优势的人竞争，这就需要进行更加充分的准备和以更积极的态度求职，需要付出更多的努力。

那么，哪些职位专业门槛高？哪些职位专业门槛低呢？表1-3和表1-4中的统计数据可为高职毕业生选择职业岗位提供参考。

表1-3　2015届高职高专毕业生工作与专业相关度要求最低的前20位职业*

职业名称	工作与专业相关度/%
手工包装工	23
个人理财顾问	27
金融服务销售商	29
文员	29
贷款顾问	32
档案管理员	32
房地产经纪人	33
客服专员	33
其他种类的人力资源、培训和劳资关系专职人员	33
招聘专职人员	33

续表

职业名称	工作与专业相关度/%
公关专员	33
行政秘书和行政助理	34
保险推销员	34
数据录入员	35
保单管理员	35
销售经理	37
推销员	37
警察	37
信贷经纪人	38
休闲项目工作员	38
全国高职高专	62

* 毕业生规模过小的职业不包括在此排序中。

数据来源：麦可思-中国 2015 届大学生毕业培养质量跟踪评价。

表 1-4　2015 届高职高专毕业生工作与专业相关度要求最高的前 20 位职业*

职业名称	工作与专业相关度/%
护士	98
放射技术员	98
医学及临床实验的技术员	97
药剂技师	95
建筑设计员(非园林和水上景观)	94
园林建筑技术员	93
建筑技术员	92
医生助手	92
时尚设计师	91
施工技术员	91
土木建筑工程技术员	91
预算员	90
导游	89
会计	89
建筑绘图员	89
车身修理技术员	88
汽车机械技术员	87

续表

职业名称	工作与专业相关度/%
测量技术员	87
平面设计	87
室内设计师	87
全国高职高专	62

＊毕业生规模过小的职业不包括在此排序中。

数据来源：麦可思-中国 2015 届大学生毕业培养质量跟踪评价。

三、专业学习的重要性

大学毕业生可以选择与专业不对口的职业，但绝不意味着专业学习不重要。在大学阶段，除了学习和掌握本专业的特有技能，还需要学习通用知识和技能，养成良好的职业素养。这些通用知识、技能、素养是大学毕业生立足职场的基础。现代社会，一个人不经过专业学习，不掌握一定的专业知识和技能，就很难就业，更谈不上实现职业理想。因此，对在校大学生而言，积极完成学业，对实现人生的职业目标具有重要意义。

学好专业是顺利就业的必备条件。扎实的专业知识和技能是就业的必备条件。无论在什么岗位上，没有一定的专业知识和专业技能，都无法履行岗位职责，更无法完成工作任务。如果学计算机专业的不会维修计算机，学财会专业的看不懂财务报表，学电气专业的看不懂电气设备图，又怎么能胜任工作呢？在就业形势严峻，就业竞争激烈的背景下，只有具备扎实的专业知识和过硬的专业技能，才能够顺利就业，胜任职场。

不管毕业后是否从事与专业对口的职业，在校期间都要首先学好本专业知识。由于职场需要“一专多能”人才，因此广泛涉猎其他知识，适当参加社会实践活动也非常重要。

扫一扫，测一测

【拓展阅读】

佘×的未雨绸缪

与其他同学相比，2010 届高职会计专业毕业生佘×的求职过程还算顺利。她成功地应聘到一家公司担任文员。

求职时，佘×并没有四处撒网投简历。她说，自己原来对职业岗位定位不精准，所学的专业看似“万金油”，哪个行业都可以干，但应该给自己一个明确的定位：自己想做什么？自己能做什么？在校期间，除了学好专业课，她还自学了与办公自动化相关的课程。她说，会计专业需求量并不高，但文员需求量大，只要熟练掌握了办公软件的操作，招聘单位就很难不心动。

虽然所学专业与从事的工作不对口，但是佘×却很坦然：“无论在哪个岗位上干得出色，都会成功。”

第四节　人生与职业

一、人生发展阶段与职业

人的一生是一个漫长的过程，要经历许多发展阶段。不同的专家、学者，对人生发展阶段提出了不同看法。西格蒙德·弗洛伊德(Sigmund Freud)把人生发展分为5个阶段；也有人把人生发展分为幼儿期、少儿期、青年期、中年期、壮年期和老年期6个阶段；埃里克森(E. H. Erikson)则把人生发展分为8个阶段。无论分多少个阶段，我们都可以明确地看到，每个阶段的特征和任务都与职业紧密相连。

1. 从出生到20岁左右——职业准备阶段

一个人从脱离母体成为一个独立的生命体到20岁左右完成基本学业，是一个社会化的过程，其实就是为今后步入职场，选择和承担某种职业做身体、知识、技能、素质等各方面的准备。

2. 20岁左右到30岁左右——选择职业和初步就业

人在这个阶段的主要特征，是从离开学校走上工作岗位，这一阶段是人生事业发展的起点。这个阶段的主要任务之一是选择职业，在充分做好自我分析和内外环境分析的基础上，选择适合自己的职业，设定人生目标，制订人生计划。

3. 30岁左右到40岁左右——调整修正职业

这个时期是一个人风华正茂之时，是充分展现自己的才能、获得晋升、事业得到迅速发展之时。这个时期的任务，除发奋努力、展示才能、拓展事业外，对很多人来说，还有一个调整职业、修正目标的任务。人到30多岁，应当对自己、对环境有更清楚的了解，在这个时期会根据自己选择的职业、所选择的生涯路线、所确定的人生目标是否符合现实，及时进行调整和修正。

4. 40岁左右到50岁左右——成就和补给职业

这个阶段，是人生的收获季节，也是在事业上获得成功的人大显身手的时期，更是人生职业的辉煌期。与此同时，在此阶段很多人会遇到知识、技术更新问题。特别是近年来科学技术高速发展，知识更新的周期日趋缩短，所以，很多职业人又会进一步补给、充电，推动职业向纵深发展。

5. 50岁左右到60岁左右——职业转折期

此阶段是人生的转折期。因为年龄、身体和心理等诸多因素，人们准备或者已经告别职业生涯，从此进入“半休眠”或“休眠”状态。即使有部分人退休后再就业，职业发展也不能与前面两个阶段同日而语。

扫一扫，看视频

职业对人生的意义

二、职业对人生的意义

《美国新闻和世界报道》曾经调查影响人们生活质量最重大的三个因素，美国公众的回答惊人的一致：第一是职业或工作的满足感；第二是家庭关系；第三才是金钱。人的生命价值，从根本上说就在于他职业生涯方面的成就。

如前所述，职业是人们参与社会分工，利用专门知识、技能为社会创造物

质财富、精神财富，获取合理报酬，作为物质生活来源，并满足精神需求的工作。所以，职业对于人生有多方面的意义。

1. 满足和产生人的需要

人有各种各样的需求，人们只有通过某种职业劳动才能满足多方面、多层次的需要，同时在职业劳动中又会产生新的需要。正是这种职业劳动—满足需要—职业劳动—产生新的需要，丰富了人生，实现了人生的价值。

2. 培养和提升个人能力

一个人的能力是在个人遗传素质的基础上，在一定的社会环境里，通过社会实践而形成和发展起来的。人的能力是多方面的，如语言表达能力、组织管理能力以及在所学专业上某几个方面的能力等。长期从事某种职业，会使人在某些方面的能力得到进一步提高。

3. 养成性格和形成兴趣

性格是人个性中稳定并起核心作用的心理特征，它由处事原则、处事态度和活动方式三个方面构成，具体表现为一个人是活泼还是文静，是豪放还是拘谨等。兴趣是一个人热衷于认识某种事物或积极进行某种活动的心理倾向，它是由于人的需要而产生，并在社会实践中培养和发展起来的。每一种职业都要求掌握有关的知识和技术，遵守一定的规则、章程和职业道德，从而影响了角色承担者的行动方式、处事原则和态度，即个人性格。长期从事某种职业就会对职业的某些方面形成浓厚的兴趣，如音乐家对声音、地质工作者对石头、历史学家对古籍等的兴趣就是如此。

4. 影响个人及其家庭的社会地位

一个人社会地位的高低主要取决于以下几方面因素。

（1）经济收入的多少。不同职业、职位给就业者带来的经济效益差别明显。

（2）社会权力的大小。不同职业、职位能给就业者带来大小不同的权力，如高层管理类职位给就业者带来的权力就比较大，而服务类职业、职位给就业者带来的权力就较小，等等。

（3）社会声望的高低。经济收入和社会权力对职业的社会声望有一定的影响，但不能完全决定其高低，影响职业或职位声望高低的因素还有晋级提升的机会、职业声誉、劳动环境条件、安全感和历史传统等。一个家庭的社会地位又取决于该家庭中已就业者的社会地位。

5. 改变人们的生活方式

生活方式是一个内容相当广泛的概念，它包括人们的衣食住行、社会工作、休息娱乐、社会交往、待人接物等物质生活和精神生活的价值观、道德观、审美观以及与这些方式相关的方面。不同的职业要求其就业者掌握不同的知识和技能，遵守不同的职业规范，由此便决定了不同职业有不同的劳动方式或工作方式。人们的衣食住行、休息娱乐、社会交往等都受职业影响，如军人的生活方式就与机关工作人员有别，教师的言谈举止又与工人不同，等等。职业不仅影响人们的兴趣、能力和性格，而且影响其生活方式，因此，一个人长期从事某种职业，便会形成一种特定的个性心理和行为模式，即形成特殊的职业生涯模式。职业生涯模式将长期影响其生活方式。

【拓展阅读】

扫一扫，测一测

职业选择中的十大误区

很多人认为自己选择职业的方法是正确的，结果却选择了自己不满意的职业。以下是职业选择中的10个认识误区，有助于你做出明智的选择。

1. 认为选择职业很容易。事实上，选择职业是一个复杂的过程，需要花费大量的时间。职业规划有很多步骤，包括了解自己，并了解自己想从事的职业对专业知识的要求，以便做出明智的选择。

2. 职业顾问会告诉我应该选哪个职业。职业顾问(或职业生涯发展专家)无法告诉我们哪个职业对我们来说最好，他们只能在我们选择职业时提供指导。

3. 用爱好来谋生。有人在选择职业时，认为最完美的决定是选一个跟自己业余爱好相关的职业。人们通常更善于做与自己兴趣相关的事，尽管大部分技能没有经过正式培训。

4. 应该从“热门职业”里选择自己的职业。每一年我们都会看到成千上万的文章和书籍列举“专家”预测的“热门职业”。看看“热门”清单里有没有吸引自己的职业，这倒也无妨，但千万不要用这个清单指导自己的选择。很多当前的热门职业，过几年就不再热门了。此外，选择职业时，应当考虑到自己的兴趣、价值观和技能。因为一个有发展前景的职业，并不一定是最适合自己的职业。

5. 只要能赚钱的工作，就能让自己快乐。虽然薪水很重要，但选择职业时，自己却不能只考虑这个因素。无数调查表明，高薪工作不是必然会让人感到舒适。对大多数人来说，喜欢工作的内容才是更重要的。不过在衡量一种工作时，还是应该比较一下薪水。

6. 一旦选择了某个职业，我就要一辈子从事它。事实并非如此。如果自己出于某些原因对已选择的职业不满意，可以换工作，或换一个公司。很多人一生中会多次更换职业。

7. 如果我换职业，我的技能就没用了。技能是我们的财富，可以在新工作里运用它们，尽管运用的方式可能不同，但绝对不会浪费。

8. 如果我的好朋友(包括亲戚、邻居)在这个领域工作得很快乐，我也可以。每个人都是不同的，对某个人有用的东西，对他人不一定起作用——即便两人有很多共同点。如果对别人的工作感兴趣，就去深入研究一下，认真思考那个工作是否适合自己。

9. 我要做的只是选择一个职业，一切就会水到渠成。选择职业是良好的开始，但选择之后还有很多事要做。“职业行动计划”可以帮自己找工作，并达到长期的职业目标。

10. 不从事某个职业，我就无法真正了解它。虽然亲身经历很好，但还有其他方式可以了解一个职业。例如可以从书面材料或网络上找资料，或拜访从事那个职业的人。

(资料来源：范河明，李江云．大学生就业与创业指导．北京：高等教育出版社，2010)

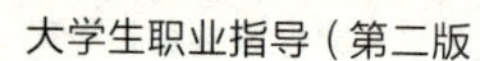

【拓展训练】

一、课堂演讲：你选择的专业是否符合自己的兴趣？你将来选择职业是否与专业对口？为什么？

二、课堂讨论：如果选择与专业不对口的职业，在大学期间需要做哪些准备？

第二章　职业生涯规划

案例导入

四只毛毛虫的故事

有四只关系很好的毛毛虫，都长大了，各自去森林里找苹果吃。

第一只毛毛虫跋山涉水，终于来到一棵苹果树下。可它根本就不知道这是一棵苹果树，也不知道树上长满了红红的甜苹果。当它看到其他毛毛虫往上爬时，稀里糊涂地就跟着往上爬。没有目的，不知终点，更不知自己到底想要哪个苹果，也没想过怎样去摘取苹果，一切全凭运气。

第二只毛毛虫也爬到了苹果树下。它知道这是一棵苹果树，也确定自己的目标就是找到一个大苹果。问题是它并不知道大苹果会长在什么地方，它猜想大苹果应该长在大枝叶上吧！于是它就慢慢地往上爬，遇到分枝的时候，就选择较粗的树枝继续爬。它一直这样爬，最后终于找到了一个大苹果。它刚想扑上去美餐一顿，但放眼一看，这个大苹果是树上最小的一个。更令它泄气的是，如果刚才选择另一个分枝，它就能得到一个大得多的苹果。

第三只毛毛虫也到了苹果树下。它知道自己想要的就是大苹果，并且研制了一副望远镜。开始爬之前它就用望远镜搜寻了一番，找到了一个很大的苹果。同时，它发现当从下往上找路时，会遇到很多分枝，有各种不同的爬法；若从上往下找路，却只有一种爬法。它很细心地从苹果的位置，由上往下反推至目前所处的位置，记下这条确定的路径。于是，它开始往上爬了，当遇到分枝时，它一点也不慌张，因为它知道该往哪条路上走，不必跟着一大堆毛毛虫去挤去抢。按道理说这只毛毛虫应该会有一个很好的结局，因为它已经有了自己的计划。但实际情况是，它爬行相当缓慢，抵达时，苹果不是被其他毛毛虫捷足先登，就是已熟透烂掉了。

第四只毛毛虫做事有自己的规划。它知道自己要什么苹果，也知道苹果将怎么长大。因此当它带着望远镜观察苹果时，它的目标并不是一个大苹果，而是一朵含苞待放的苹果花。它计算着自己的行程，估计当它到达的时候，这朵花正好长成一个成熟的大苹果。结果它如愿以偿，得到了一个又大又甜的苹果，从此过着幸福快乐的日子。

想一想

你是哪条毛毛虫呢？你愿意做哪条毛毛虫？

第一节 职业生涯规划概述

每个人都想成就一番事业，但很多人不能如愿以偿。为什么？因为人生事业的发展除了需要努力和机遇，还需要技术与方法，职业生涯规划就是一种非常重要的技术与方法。

一、职业生涯规划的内涵

（一）生涯

在日常生活中，我们常听到“生涯”一词，如“体育生涯”“艺术生涯”“学术生涯”等说法。《辞海》对“生涯”一词的定义是：从事某种活动或职业的生活。

“生涯”的英文是career，其最初含义是战车，后引申为道路，发展到现在，通常指人生发展历程。由于职业在每个人的生涯中处于极为重要的地位，career也被翻译成“职业生涯”，强调个体职业发展历程。

生涯大师舒伯认为，生涯是生活里各种事态的演进方向和历程，它统合了人一生中的各种职业和生活角色，由此表现出个人独特的自我发展形态。生涯也是人生从青春期到退休后，一连串有酬或无酬职位的综合。除了职业之外，还包括任何与工作有关的角色，如学生、退休者，甚至包含家庭和公民的角色。

【体验活动】

我的生命线

在白纸上画一条直线，这条直线代表了你生命的长度，直线的两端分别代表你生命的开始和结束。你希望自己可以活到多少岁？请在直线末端写下你期待的年龄。

在这条生命线中标出你现在的年龄点。

回顾你过往生命历程中发生的重大事件，在直线上方写出两到三件对你有积极影响的事件，并在直线的相应位置上标明年龄。在直线下方写出两到三件对你有消极影响的事件，并在直线的相应位置上标明年龄。

思考一下这些事件对你的影响，它们如何使你成为今天的你？

生涯是一个动态的历程，不只发生在人生的某个阶段，而是如影随形，相伴人的一生。同时，因为遗传、家庭、经历、所处社会环境等的不同，每个人的生涯也会不同。所以，生涯的发展是个性化的发展，即使处于同一时代或同一文化背景下的人们，因为生涯中其他因素的影响，每个人都会有属于自己的生涯。

“生涯(career)”与“职位(position)”“工作(job)”“职业(occupation)”有所区别。职位是和分配给个人的一系列具体任务直接相关的，它与参与工作的个人相对应，有多少参与工作的个人，就有多少个职位。工作是由一系列相似的职位所组成的一个特定的专业领域。职业是一系列有内在联系的工作的总称，也可以理解为不同专业领域中一系列相似的服务或彼此相关工作的集合，也代表着一种身份。例如，一个足球队有11名队员就意味着有11个职位，所有的队员都被称为足球运动员(工作)，而运动员则是一种职业。

（二）生涯规划

【案例思考】

孔子的生涯规划

孔子的“吾十有五而志于学，三十而立，四十而不惑，五十而知天命，六十而耳顺，七十而从心所欲，不逾矩”，可以说是生涯规划的典范。

第一个阶段：出生到15岁，学习生活的基本知识。

第二个阶段：15~30岁，立志学习并从事社会实践。

第三个阶段：30~40岁，自立时期。

第四个阶段：40~50岁，形成完整的个人见解。

第五个阶段：50~60岁，完整地认识自然规律，懂得自身使命。

第六个阶段：60~70岁，能够冷静地倾听别人的意见，明辨是非。

第七个阶段：70岁以上，言行自由，不违背客观规律和道德规范。

职业生涯规划简称生涯规划，是指一个人对其一生中所承担的职务相继历程的预期和计划。对大学生而言，职业生涯规划就是根据自己的特点，结合社会需求，为自己设计最适合的职业和职业发展道路，并为实现职业生涯目标而做出的行之有效的安排。

生涯规划最早起源于1908年的美国。有“职业指导之父”称号的帕森斯针对大量年轻人失业的情况，成立了波士顿职业局，首次提出职业指导的概念，并写出了世界上第一本《职业指导》专著。从此，职业指导开始系统化。随后，心理测试的蓬勃发展促进了职业指导的扩展。当时的职业指导主要关注人职匹配，内容以测评和提供职业咨询为主。到20世纪五六十年代，舒伯等人提出“生涯”概念，于是生涯规划不再局限于职业指导层面，而是有了更为广泛的含义。

舒伯的生涯发展理论将生涯的过程视为从出生到死亡，包括成长阶段(0~14岁)、探索阶段(15~24岁)、建立阶段(25~44岁)、维持阶段(45~65岁)和退出阶段(65岁以上)，如图2-1所示。而且，在人一生的生涯发展中，各阶段都同样面对成长、探索、建立、维持和退出问题。舒伯认为，每个阶段都有特定的发展任务需要完成，即达到一定的发展水准或成就水准，而且前一阶段发展任务的完成与否关系到后一阶段的发展。

大学生的生涯发展阶段属于探索期。一方面，这个阶段主要的生涯发展任务是从多种机会中探索自我，逐渐确定职业偏好，并在所选定的领域中开始起步。另一方面，这个阶段也有成长、探索、建立、维持和退出问题。举例来说，

大一新生必须适应新的角色和学习环境，经过成长和探索，一旦建立了较固定的适应模式，同时维持了大学生活之后，又要开始面对另一个阶段——准备求职。原有的已经适应了的习惯会逐渐消退，继而对新阶段的任务又要经历“成长—探索—建立—维持—退出”的过程，如此周而复始。

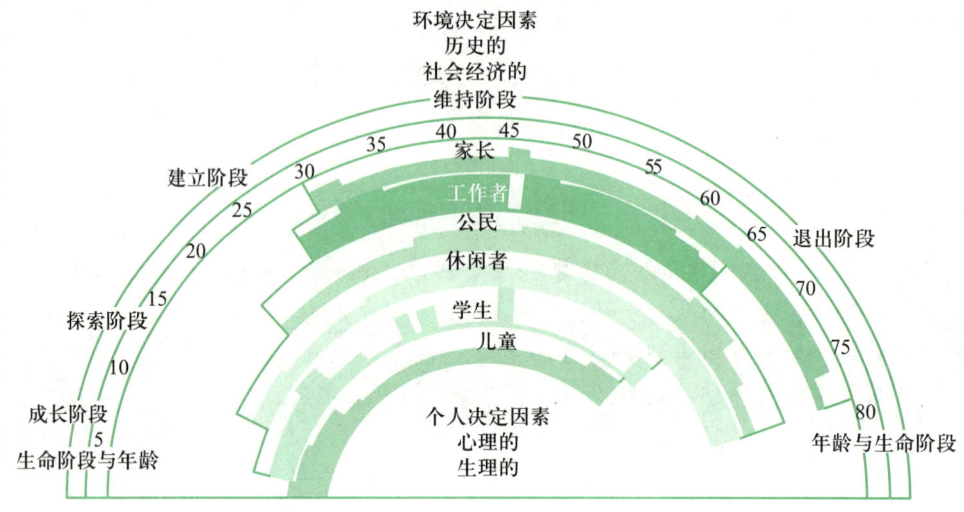

图 2-1　舒伯的生涯彩虹图

在图 2-1 中，横向层面代表横跨一生的“生活广度”，又称为“大周期”，包括成长期、探索期、建立期、维持期和退出期。纵向层面代表纵贯上下的“生活空间”，由一组职位和角色所组成，具体包括子女、学生、休闲者、公民、工作者、持家者 6 个不同的角色。他们相互影响，交织出个人独特的生涯类型。

图 2-1 的阴影部分表示角色的相互替换、盛衰消长。它除了受年龄增长和社会对个人发展、任务期待的影响外，往往跟个人在各个角色上所花的时间和感情投入程度有关。从这个图的阴影比例中可以看出，成长阶段最显著的角色是子女；建立阶段是家长和工作者；维持阶段工作者的角色突然中断，又恢复了学生角色，同时公民与休闲者的角色逐渐增加。这正如一般所说的“中年危机”的出现，同时暗示这时必须再学习、再调适才有可能处理好职业与家庭生活所面临的问题。

在舒伯的理论中，生涯规划更注重职业对人的意义。该理论认为，一个完美的人生，未必仅仅依赖于职业角色的完美与否，更多的非职业角色使人生有更多自我实现的可能性。生涯成效在纵向上取决于角色的顺利转换，在横向上取决于多种角色的平衡。

【体验活动】

绘制你的生涯彩虹图

想象自己未来的生活角色，找一张空白的纸，首先画出彩虹图的半圆，并标注年龄阶段和你可能扮演的角色名称，然后将你在某个年龄阶段所希望扮演角色的区域，按照你认为它重要性的程度，涂上颜色(一种角色一种颜色)。

二、职业生涯规划的意义

生涯规划是一个过程，规划的功能在于为生涯设定目标，并找出达到目标所需采取的步骤。在生涯规划中，目标的制定是一个探索过程，这个过程帮助一个人逐渐理清生命的价值与意义，并用行动去实现它，好像为飘忽不定的人生加了一个锚，无论风雨来自何方，人生之船都自有它的方向。

扫一扫，看视频

职业生涯规划的意义

具体来说，生涯规划有以下三个积极目的。

（一）发现、开发自身潜能，满足人生发展需要

潜能，简单地说，就是到目前还没有发现的能力。科学家研究发现，每个人都有巨大的潜能，人类平常只发挥了大脑极小一部分功能。控制论奠基人维纳说："可以完全有把握地说，即使一个人是做出了辉煌成就的人，在他的一生中利用他自己的大脑潜能还不到百亿分之一。"由此可见，认识、了解"潜在的我"，是自我认识的重点之一，尽力把个人潜能开发出来，是职业规划的头等大事。

【温馨提示】

潜能如此之大，为什么我没有发现自己的潜能？

（二）识别、突破人生障碍，提升职业生涯理念

识别、突破人生障碍是职业发展、生涯发展的基本问题。障碍有的来自外部，如政局变动、市场难以预测、经济衰退和社会秩序混乱等。一个没有生涯目标的人很容易受外界因素影响。障碍更多地来自内部，如自私、盲从、浮躁、懒惰、恐惧、悲观，等等。内在障碍通常是由个人对自己不了解、低评价、不自信或者无安全感造成的。例如，有的学生很难看到自己的长处，总用自己的短处和别人的优势相比较，从未觉得自己有可用或特别之处，所以，找工作时缺乏信心，总感觉自己这也不好，那也学得不够，缺乏自信心，影响求职中的表现。这是典型的不能够真正了解和接纳自己，导致自我评价低，影响找工作的情况。

（三）推动、完成自我实现，争取人生自我超越

职业生涯规划的目的是促进、推动一个人实现自我、超越自我。自我实现是水平式的发展。譬如我们做性向测试，了解到自己在形象思维方面，尤其是语言表达方面具有潜能，就可以多从文学、文字、文化等方面努力；了解到自己有逻辑思维方面的潜能，就可以多从数学方面努力。自我实现意味着"将潜能变成实在的东西"，等于获得那些有形可见的成果。

自我超越是垂直式的发展。垂直式的发展基本上不受水平式发展的影响。譬如你智商比较低，很难成为专家学者，但并不妨碍发展你的情商和逆商潜能。岗位有层次，职务有高低，生涯发展无处不在，自我实现没有物质和数量标准。社会上别人所说的、所认为的、所期望的那个"我"，都只是"假我"或"我的表现"。"真我"是"大我"的一部分。"大我"是包括"我"在内、更大的一个整体。这个整体是由那些超越身体胖瘦、心智高低、天地时空、人类共有

的情感和灵性所组成的，譬如良知和爱心。当我们做一个真正的自我时，才是自我超越。

总之，职业生涯规划可以帮助你设立目标、带来希望，从而开发自身潜能，突破发展中的内外障碍，最终实现幸福人生。

扫一扫，看视频

职业生涯规划的程序

三、职业生涯规划的程序

生涯路上常见的三个问题：我是谁？我往哪里去？我如何去那里？从这三个问题出发我们开始规划自己。具体而言，一个系统的生涯规划应当包括自我认知、环境认知、生涯决策（包括确定生涯目标、选择生涯路线和策略生涯制定）、生涯行动、生涯评估等五个步骤。如图 2-2 所示。

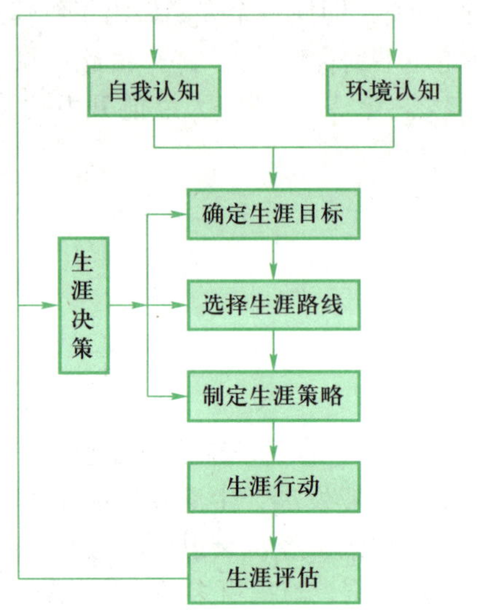

图 2-2　生涯规划的程序

（一）自我认知

系统化的生涯规划是一个“从内而外”的过程。在规划职业生涯时，要先认识自己。我们可以诚实地自问：哪些东西是我生命中不能缺少的？我最看重什么？我有哪些人格特质？我的兴趣是什么？我有哪些能力是与众不同的、赖以为生的？还有自己的健康、性别、民族等。值得留意的是，在自我认知中还应当借鉴他人的意见，这样才能得到比较客观、中肯的认知结论。

（二）环境认知

环境认知是生涯规划的基础部分。对环境的认知包括对社会环境、组织环境、个体环境的分析，即评估和分析环境条件的特点、发展与需求变化趋势、自己与环境的关系以及环境对自己的有利条件与不利条件等。

（三）生涯决策

决策是综合整理和评估信息的部分，是职业生涯规划的关键环节，在决策时可能因信息不全而重新回到前面两个步骤，具体内容包括确定生涯目标、选择生涯路线和制定生涯策略。

（四）生涯行动

行动是将全部的探索和思考加以落实的阶段，即职业生涯策略的实施阶段。

如果没有行动，那么职业目标只能是梦想。

（五）生涯评估

当我们在实践中迈出生涯的重要一步——进入职场时，随着外部环境的变化，或许会继续沿着过去的规划前进，或许发现过去的规划已不适合自己，或者不尽如人意。这就需要再次探索并修正生涯规划。本阶段的具体内容包括走进职场、生涯评估与反馈。

扫一扫，测一测

【温馨提示】

需要说明的是，虽然我们为了方便学习，将生涯规划人为地割裂成不同的步骤，但无论在哪个步骤，自我与环境的探索都不会停止，不要忽略这些部分带给你的新的启示。

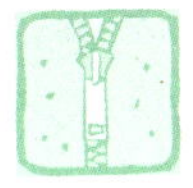

【请你解惑】

1. 我是大三的高职生，正忙于找工作，我真正关心的是如何能找到一份好工作，现在琢磨什么工作适合自己是否太晚了？

2. 我是一个刚上大一的学生，虽然觉得生涯规划有用，应该学习，但毕竟离找工作还很远，现在规划职业生涯是否太早了？

3. 生涯规划是要有计划地安排自己的发展，但人生可能按计划度过吗？

第二节　自我认知

自我认知是职业生涯规划的基础，也是能否获得可行的规划方案的前提。一个有效的职业生涯必须在充分且正确认识自身条件与相关环境的基础上设计。只有深刻认识自我和了解自我，才能准确把握和合理规划未来的职业生涯。

自我认知的主要内容是与个人相关的所有因素，包括兴趣、个性、能力、特长、身体状况、学识水平、思维方式、价值观、情商以及潜能等。通俗地说，即弄清楚自己是谁、想要干什么、能做什么、应该做什么、在众多的职业面前选择什么等问题。

扫一扫，看视频

价值观认知

一、价值观认知——我为“什么”而工作

（一）价值观的含义

【体验活动】

有关工作的一分钟联想

请在纸上写下“我希望工作……”。在一分钟内尽可能写下你头脑中所联想到的任何短语。

请思考：你在工作中寻找的是什么？你判断工作好与坏的标准是什么？请将你所写的内容、你的思考与同伴分享。

下面是一些大学生所写的内容：

每天带着期待去上班，能有不断创新和挑战自己的机会。在完成额外任务的时候，能够获得认可。有足够的自由支配时间，能够劳逸结合。可以让我快乐，有成就感。

没有太大压力，能够有不断学习提高成长的机会，同事之间能够坦诚相见。不受太多制约，体现自己的价值。

清闲，离家近，工作稳定，不要太累，人际关系不复杂，赚钱多，单位有实力，有晋升机会。

能更多地与年轻人接触，富于交流的乐趣。尽量贴近自然，而不是成天面对电脑或文件，健康地生活，不会带来身心伤害。

因为我的工作，世界变得更加美好。并不是说我必须救死扶伤，我所要做的就是为这个世界做需要我做的事情。能够帮助别人，赢得尊重，收获友谊，感到提供帮助的快乐。

这些用下划线标出的词句都反映了个人在工作中所寻找的是什么，需要的是什么。用什么样的标准来判断工作的好与坏，这就是个人的工作价值观。

价值观就是我们在生活和工作中所看重的原则、标准或品质。换句话说，就是你在乎的、觉得重要的或者想要追求的。它指向我们一生中最重要的东西。

舒伯认为，职业价值观是个人追求的与工作有关的目标，即个人在职业上所看重的工作特质或属性。它是个人价值观在职业问题上的反映。

马斯洛提出，人有五个层次的需求，即生理需求、安全需求、归属需求、尊重需求和自我实现的需求。只有当低层次的需求得到基本满足后，个人才能关注并致力于满足下一层次的需求。这些需求是强大的内在驱动力，我们所做的事情正是为了满足这些需求。我们的需求在生活中反映出来，就体现为我们的价值观。比如，有些毕业生会比较重视工作能带给自己多少收入，而有些毕业生可能更多地考虑要做自己喜欢的工作。这两者的不同在很大程度上可以归结为他们所处的需求层次不同，前者体现在生理、安全需求的层次上，而后者体现在追求“自我归属”“自我尊重”“自我实现”的需求层次上。

马斯洛的需求层次模型与对应的价值观如图 2-3 所示。

【体验活动】

我的需求

对照需求层次模型，想一想，你处在哪一级需求层次上？你最希望在工作中获得对哪个层次需求的满足？什么因素能够带给你满足感，激励你更好地工作？

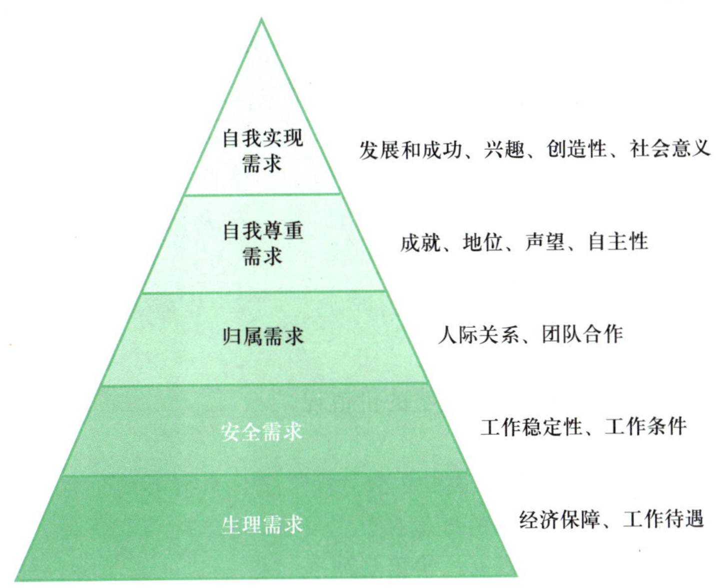

图 2-3 马斯洛的需求层次模型与对应的价值观

（二）价值观与职业

价值观是人们在考虑问题时所看重的原则和标准，是人们内在的驱动力，在人们的生涯发展中往往起着决定性的作用。

在日常生活中，同样可以看到价值观的巨大影响。比如，你的父母是不是常常用他们的价值标准来影响你进行专业、职业方面的选择？而当你的观点与他们的意见发生分歧时，这种冲突是否也是不同价值观之间矛盾冲突的体现？

从舒伯的生涯发展理论和马斯洛的需求层次理论可以看出，个人由于所处的生涯发展阶段、社会环境不同，他的需求会发生改变，从而可能导致价值观的变化。比如，有很多刚毕业的大学生都希望进外企，做白领，把赚钱当作自己的首要目标。因为在这个阶段，他们面临买房、成家等任务，需要经济支持。而在工作十余年、有了一定的经济基础后，不少人意识到，仅仅为了钱而从事自己不喜欢的工作是一件痛苦的事情。所以，在考虑选择职业时，薪酬就不再是排首位的价值观了，寻找一个适合自己兴趣爱好、能够兼顾家庭的工作成为他们的目标。需求发生了改变，他们在职业上所看重的东西（即工作价值观）也随之变化了。

（三）个人价值观探索

不同的价值观会产生不同的行动选择。一个人越清楚自己的价值观，越了解自己在工作和生活中想要寻求什么，什么对自己来说是最重要的，他的生涯发展目标也就越清晰。而当现实环境与理想发生冲突、鱼与熊掌不可兼得时，他也更容易作出决策。反之，价值观不清晰的人，往往会难以抉择。因为他不清楚哪些东西是可以放弃的，哪些是不可或缺的。由于时代的巨大变迁、多元价值体系的冲击，以及个人的成长和发展所带来的变化，个人价值观常常变得混乱，很多人往往并不清楚自己为什么而工作。因此，个人需要对自己的价值观进行探索。以下几种方式可以帮助我们了解自己的价值观。

（1）回忆你的时间规划。时间用在哪些方面，这样安排背后的想法，可能就是价值观在起作用。

（2）回顾那些印象深刻的经验。为什么印象深刻，对你的意义就是价值观的体现。

（3）利用价值观测量工具。

（4）互动游戏：价值观拍卖会等。

【体验活动】

我的价值观

步骤：

1. 参照价值观列表，挑选出其中5种对你来说最重要的价值，分别写在5张小纸条上。如果你认为重要的价值在表中没有列出，也可以另写。

价值观列表

人际关系/归属感、团队合作，物质保障/高收入，稳定，安全，创造性，多样性和变化性、新鲜感，乐趣，自由独立(时间,工作任务)，平等，被认可，受尊重，能帮助他人，能发挥自己的才能，成就感，成功，名誉，地位，有意义，自主独立，有学习/发展/成长的机会，权力(领导/影响他人)，有益于社会，挑战性，冒险性，竞争，符合自己的道德观，工作环境、工作地点，工作与生活的平衡，健康，家庭，朋友，亲情，亲密关系，爱，信仰，自由，幸福，为社会服务，和谐，平等……

2. 给每一条对你来说很重要的价值下定义，并在纸条上写下来，即要达到什么样的水平你才能满意？个人对同一种价值的定义可能并不相同。比如，对于物质保障的理解，有的人可能认为是月薪至少3000元以上，而有的人可以接受月薪2000元的工作，但一定要有医疗保险。

3. 如果你不得不放弃其中一条，你会放弃哪一条？将写有你准备放弃的价值的纸条与其他人交换。

4. 保留刚才别人给你的纸条，放在一边。现在，如果你不得不继续放弃剩下4条中的一条，你会放弃哪一条？再次与另一个人交换。

5. 继续下去，直到最后一条。这是不是你无论如何也不愿放弃的？

6. 讨论：通过这个活动，你对自己的价值观有什么样的了解和想法？你的价值观会对你的职业选择和人生产生怎样的影响？

（四）澄清真实价值观

在探索价值观的活动中，可能有人发现，价值的取舍和排序是一个艰难的过程，甚至做完了这个活动，仍然不清楚自己到底想要什么。出现这样的情况很正常，因为大学生还处在建立和形成个人价值观的生涯探索期，有一些混乱是必然的。重要的是要不断地思考和探索自己的职业和生活。价值观的澄清本身也不是一劳永逸的过程，有必要进一步探索，并在今后的生活中不断反思。

【拓展阅读】

真实的“价值”

美国教育学家路易斯·拉思等学者指出，真实的“价值”需要具备以下3个基本要素。

1. 选择。它是你自由选择的，没有来自任何人或任何方面的压力吗？它是从众多价值观中挑选出来的吗？它是在你思考了所作选择的结果后被挑选出来的吗？

2. 珍爱。你是否珍爱你的价值观，或者为你的选择感到自豪？你愿意向他人承认你的价值观吗？

3. 行动。你的行动是否与你选择的价值观一致？你是否始终如一地根据你的价值观来行动？

如果你能对上述3个问题都给出肯定的答复，说明你确实认为它有价值。如果对其中一些问题的回答是否定的，那么你需要思考一下自己看重的、想要得到的到底是什么。例如，有很多人常说“健康”很重要，但在实际生活中所采取的行动却往往与“健康”的生活方式背道而驰，常常为了学习，晚睡晚起、不注意饮食和休息等。对于这样的人，学习所代表的“成就感”，或者学习成绩好所带来的“被认可”的感觉更为重要。

【体验活动】

澄清真实价值观

为了澄清真实的价值观，请回想一下过去一两个月内你做出的5个相对重要的决定。比如：你是如何运用自己的时间、精力和金钱的？你希望如何运用它们？而实际上又把它们花在了什么方面(如果有必要,你也可以从现在开始每天对此作记录,在一周之后再回顾一次,以便得出更准确的结果)？你和什么样的人相处？你做了一些什么样的事情？在一些举棋不定的事情上，你最终做出了什么样的选择？

当你回顾这些决定时，其中是否浮现出了什么模式？这样的生活形态是你想要的吗？比较一下你在自我探索活动和价值观测评中所得出的价值观，与你在实际作决定时所选择的，是否有什么不同？如果这两者之间有差异，思考一下：你是要调整自己的选择，以求符合自己所宣称的价值观还是那些反映在你行动中的价值观取向其实才是你真正相信的？

回答这些问题的过程，就是在澄清价值。澄清价值需要投入时间和精力，但这样的投入是值得的，因为它会有助于个人从整体出发，为自己的全面发展更好地考虑和选择。当你依照符合自己健康发展要求的真实价值观行动时，会感觉到很大的满足。

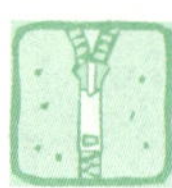

【请你解惑】

面对两家大公司的offer，我不知该如何选择。人们常说“鱼与熊掌不可兼得”，但在现实生活中，哪个是鱼？哪个是熊掌？什么样的工作才是“好工作”，或者说是最适合自己的工作？

二、性格认知——我适合做什么

（一）性格的含义

【体验活动】

列举个性人物

请列举身边或者看过的电影、电视、小说中个性鲜明的人物姓名。

请试着写出代表上述人物个性特征的关键词。

请说说体现人物性格的具体事件，并侧重分析具有鲜明个性的人物对他人、对事物的行为及态度，试着归纳出性格的含义。

性格是指表现在人对现实的态度和相应的行为方式中的比较稳定的、具有核心意义的个性心理特征，主要体现在对自己、对别人、对事物的态度和所采取的言行上。每个人在其成长经历中，都可能受到生理、遗传、家庭教养、文化、学习经验等因素的交互作用，从而形成自己的独特个性，在不同的情境中表现出特定的气质。

（二）性格与职业

【体验活动】

签　名

请像平常一样在纸上签名，然后换一只手签。思考：感觉有何不同？请用几个词形容。

用手的习惯可以很好地说明找到与性格匹配的职业的重要性。使用你惯用的那只手时，你会感到舒适和自信。若强迫使用另一只手，这当然可以拓展你的能力，但绝不会像先前那样灵活自如，收到的效果也就不那么令人满意了。

在其他事情上也是如此，我们有自己擅长的一面，也有不擅长的一面(就如我们的右手、左手)，它们没有好坏或对错之分。我们如果能够找到适合自己的环境，在其中发挥长处和优势，就会很自信，并且往往会取得佳绩。相反，如果要求我们做自己不擅长的事情，多半会感到不舒服、不自在，而且可能干不好工作。

如果我们知晓自己性格上的“左右手”，并了解与之相适应的环境和职业，

就能帮助我们做出合适的职业选择。

（三）性格探索

1. 通过 MBTI 了解性格

MBTI 是“Myers-Briggs Type Indicator”的简称，由美国心理学家凯瑟琳·布里格斯与她的女儿伊莎贝尔·迈尔斯根据瑞士心理学家荣格的心理类型学理论设计编制而成，是当今全球最为著名和权威的性格测试工具，被广泛用于自我探索、职业发展、人才选拔、团队建设、管理培训、恋爱与婚姻咨询、教育咨询及多元文化培训中。

MBTI 理论认为，一个人的个性可以从 4 个维度进行分析，用字母代表，如表 2-1 所示。

表 2-1　MBTI 的维度解释

能量倾向（你更喜欢将自己的注意力集中于何处）	外倾(E)	内倾(I)
	善于表达 自由地表达情绪和想法 听、说、想同时进行 朋友圈大 主动参与 大家 忘我 广度	通常保留 情绪和想法不轻易流露 先听，后想，再说 固定的朋友 静静反思 个人 思我 深度
接收信息（你如何获取信息）	感觉(S)	直觉(N)
	明确、可测量 细节、细致 现实、现在 看到、听到、闻到 连续的 重复 享受现在 基于事实、经验	可发明、改革 风格、方向 革新、将来 第六感 任意的 变化 预测将来 基于想象、灵感
处理信息（你是如何作决定的）	思考(T)	情感(F)
	客观、公正 批评，不感情用事 清晰 基于分析的 关注事情和联系 理智、冷酷 头脑 原则、规范 法不容恕	主观、仁慈 赏识，也喜欢被表扬 协调 基于体验的 关注人和关系 善良、善解人意 心灵 价值、人情 情有可原

续表

行动方式（你如何与外部世界打交道）	判断(J)	知觉(P)
	按部就班 随时控制 明确规则和结构 有计划、有条理 快速判断、决定 确定 最终期限 避免“燃眉之急”的压力	随遇而安 不断体验 确定基本方向 灵活的、即兴的 喜欢开放、获取 好奇 新的发现 从最后关头压力中得到动力

在 MBTI 中，4 个维度中的两极正好组合成 16 种人格类型，这 16 种人格类型各有其职业倾向，如表 2–2 所示。

表 2–2 MBTI16 种性格类型的特征和匹配的职业

类型	性格特征	匹配职业
ISTJ 检查员型	安静、严肃，通过全面性和可靠性获得成功。实际，有责任感。决定有逻辑性，并一步步地朝着目标前进，不易分心。喜欢将工作、家庭和生活都安排得井井有条。重视传统和忠诚	首席信息系统执行官、天文学家、数据库管理、会计、房地产经纪人、侦探、行政管理、信用分析师
ISFJ 照顾者型	安静、友好，有责任感和良知。坚定地致力于完成他们的义务。全面、勤勉、精确，忠诚、体贴，留心和记得他们重视的人的小细节，关心他们的感受。努力把工作和家庭环境营造得有序而温馨	内科医生、营养师、图书/档案管理员、客户服务专员、记账员、特殊教育教师、酒店管理
INFJ 博爱型	寻求思想、关系、物质等之间的意义和联系。希望了解什么能够激励人，对人有很强的洞察力。有责任心，坚持自己的价值观。对于怎样更好地服务大众有清晰的愿景。在实现目标的过程中有计划，而且果断坚定	特殊教育教师、建筑设计师、培训经理、培训师、心理咨询师、职业策划咨询顾问、网站编辑、作家、仲裁人
INTJ 专家型	在实现自己的想法和达到自己的目标时有创新的想法和非凡的动力。能很快洞察到外界事物间的规律并形成长期的远景计划。一旦决定做一件事就会开始规划，直到完成为止。多疑、独立，对于自己和他人的能力与表现的要求都非常高	首席财政执行官、知识产权律师、设计工程师、精神分析师、心脏病专家、媒体策划、网络管理员、建筑师
ISTP 冒险家	灵活、忍耐力强，是个安静的观察者，发现有问题发生，就会马上行动，找到实用的解决方法。分析事物运作的原理，能从大量的信息中很快找到关键症结所在。对原因和结果感兴趣，用逻辑的方式处理问题，重视效率	信息服务业经理、计算机程序员、警官、软件开发员、律师助理、消防员、私人侦探、药剂师

续表

类型	性格特征	匹配职业
ISFP 艺术家	安静、友好、敏感、和善。享受当前。喜欢有自己的空间，喜欢能按照自己的时间表工作。对于自己的价值观和自己觉得重要的人非常忠诚，有责任心。不喜欢争论和冲突。不会将自己的观念和价值观强加到别人身上	室内装潢设计师、按摩师、客户服务专员、服装设计师、厨师、护士、牙医、旅游管理
INFP 哲学家	理想主义，对于自己的价值观和自己觉得重要的人非常忠诚。希望外部的生活和自己内心的价值观是统一的。好奇心重，很快能看到事情的可能性，能成为实现想法的催化剂。寻求理解别人和帮助他们实现潜能。适应力强，灵活，善于接受，除非有悖于自己的价值观	心理学家、人力资源管理、翻译、大学教师（人文学科）、社会工作者、图书管理员、服装设计师、编辑/网站设计师
INTP 学者型	对于自己感兴趣的任何事物都寻求找到合理的解释。喜欢理论性的和抽象的事物，热衷于思考而非社交活动。安静、内向、灵活、适应力强。对于自己感兴趣的领域有超凡的集中精力深度解决问题的能力。多疑，有时会有点儿挑剔，喜欢分析	软件设计师、风险投资家、法律仲裁人、金融分析师、大学教师（经济学）、音乐家、知识产权律师、网站设计师
ESTP 挑战者型	灵活、忍耐力强，实际，注重结果。觉得理论和抽象的解释非常无趣。喜欢积极地采取行动解决问题。注重当前，自然、不做作，享受和他人在一起的时刻。喜欢物质享受和时尚。学习新事物最有效的方式是通过亲身感受和练习	企业家、股票经纪人、保险经纪人、土木工程师、旅游管理、职业运动员/教练、电子游戏开发员、房地产开发商
ESFP 表演者型	外向、友好、接受力强。热爱生活、人类和物质上的享受。喜欢和别人一起将事情做成功。在工作中讲究常识和实用性，并使工作显得有趣。灵活、自然、不做作，对于新的任何事物都能很快地适应。学习新事物最有效的方式是和他人一起尝试	幼儿教师、公关专员、职业策划咨询师、旅游管理/导游、演员、促销员、海洋生物学家、销售
ENFP 公关型	热情洋溢、富有想象力。认为人生有很多的可能性。能很快地将事情和信息联系起来，然后很自信地根据自己的判断解决问题。总是需要得到别人的认可，也总是准备着给予他人赏识和帮助。灵活、自然，不做作，有很强的即兴发挥的能力，言语流畅	广告客户管理、管理咨询顾问、演员、平面设计师、艺术指导、公司团队培训师、心理学家、人力资源管理
ENTP 智多星	反应快、睿智，有激励别人的能力，警觉性强、直言不讳。在解决新的、具有挑战性的问题时机智而有策略。善于找出理论上的可能性，然后再用战略的眼光分析。善于理解别人。不喜欢例行公事，很少会用相同的方法做相同的事情，倾向于一个接一个地发展新的爱好	企业家、投资银行、广告创意总监、市场管理咨询顾问、文案、广播/电视主持人、演员、大学校长

续表

类型	性格特征	匹配职业
ESTJ 管家型	实际、现实主义。果断，一旦下决心就会马上行动。善于将项目和人组织起来将事情完成，并尽可能用最有效率的方法得到结果。注重日常的细节。有一套非常清晰的逻辑标准，有系统性地遵循，并希望他人也同样遵循。实施计划强而有力	公司首席执行官、军官、预算分析师、药剂师、房地产经纪人、保险经纪人、教师（贸易/工商类）、物业管理
ESFJ 主人型	热心肠、有责任心、合作。希望周边的环境温馨而和谐，并为此果断地执行。喜欢和他人一起精确并及时地完成任务。事无巨细都会保持忠诚。能体察到他人在日常生活中的所需并竭尽全力予以帮助。希望自己和自己的所为能受到他人的认可和赏识	房地产经纪人、零售商、护士、理货员/采购、按摩师、运动教练、饮食业管理、旅游管理
ENFJ 教导型	热情、为他人着想、易感应、有责任心。非常注重他人的感情、需求和动机。善于发现他人的潜能，并希望能帮助他们实现。能成为个人或群体成长和进步的催化剂。忠诚，对于赞扬和批评都会积极地回应。友善、好社交。在团体中能很好地帮助他人，并有鼓舞他人的领导能力	广告客户管理、杂志编辑、公司培训师、电视制片人、市场专员、作家、社会工作者、人力资源管理
ENTJ 统帅型	坦诚、果断，有天生的领导能力。能很快看到公司组织程序和政策中的不合理性和低效能性，发展并实施有效和全面的系统来解决问题。善于做长期的计划和目标的设定。通常见多识广，博览群书，喜欢拓宽自己的知识面并将此与他人分享。在陈述自己的想法时非常强而有力	公司首席执行官、管理咨询顾问、政治家、房地产开发商、教育咨询、投资顾问、法官

【温馨提示】

每种性格类型本身没有优劣之分。了解自己的性格类型，有助于更好地扬长避短。了解他人的性格类型，有助于更好地与他人达成一致。重要的是理解和完善，而非改变和对抗。

你的性格类型的最终判定者，就是你自己。你可以通过性格类型来理解和原谅自己，但是不能以此作为逃避现实的借口。

2. 探索性格的其他方法

“不识庐山真面目，只缘身在此山中。”我们眼中的“自己”，常和别人眼中的“自己”有差距。陷于“自己”这座山，对自己的认识常常有局限。因此，对自己性格的了解，不要局限于借助 MBTI 或其他性格测评工具。当疑惑你的 MBTI 类型有些描述与你不相符时，可以借助身边的资源更好地认清自己。

【体验活动】

他人眼中的我

写下自己的5种特质，分别找同学、朋友、家人等熟悉自己的人，请他们也列出你的5种特质。看看他们对你的认识与你对自己的看法有什么异同。

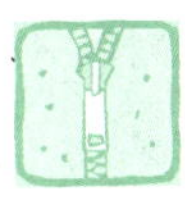

【请你解惑】

我发现自己的性格类型不适合现在所学的专业，是否意味着我很难在所学专业上取得成功？

三、兴趣认知——我想做什么

（一）兴趣与职业

【体验活动】

回忆幸福时光

请放松、深呼吸，然后回忆自己感到特别愉快、忘了时空和自己的三个时刻。请你仔细回想当时的情景以及自己的感受。

讨论：人在什么时候感到幸福？

美国芝加哥大学心理学教授米哈利花30多年时间对数百位各行各业的人进行了访谈，研究是什么东西真正令人感到幸福和满足。他发现，和人们通常想象的不同，不是人们很放松、什么事也不做的时候（比如看电视），而是当人们专心致志地从事某种活动，甚至忘我地完全沉浸在这种活动中的时候，他们感到最为愉快和满足。对不同的人而言，幸福和满足可能是跳舞，可能是演奏乐器、绘画，也可能是阅读、写作或即兴演讲，等等。

这一发现说明，人们的满足感、幸福感往往来源于从事某种活动，而不是无所事事或单纯的享乐游玩。米哈利一直强调要做自己喜爱的事情，才能获得快乐。这也正是工作本来的意义。对大多数人而言，工作占据的是他们一生之中、一天之中最好的时光。

显然，如果我们所做的事情是自己喜欢的，那我们的工作和生活会愉快得多，多半也会对这样的事情更有热情，更有可能在完成过程中获得满足感。

兴趣与能力也有密切关系。人们倾向于在他们感兴趣的事情上投入更多的时间，往往得以培养更强的能力。由于有较强的能力，人们从事自己喜欢的事情时就会感到得心应手，因此增添了对这些事情的兴趣，从而形成良性循环。

大量研究表明，兴趣和工作满意度、职业稳定性和职业成就感之间存在着明显关联。正因为如此，生涯辅导专家普遍将兴趣作为自我探索的重要方面，

并研制出多种量表来测量人们的职业兴趣。同时，由于受霍兰德类型论的影响，对于工作世界的分类，在很大程度上也是参照职业兴趣的类型来划分的。

【温馨提示】

兴趣并不等同于能力，兴趣测评的分数也不代表能力的高低。因此，在下面探索职业兴趣时，请不要考虑自己是否有能力做好某事，而只考虑你对某一活动的好恶。

（二）兴趣类型

著名的生涯辅导理论家霍兰德自20世纪70年代以来，提出了一系列研究假设。他认为，职业选择是人格的一种表现，某一类型的职业通常会吸引具有相同人格特质的人，这种人格特质反映在职业上就是职业兴趣。大多数人的职业兴趣可以归纳为6种类型，即实用型R、研究型I、艺术型A、社会型S、企业型E、事务型C。个人的职业兴趣往往是多方面的，很少只是集中在某一种类型上。我们可能或多或少地具备所有6种兴趣，只是偏好程度不同。因此，为了比较全面地描绘个人的职业兴趣，通常用最强的3种兴趣的字母代码来表示一个人的兴趣，这个代码就称为“霍兰德代码”。这3个字母的顺序表示了兴趣强弱程度的不同。

霍兰德的职业兴趣类型如表2-3所示。

表2-3 霍兰德的职业兴趣类型

类型	喜欢的活动	重视	对职业环境的要求	典型职业
实用型R（Realistic）	用手、工具、机器制造或修理东西。愿意从事实物性的工作、体力活动，喜欢户外活动或操作机器，而不喜欢在办公室工作	具体实际的事物、诚实、有常识	使用手工或机械技能对物体、工具、机器、动物等进行操作，与“事物”工作的能力比与“人”打交道的能力更为重要	园艺师、木匠、汽车修理工、工程师、军官、兽医、足球教练员
研究型I（Investigative）	喜欢探索和理解事物，学习研究那些需要分析、思考的抽象问题，喜欢阅读和讨论有关科学性的论题，喜欢独立工作，对未知问题的挑战充满兴趣	知识、学习、成就、独立	分析研究问题、运用复杂和抽象的思考创造性地解决问题的能力，谨慎缜密，能运用智慧独立地工作，并有一定的写作能力	实验室工作人员、生物学家、化学家、心理学家、工程设计师、大学教授
艺术型A（Artistic）	喜欢自我表达，喜欢文学、音乐、艺术和表演等具有创造性、变化性的工作，重视作品的原创性和创意	有创意的想法、自我表达、自由、美	创造力，对情感的表现能力，以非传统的方式来表现自己；相当自由、开放	作家、编辑、音乐家、摄影师、厨师、漫画家、导演、室内装潢设计师

续表

类型	喜欢的活动	重视	对职业环境的要求	典型职业
社会型 S (Social)	喜欢与人合作，热情关心他人的幸福，愿意帮助别人成长或解决困难，为他人提供服务	服务社会与他人、公正、理解、平等、理想	人际交往能力，教导、医治、帮助他人等方面的能力，对他人表现出精神上的关爱，愿意担负社会责任	教师、社会工作者、牧师、心理咨询师、护士
企业型 E (Enterprising)	喜欢领导和支配别人，通过领导、劝说他人或推销自己的观念、产品而达到个人或组织的目标，希望成就一番事业	经济和社会地位上的成功、忠诚、冒险精神、责任	说服他人或支配他人的能力，敢于承担风险，目标导向	律师、政治运动领袖、营销商、市场部经理、电视制片人、保险代理
事务型 C (Conventional)	喜欢固定的、有秩序的工作或活动，希望确切地知道工作的要求和标准，愿意在一个大的机构中处于从属地位，对文字、数据和事物进行细致有序的系统处理以达到特定的标准	准确、有条理、节俭、赢利	文书技巧，组织能力，听取并遵从指示的能力，能够按时完成工作并达到严格的标准，有组织、有计划	文字编辑、会计师、银行家、簿记员、办事员、税务员和计算机操作员

【自我测试】

找出你的霍兰德代码

请阅读表 2-3，在符合自己情况的语句下面画线，并思考自己日常生活中有哪些与之相符的事例使自己做出这样的判断。按一、二、三的顺序选出你认为最符合自己情况的三种情况。这有可能就是你的霍兰德代码(可以通过后面自我兴趣探索部分的练习加以确认)。

扫一扫，看视频

自我认知

(三) 人职匹配

霍兰德提出，个人兴趣类型和职业环境之间的适配将增加个人的工作满意度、职业稳定性和职业成就感。因此占主导地位的兴趣类型可以为个人选择职业和工作环境提供方向。我们可以使用霍兰德类型来了解并组织自己的兴趣，并根据它来探索及理解工作世界。通过自我探索活动或测评工具得出自己的兴趣代码后，就可以对照找出与之相匹配的职业，从而了解可能有哪些适合自己的工作领域。

人们常常因为客观条件的限制而感到难以单纯从事自己喜欢的工作。有不少大学生在选专业时由于缺乏对自我和专业的认知而未能选择与自己兴趣类型适配的专业，或者由于父母的意见而被迫选择了自己不感兴趣的专业。那么，

面对这种情况，“适配”是否还是一个恰当、可行的目标呢？

实际上，现实中的适配可以通过多种方式灵活实现。

首先，专业与职业不是简单的一对一关系，同一个专业其实有相当多的职业可以从事。因此，专业类型不适配并不意味着职业类型不适配。比如，一个希望当律师帮助弱势群体的大学生，他最高的兴趣类型可能是社会型S，而法律专业常见的职业律师第一位的兴趣类型则是企业型E。这时候，他可能感到自己所学的专业与自己的兴趣不完全匹配。但他如果将来从事“青少年法律援助”之类的工作，则完全可以满足他社会型的兴趣并很好地与其专业知识相结合。

其次，专业类型可以与兴趣类型相结合，哪怕是相对的两种类型也是如此。比如，一个喜爱文学(艺术型兴趣较高)而学习计算机专业(实用型)的大学生，可以考虑在毕业后去《电脑世界》一类的杂志社工作，这样就可以将自己的艺术型兴趣与实用型专业结合起来，在一定的程度上满足自己的兴趣。

再次，当我们倡导在职业选择上寻求个人兴趣类型和职业环境之间的适配时，“完全适配”只是我们不断接近的理想目标。在现实中，我们做不到百分之百的适配，但不必因此而放弃对个人兴趣的重视。我们的职业至少应当在一定的程度上体现我们的兴趣，可以是90%，也可以是40%，而其余部分可以在生活中的其他方面，通过其他活动来实现，如业余爱好、志愿活动、辅修专业，等等。

最后，即使一个人从事与自己的兴趣类型不适配的工作，也没有必要沮丧。工作实际上千变万化，很难用简单的类型来划分。由于从事某一职业的典型人群通常都趋向于特定的兴趣爱好，这既是他们的长处也可能是弱点。一个与职业环境不太适配的人，有可能成为这个群体中独树一帜的人，并能做出独特的贡献。当然，这个人也需要理解并接受这样的现实：在这个职业环境中可能感到格格不入。

【温馨提示】

如果目前不能按兴趣选择工作，尽管很遗憾，但你不妨平时多了解这方面的资讯，更好地充实自己，然后在机会来临时就不会错过了。也可以把兴趣转化为爱好，同样能陶冶性情。

按兴趣去工作只是让自己更容易成功，生活更加快乐，但并不是让自己幸福快乐的唯一途径。

（四）兴趣探索

每个人都能列举出一些兴趣爱好，例如养鱼、种花、唱歌、跳舞、滑冰、游泳、打球、跑步、摄影、绘画、旅游、书法、写作、修车、修表、设计服装、制作家具，等等。但是这些兴趣与职业选择有什么关系？为了回答这个问题，我们先做一个兴趣岛游戏。

【自我测试】

寻找你的兴趣岛

恭喜你！你获得了一次免费去岛屿度假的机会，唯一的要求是你必须与岛上的居民一起生活至少半年时间。请不要考虑其他因素，仅凭自己的兴趣挑出你最想前往的3个岛屿。

岛屿R：自然原始的岛屿，岛上保留着热带原始植物林，自然生态被保护得很好，也有相当规模的动物园、植物园、水族馆。岛上居民以手工见长，自己种植花果蔬菜、修理房屋、打造器物，制作各种工具。

岛屿I：深思冥想的岛屿，岛上人迹较少，建筑物多偏处一隅，平川绿野，适合夜观星象。岛上有多处天文馆、科博馆、科学图书馆等。岛上居民喜好沉思，追求真知，喜欢和来自各地的科学家、哲学家、心理学家等交换心得。

岛屿A：美丽浪漫的岛屿，岛上布满了美术馆、音乐厅，弥漫着浓厚的艺术文化气息。同时，当地的原住民还保留了传统的舞蹈、音乐与绘画，艺术和文艺界的许多朋友都喜欢在这里找寻灵感。

岛屿C：现代化井然有序的岛屿，岛上建筑十分现代化，是进步的都市形态，以完善的户政管理、地政管理、金融管理见长。岛民个性冷静保守，处事有条不紊，重视组织规则，细心高效。

岛屿E：显赫富足的岛屿，岛上居民热情豪爽，善于经营和贸易。岛上的经济高度发展，处处是高级饭店、俱乐部、高尔夫球场。来往者多是企业家、经理人、政治家、律师等，衣香鬓影，夜夜笙歌。

岛屿S：温暖友善的岛屿，岛上居民个性温和、十分友善、乐于助人，社区均自成一个密切互动的服务网络，人们互助合作，重视教育，充满人文气息。

说明：这6个岛屿实际上代表着霍兰德提出的6种类型。做完这个活动后，你应当能得出自己最有兴趣的前3个类型，即你的霍兰德代码。你可以从《霍兰德职业索引》查到每个字母代表的职业兴趣和职业建议。

需要注意的是，这只是对你的兴趣类型的初步判断。因为霍兰德理论比较复杂，初学者对霍兰德类型掌握不深入，再加上社会期望和缺乏自我认识等原因，个人不易准确判断自己的职业兴趣类型，最好通过职业兴趣测试加以确认。

霍兰德的理论提出后，对职业生涯辅导产生了广泛影响。有许多被广泛使用的测评工具都以霍兰德的类型论为依据，如霍兰德本人编制的自我探索量表、斯特朗兴趣量表、库德兴趣量表等。这些测评工具可以作为个人自我探索的有用工具。经过测评，通常会得出一个由3个字母组成的霍兰德代码，以及与这一代码相匹配的一些职业。

【温馨提示】

做兴趣测试的目的是帮助你认识自我及工作世界，拓宽你在职业前景上的思路，为未来发展提供方向性指导。

大学生仍处于生涯发展的“探索期”，重要的不是得出某个确定的职业结果，而是以兴趣类型作为自己探索和定位的参考依据。

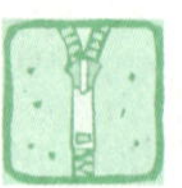

【请你解惑】

1. 我好像没有什么兴趣，不知道自己到底喜欢什么，怎么办？

2. 我的兴趣太多，该怎么选择？

3. 我现在所学的专业不是我的兴趣所在，除了专升本换专业之外还有别的出路吗？

4. 做不符合自己兴趣的事情能成功吗？

四、能力探索——我能做什么

（一）能力与职业

当个人能力和工作要求相匹配时，最容易发挥潜能，并且获得满足感。相反，做自己力所不及的工作时，会感到焦虑，甚至产生挫败感。当一个人的能力超出工作要求太多时，又容易感到工作缺乏挑战，比较乏味。因此，选择职业时，同样要寻求个人能力与职业技能要求的适配。

（二）能力的分类

1. 专业知识能力

专业知识能力是指那些需要通过教育或者培训才能获得的特别的知识或能力，也就是个人所学习的科目、所懂得的知识，比如外语、电脑编程等知识。专业知识能力不可迁移，它们是一些特殊的语汇、程序和专业内容，必须经过有意识的、专门的培训才能掌握。它们常常与我们的专业学习或工作内容直接相关。不过，专业知识能力并非只有通过正式的专业教育才能获得。除了学校课程，参加课外培训、专业会议、讲座、研讨会、资格认证考试以及自学等方式都可以帮助个人获得专业知识能力。

【自我测试】

你有哪些知识能力

对下面的经历进行分析，尽可能全面地列出你所掌握的专业知识能力，再从中分别挑选出你自己感觉比较精通的和你在工作中应用或希望应用的专业知识能力，最后排列出对你来说最重要的五项专业知识能力：

◆在学校课程中学到的，如计算机、会计等。

◆在工作（包括兼职和暑期工作）中学到的，如计算机制图等。

◆从课外培训、辅导班、研讨班学到的，如绘画等。

◆从志愿者工作中学到的，如小动物饲养等。

◆从爱好、娱乐休闲、社团活动、家庭职责中学到的，如摄影等。

◆通过阅读、看电视等方式学到的，如钢琴演奏、PPT 制作等。

◆请家人和同学帮助你回忆在校内外都学习过哪些专业知识(不管程度如何)。

◆上述能力之间可以相互结合吗？它们的组合能够使你更好地完成什么样的工作？

◆与你的同学相比，除了共同的专业外，你还掌握什么知识是他们所没掌握的？你有特别擅长的吗？无论这些知识是大是小，都请不要忽略它们，因为也许就是这些独特之处，有助于你在竞争中胜出。思考一下：这些知识是否能应用在将来的专业工作中？

【温馨提示】

在招聘中，专业知识能力绝对不是用人单位所重视的唯一条件。

2. 自我管理能力

自我管理能力是指受教育者依靠主观能动性，按照社会目标，有意识、有目的地对自己的思想、行为进行转化控制的能力，涉及个体在不同环境下如何管理自己：是勇于创新还是循规蹈矩，是认真还是敷衍了事，能否在压力下保持镇定，是否对工作有热情，是否自信，等等。良好的自我管理能力能够帮助个体更好地适应环境、应对工作中的问题，也被称为“适应性能力”。

一个人如何使用自己的专业知识、以什么样的态度从事工作，比工作内容本身更为重要。正是这些品质和态度，将个人区别开来，最终得到一份工作，并能适应新的环境和规则，在工作中取得成就，获得加薪和晋升机会。因此，有人称它们为“成功所需要的品质、个人最有价值的资产”。

事实上，人们被解雇或离职较多是因为缺乏自我管理能力。在用人单位对初入职场大学生的意见中，经常听到的就是“缺少敬业精神、没有服务意识、眼高手低、不认真不踏实、没有主动进取精神”等，这些都与自我管理能力相关。

自我管理能力需要练习，它们可以从非工作领域迁移转换到工作领域。耐心、负责、热情、敏捷这些能力并不是通过专门的课程学习到的，而是在日常生活中随时随地培养的。

【体验活动】

他人眼中的我

通过他人对自己的反馈了解自己是很好的方式。询问你身边的亲朋好友，如果让他们用 3~5 个形容词来形容你，他们会说什么？你可以通过面谈、打电话、发短信或电子邮件等多种方式来完成这个练习。请询问至少 10 个以上的人。

得到他人反馈后，在他们对你的描述中，看看哪些是你已知的，哪些是你没有想到的。他们所说的符合你对自己的评价吗？哪些方面是你的长处？哪些

地方需要你改进？通过这个练习，你对自己有什么新的认识？

3. 可迁移能力

可迁移能力就是那些能够从一份工作中转移运用到另一份工作中的、可以用来完成许多类型工作的能力。比如组织、说服、设计、安装、计算、考查、分析、搜索、决策，等等。

【案例思考】

制作 PPT 演示讲解

这学期，教师要求我们必须自选题目并用 PPT 进行一次演示讲解。在此之前，我没有学过如何制作 PPT。我请同宿舍的一位同学用了大约 20 分钟时间教我使用 PowerPoint 软件，又在学校计算机房琢磨了一下，并向机房管理人员请教了几个不明白的问题。选定了我要讲的题目以后，我上网搜索了相关资料和图片，然后制作了 10 分钟课程的辅助教学 PPT。在课堂演示中，由于我制作的 PPT 图片精美、文字与内容搭配得宜，得到了老师和同学的称赞。

用 PPT 制作课件所涉及的能力：快速学习；善于利用人际资源；寻求帮助；清晰地沟通；搜索信息；图片文字的处理、编辑和组织；面对新情况，表现出灵活性和很强的适应能力；敢于迎接挑战；积极主动；耐心；关注细节；克服压力；PPT 的制作方法。其中，前 6 项是可迁移能力，中间 6 项是自我管理能力，最后一项是专业技术能力。

可迁移能力的特征是它们可以从生活中的方方面面，特别是工作之外得到发展，可以迁移应用于不同的工作。因此可迁移能力也被称为“通用能力”，是个人最能持续运用和最能够依靠的能力。随着信息时代的到来，新知识层出不穷，新技术日新月异，个体需要不断地学习新的知识才能跟上时代的发展。因此，当今时代越来越强调“终身学习”。“学习能力”（可迁移能力）已经比拿到某个专业的硕士学位（知识能力）更为重要。

从这个意义上说，求职时，尽管你从来没有从事过某个职务，但只要你实际上具备这个职务所要求的基本能力，你就可以证明自己有资格去从事这个职务。如果你并不是“科班”出身，仍然有可能跨专业从事你想从事的职业，尤其是那些对知识能力要求并不是很高而可迁移能力占重要地位的职业。比如，也许你并不是营销专业的学生，但有着良好的人际交往能力，曾经担任过某品牌商品的校园代理，并且业绩不俗，从可迁移能力的角度看，这样的经历足以使你成功应聘销售职位。

（三）能力探索

1. 可量化的业绩

回顾你的历史，有什么样的业绩是可以量化的？除了常见的如“期末考试

全年级总评第三”或“连续3年获得一等奖学金”外，有没有其他事情可以用数字来说明你的成果？如“作为校学生会文艺部长，成功地组织了为数1000人的大型表演活动”“在兼职×品牌化妆品销售期间，使当月部门销售额提高15%”，等等。这样的数据可以非常具体地说明你取得的成绩，给人深刻的印象。当然，如果你要在简历或面试中提及这些例证，最好明确在这些事例中你使用了什么样的能力来帮助你取得好的业绩。

2. 他人的认可

这种认可可能以你所得到的奖励（如获得校演讲比赛二等奖）、升职（如被同学们选举为班长）的形式体现，也可能以他人对你直接的书面或口头表扬的形式出现（比如你的服务对象对你的好评）。不过，更多的时候，它也许只是一种微妙的认可，你仍然需要细心思考和回顾以下几个方面。

你是否曾经从数人中被选出来担当更多或更大的责任？比如被老师选出来专门负责某一事务？而这是否意味着你在某方面的能力比其他同学更加出色，或者更认真负责？

你的同学、朋友或上司是否总依靠你来完成某件事情？他们认为你特别擅长做的事情是什么？

如果一个了解你的人（老师、同学、同事、领导、客户等）要向别人推荐你，他/她可能会说些什么？

如果你离开了现在的位置（无论是你的宿舍还是你在学生社团或兼职实习的位置），你的同学或同事会因为你的离去而感到有什么样的不适或困难吗？

对所有这些问题的回答，有可能反映出你个人所擅长的、为人称道的能力和品质。如果你感到回答这些问题有困难，可以直接与周围的人谈谈，请他们帮助你。如果你觉得自己跟周围的人交往太少，就应该开始扩大你的人际交往圈。别总是埋首于书本中，应该行动起来，多参加一些实践活动。

3. 撰写成就故事

请写下生活中令你有成就感的具体事件，然后对其进行分析，看看你在其中使用了哪些能力（尤其是可迁移能力）。

这些“成就事件”不一定是工作或学习上的，也可以是课外活动或家庭生活中发生的，比如同学聚会、一次美好而难忘的旅游。它们不必是惊天动地的大事，只要符合以下两条标准，就可以被视为“成就”：一是你喜欢做这件事时体验到的感受；二是你为完成它所带来的结果感到自豪。如果同时你还获得了他人的认可和表扬那就更好了。

在撰写成就故事时，每一个故事都应当包含以下要素：

（1）你想达到的目标，即需要完成的事情。

（2）你面临的障碍、限制或困难。

（3）你的具体行动步骤，即你是如何一步步克服障碍、达到目标的。

（4）对结果的描述，即你取得了什么成就。最好能够量化评估（用某种方法衡量或以数据说明）。

至少写出5个故事（越多越好）。如果有条件的话，请你和两三个同伴一起逐一进行分析讨论，其中你都使用了什么能力。最后看看在这些故事中是否有

重复出现的能力，它们就是你喜爱施展也擅长的能力。将这些能力按优先次序加以排列。

4. 能力测试

参照上述方法，对照前面的能力分类列出自己最重要的能力，并简要写下实例。

我最重要的5项自我管理能力：________________________。

我最重要的5项可迁移能力：________________________。

我最重要的5项专业知识能力：________________________。

现在，你是否对自己的能力有了更多的了解，知道自己这块地里的“金子”是什么？很多时候人们并不清楚自己的长处。对自我能力进行探索的目的，就是要帮助个体认识到自己在已往的岁月中其实已经掌握了相当多的能力，从而能够对自己有更好的定位，做到扬长避短。对你来说，最重要的是把精力集中在你擅长并且喜欢的能力上。考虑一下：在你未来的职业中，哪些能力最可能被用到？上述哪些能力需要进一步拓展？怎样去拓展这些能力？

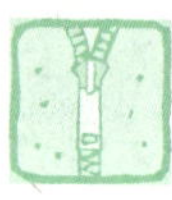

【请你解惑】

1. 我是一个普通的大学生，学的专业很一般，成绩并不出色，也没有什么特长，感到自己的能力非常不足，缺乏很多技能。想到找工作，我就犯怵，觉得自己在就业市场上没有什么竞争力。我该怎么办呢？

2. 我的情况用一句简单的话说就是：对专业不感兴趣，感兴趣的不够专业。我是学计算机的，而我真正想从事的却是人力资源工作。但在这方面我没有任何背景，一方面，不知道怎样才能从事我想从事的工作，自己也没有足够的自信与人力资源专业的学生竞争；另一方面，如果3年的专业学习被抛到一边，我觉得很可惜。

扫一扫，测一测

【拓展阅读】

探索职业能力要求的途径

仅仅对自身具备的能力有很好的了解仍不够，我们还需要了解这些能力可以在什么样的职业中得到应用，以及自己心仪的职业在能力方面有什么样的要求。因此，我们也需要掌握探索职业能力要求的途径和方法。

一个专门的职业分类网站，对各种职业的工作内容和技能要求有详细说明，是一个很好的参考资源。请找出对你所心仪的职业能力的描述。

1. 生涯人物访谈

所谓“生涯人物访谈”，就是向实际从事某一职业的人了解该职业的技能要求。通常，用这种方法可以比较详细、具体地了解特定职业不为常人所知的要求，可以有效地帮助个人在进入某一行业前做好职业方面的能力准备。

2. 根据职业的能力要求培养和发展个人能力

了解职业的能力要求意义重大，因为能力多种多样，其发展和培养又需要相当的时间，而人的时间和精力有限。只有当我们明确了目标职业需要的能力时，我们才能提早准备，明确自己需要重点发展哪些能力，并通过校内外的各种课程和实践活动培养这些能力，有计划、有针对性地过好大学生活，做到求职应聘时有实力、有信心。

第三节　环境认知

每个人都处在一定的环境中，离开了环境，便无法生存与成长。所以，在制定职业生涯规划时，要分析环境的特点、环境的发展变化、自己与环境的关系、自己在这个环境中的地位、环境对自己提出的要求以及环境对自己有利与不利的条件等。只有充分了解这些环境因素，才能做到在复杂的环境中趋利避害，使职业生涯规划具有实际意义。环境主要包括社会环境、组织环境和个体环境。

扫一扫，看视频

政治环境认知

一、社会环境认知

社会环境是指社会各种客观因素所形成的职场就业的总体氛围。社会环境包括国际、国内与所在地区 3 个层次，其构成因素众多而复杂，主要包括政治环境、经济环境、文化环境、信息环境 4 个方面，对大学生的职业生涯规划乃至人生发展有重大影响。

（一）政治环境

政治环境包括一个国家的社会制度，政府的方针、政策、法律法规等。大学毕业生求职者要关心诸如政治环境是否稳定，国家政策是否会改变，政府的经济政策等问题。同时，要格外关注大学生就业政策。比如，劳动用工政策、吸引人才政策、发达地区和中心城市的进入控制政策，都对大学毕业生择业产生重要的制约作用。除大学毕业生就业政策的直接影响外，劳动人事制度中诸如人才流动、工资、公务员制度等，以及社会职业结构调整的有关政策，都会对大学毕业生的择业产生影响。

扫一扫，看视频

经济环境认知

（二）经济环境

一个国家、一个地区在一定时期内的经济状况，直接影响其劳动就业状况。大学毕业生选择职业，不可避免地受社会经济状况影响。从整个国家范围来说，经济的发展和科学技术的进步，劳动生产率的提高，职业演化速度的加快，就业岗位的增加，都是极为相关的因素。从一个国家的区域性经济发展状况来说，由于其不平衡性，往往使经济发展速度快的地区成为大学毕业生择业的热点。目前，我国经济增长方式的转变和经济结构的调整，以及科教兴国和可持续发展两大战略的实施，对大学毕业生就业的影响较为深远。社会经济状况直接反映到职业的经济地位和行业的经济状况上。例如，近几年 IT 产业发展迅猛，在国民经济中的地位直线上升，人才需求数量大幅上升。

（三）文化环境

文化环境是影响人们行为、思想的基本因素，包括一个国家和地区的居民

教育程度和文化水平、宗教信仰、风俗习惯、审美观点、价值观念等。认真分析社会文化环境，尤其是社会价值观，有利于大学生的职业规划，因为人的成功需要社会的认可，只有符合社会主体价值观念的行为，才会被社会认可和接受。另外，在良好的社会文化环境中，个人在学习、进修、深造等方面都可以得到更好的教育和熏陶，从而为职业发展打下良好的基础。

（四）信息环境

信息环境是指一个国家、一个地区乃至全球范围内信息的生长、传播、利用等环节的相互关系的表现形式或协调状态。人、信息、信息基础设施、信息政策与法律是宏观信息环境的基本构成要素。从特定的组织或个人来讲，所谓信息环境即组织信息环境或个人信息环境，就是社会中特定的组织或个人可能接触的信息资源以及特定的信息交流活动的影响因素共同构成的环境。信息环境分析包括对信息来源和传输情况、信息的真实准确程度等情况的分析。

【温馨提示】

社会环境处于不断变化之中，社会对人才的要求以及具体的职业也不是一成不变的。社会环境的变迁，不仅使新职业不断涌现，对人才提出了新要求，而且对就业市场也产生了深刻的影响。这主要反映在人才竞争全球化，就业形势持续严峻，灵活就业和不充分就业将成为一种趋势，终身学习成为职场发展的必需，多技能、创造力成为人才竞争的重要资本，职业素质越来越受到重视，中小企业成为就业的主渠道。

二、组织环境认知

组织环境是指职业人所进入的行业环境、企业环境、职位环境的总和。组织环境认知是我们“知彼”的核心。

（一）行业环境

行业与职业不同，行业是同类型组织的集合，如从事同类产品的生产销售企业或提供类似服务的企业达到一定的数量就形成一个行业。例如，家电企业达到一定的数量就形成家电行业。在同一行业内，可以从事不同的职业。例如同在保险业，可以当保险业务员，也可以是人力资源部经理。

行业环境分析就是对目前从事或拟从事的目标行业的环境分析，包括行业的发展状况、国际国内重大事件对该行业的影响、目前行业的优势与问题、行业发展趋势，等等。

1. 行业生命周期分析

行业生命周期是行业演进的动态过程。行业生命周期分成形成期、成长期、成熟期和衰退期 4 个阶段。

（1）形成期。某一行业刚出现的阶段。在此阶段，有较多的小企业出现，因企业刚建立或刚生产某种产品，忙于发展各自的技术能力而不能全力投入竞争，所以竞争压力较小。研究开发产品和技术是这个阶段的重要职能。在营销上则注重广告宣传，增进顾客对产品的了解。

（2）成长期。行业的产品已较完善，顾客对产品已有认识，市场迅速扩大，企业的销售额和利润迅速增长。同时，不少后续企业加入，行业规模扩大，竞争日趋激烈，不成功的企业开始退出。市场营销和生产管理成为关键性的职能。

（3）成熟期。一方面行业的市场已趋于饱和，销售额难以增长，在此阶段的后期甚至开始下降；另一方面行业内部竞争异常激烈，合并、兼并大量出现，许多小企业退出，于是行业由分散走向集中，往往只留下少量大企业。产品成本和市场营销的有效性成为企业的关键因素。

（4）衰退期。市场萎缩，行业规模缩小，留下的企业越来越少，竞争依然很残酷，这个阶段的行业就是所谓的“夕阳行业”。

2. 行业竞争结构分析

对新进入者的威胁（威胁的大小依进入市场的障碍、市场潜力以及现有企业的反应程度而定）、行业中现有企业间的竞争、替代品或服务的威胁、购买者的谈判能力和供应者的谈判能力这 5 种基本竞争力量的状况以及综合强度，引发行业内经济结构的变化，从而决定着行业内部竞争的激烈程度，决定着行业获得利润的最终潜力。

3. 国家相关行业政策分析

政府会根据国家宏观经济状况发布行业性法规政策，鼓励、扶持一些行业，限制、缩小一些行业。政府可能会对一些专业人才的培养给予鼓励、支持，对某些职业人员给予限制。这些政策对企业和职业的发展将产生重要影响。

【温馨提示】

要尽量选择那些有前景、发展空间较大的行业。例如，我国近年来狠抓环境保护、推行可持续发展战略、保护生物多样性、在农业生产中控制化学制品的使用、开发绿色食品等，使环境保护产业如初升的朝阳，充满生机，导致环保设备生产、环保技术咨询等行业迅速发展，提供了大量就业岗位。这时如果盲目进入那些污染严重的行业谋职，必将会给自己的职业生涯造成不良的后果。

（二）企业环境

企业环境分析尤为重要。个人在选择企业时，有必要通过个人可能获得的一切渠道来了解企业的有关情况。企业环境分析主要包括以下 3 个方面。

1. 企业实力

企业在社会中的地位和声望如何？目前的产品、服务和活动范畴是什么？发展领域在哪些方面？发展前景如何？战略目标是什么？技术力量和设施是否先进？在本行业中是否具备很强的竞争力？是发展扩张，还是倒退紧缩？谁是竞争对手？目前的财务状况如何？要仔细观察是真正在“做大、做强”，还是徒有其名，有没有长久的生命力，组织结构是怎样的，是扁平的还是等级制的，等等。

2. 企业领导人

企业主要领导人的抱负及能力是企业发展的决定性因素，而且个人在职场的机遇很大一部分来自主要领导。很多成功的大企业都有出色的企业家作为掌

舵人。当然，炒老板鱿鱼也是职场的家常菜。因此，要了解主要领导人是真心要干一番事业，还是想捞取名利？管理是否先进开明？他尊重员工吗？他有没有战略眼光和措施？他有足够的能力带领员工开创新天地吗？

3. 企业文化

企业文化是全体员工在长期工作活动中形成并共同遵循的最高目标、价值标准、基本信念和行为规范，可以说是企业的性格所在。从业者选择适合自己生存的企业环境，如同选择志趣相投的朋友。除了吸引人的薪酬、舒适的工作环境和出色的管理外，优秀的企业还会创造积极的企业文化，让员工感到快乐和受尊重，使员工更有创造力。

（三）职位环境

职位环境就是具体的工作环境。确定职业目标的前提是尽可能充分了解目标职业、目标岗位的特有环境，并据此判断职业是否真的如你心中所向往的。比如很多人不知晓记者职业光鲜背后的无奈：工作时间特殊，工作环境复杂，身在危险的第一线，等等，但是，如果记者身上所体现的社会责任感是你认同的第一价值观，即使有再多超出想象的困难，你还是会乐在其中。

职位环境分析主要包括以下 4 个方面。

1. 职业内容分析

职业内容是每个职业最基本的特征，它能告诉我们一项工作的职责是什么，工作中运用哪些技能等。只有了解了职业内容，我们才能结合自身的特点判断自己是否对这个职业感兴趣。

2. 工作方式分析

不同的职业工作方式差别较大，这涉及每个职业从业者日常的活动范围和环境、接触的人群等问题。比如有的职业需要长期久坐，如计算机操作员；有的职业需要经常和他人交流，如销售代表；还有的职业工作条件和环境很恶劣，甚至危险，如炼钢工人要在高温环境下工作，建筑工人常在高空作业。

3. 工作满足感分析

工作成就感在很大程度上决定了个人从事该职业的热情，你需要了解自己是否能够从这项工作中获得满足感和价值感，以驱动你持续地付出劳动。

4. 任职资格分析

对以上 3 方面内容都有所了解后，你一定还想知道，怎样才能从事这个职业，即需要怎样的能力和知识结构才能胜任这一工作。这也是我们下一步为目标制订行动计划的“标杆”。

【温馨提示】

揭开职业的神秘面纱

要想了解职业的真相，最简单有效的方式莫过于体验它真实的一天。或许现实中并没有机会让你逐一观摩或通过实习去体会自己所向往的那些职业的真实环境，但是麦可思成功开发的中国职业信息系统，从多维度，包括对从业者的职业要求（工作任务，工作要求的性格、技能、知识结构，任职资格，工作方式和环境)，从业者追求的工作满足感(工作兴趣、价值观、企业氛围)，为大家模拟并呈现立体的职业全貌。即使不是亲身体验，也能让你感知职业的真实状况。

总之，通过以上分析，应理出一条清晰的线索，确定自己的职业在这个组织中有没有足够的发展空间，衡量自己的目标在该组织得以实现的可能性。

三、个体环境认知

个体环境是指个体家庭环境、学校环境以及社会时尚等影响因素的总和。

（一）家庭环境

大多数人从幼年起就在家庭环境中感受父母的职业活动，随着年龄的增长，逐步形成自己的职业价值取向。个人在选择职业时，不可避免地带有家庭教育的印迹。

家庭因素对职业取向的影响，主要体现在择业趋同性和协商性。一般情况下，个人对家庭成员特别是长辈的职业比较熟悉，在职业规划和职业选择上就会产生一定的趋同性影响。同时，个人的职业生涯决策多产生在家庭成员共同协商的基础上。

父母的教育方式、期望、经济社会地位与社交能力等对大学毕业生职业生涯规划的影响作用不可忽视。每个人规划职业生涯时都应首先认清家庭环境，趋利避害，最大限度地获得家庭对自己职业生涯发展的支持与帮助。

【体验活动】

画出你的家族职业树

父母亲目前分别从事________工作，他们曾经从事________工作。

其他家庭成员从事的职业有________。

家族对彼此的职业，感到最满意或者羡慕的是________。

家人希望我将来从事________工作，理由是________。

（二）学校环境

从学校环境因素分析影响大学毕业生就业竞争力的重要因素有高校的办学特色和学科专业分类等。

大学毕业生的就业竞争力表现为学校特色的竞争力。国内外知名高校都有着鲜明的办学特色，例如美国麻省理工学院、密歇根大学、科罗拉多大学 3 所不同层次的工科类大学的人才培养目标与体系各不相同，各具特色。麻省理工学院连续 15 年工科排名第一，机械系的人才培养目标与其学校一样，都以培养领袖人才为己任。为了实现“造就工业、政府、教育部门领导人才”的培养目标，该系人才培养目标非常强调了解基本原理，熟悉设计、计算和分析方法，开发创造性处理工程问题的能力，同时培养学生的自信心和应变能力，为终身学习和专业成长做好准备。密歇根大学工学院也是美国一流的工学院，其目标是培养具有广泛适应性的人才。因此，机械系为学生提供了大量工程的和非工程的选修课，并为学生参与工程实践提供了许多机会。工科排名一般的科罗拉多大学则定位在提高学生在机械领域的职业技巧。科罗拉多大学工学院的培养目标，定位在帮助学生获得发展自身的职业技巧，使学生掌握机械工程学科的基本知识，具备设计、操作、分析实验等解决机械工程问题的能力。不同的培养目标和培养体系，造就了不同类型的人才，从而使各校的毕业生都能较好地确定自己的职业定位和就业趋向。因此大学毕业生在制订职业生涯规划时，一定要认清所在高校的办学特色为自己提供的择业优势。

不难看到这样的情形，一些专业的应届毕业生被很多企业竞相争夺，有的专业的毕业生却面临就业困境。就业困难的大学毕业生不少是因为所学专业不对路造成的。影响专业发展前景的因素主要有两点。

（1）是否为学校的优势专业，优势专业一般就业较容易。由于长期形成的办学质量与信誉，加上自身办学思路与相关行业的需求较符合，这样的专业往往不易受到外部就业市场冷暖的影响，成为有相应需求用人单位的首选。

（2）专业设置是否符合产业发展需要与社会需求。如果符合，大学毕业生就业率一般较高。

（三）社会时尚和主流价值观

社会时尚就是在社会中流行一时的风气或风尚，它是一种非常规的集体行为模式。健康的时尚，会激发人们的责任感和使命感，形成正向行为导向。不健康或带有偏见的时尚，会造成人们思想意识的偏狭和行为取向的偏差。时尚对大学毕业生择业的影响不可忽视，如大学毕业生择业中出现过的大城市热、合资企业热、“孔雀东南飞”以及现在盛行的公务员热、考研热等。

扫一扫，测一测

此外，由于我们身处多元社会，受多种价值观冲击，其中主流价值观影响最大。在改革开放的大潮下，“尊重个体的差异和独特性，充分发挥个人才能”已经成了社会所推崇的理念，并成为职业生涯规划这一行业发展的契机。

第四节　职业生涯决策

经过自我认知和环境认知，大学毕业生需要综合两方面的信息，进行初步的职业抉择，为自己的职业生涯设立目标，确定大体的发展方向。

一、职业生涯决策概述

职业生涯决策不是一件容易的事情，但又是一件无法回避的事情。从早晨醒来到夜晚入睡，我们都在不断地作决定：如何安排这一天的时间？穿什么衣服？吃什么食物？读什么书？与什么人交往？等等。生活充满了成百上千的决定，通常一个决定越重要，决策也就越困难。就职业决策来说，我们需要选择行业，选择行业中的某种工作，选择所适用的策略，以获得某种特定的工作，从数个工作机会中选择其一。选择工作的取向，选择工作地点，选择职业生涯目标或系列的升迁目标，等等，这种决策远比挑选一双鞋困难得多。

（一）决策风格

【自我测试】

了解你的职业生涯决策风格

1. 想一想：你今天做了哪些选择和决定？这些决定中哪些是比较容易做出的？哪些是比较难做出的？为什么会做出这些决定？

2. 请回想，迄今为止，你在生活中的 5 个重大决定，并按以下内容予以描述。

(1) 目标或当时的情境。

(2) 你当时面临的所有选择。

(3) 你作出的选择。

(4) 你的决策方式。

(5) 你对结果的评估。

你如何描述自己在上述几项选择中的决策风格？它们有共同之处吗？当你作一番回顾时，有没有想过自己通常采用了什么样的决策模式？

1. 痛苦型

花很多时间和精力来确认有哪些选择，收集信息，反复比较，却难以做出决定。他们经常爱说的一句话是“我就是拿不定主意。”出现这种情况时，收集再多的信息进行分析比较也无济于事。需要弄清的是他们被一些什么样的情绪和非理性信念困住了，比如害怕自己做出错误的决定，追求完美，等等。

2. 冲动型

有的人遇到第一个选择就紧紧抓住不放，不再考虑其他选择或收集信息。他们的想法是：“先决定，以后再考虑。”比如，先找到一份工作做再说。冲动的决策方式可能是出于对困难的回避，不愿意花时间和精力去探索。这种方式的危险在于风险太大，等看到有更好的选择时自然追悔莫及。

3. 直觉型

有一些人将自己的直觉感受作为决定的基础。他们通常说不出什么理由，一味地表示：“就是觉得这个好。”人们在择友的时候常常采用这样的决策方式。直觉在人们对环境情况无法获得充分信息的时候会比较有效，但它有可能不符合事实。有时候，我们的判断可能会因为自身先入为主的偏见而产生较大的误差。因此，不能仅仅将直觉作为决策的依据。

4. 拖延型

这些人习惯将对问题的思考和行动都往后推迟。“过两天再考虑”是他们的口头禅。大学毕业生常见的“我还没有准备好工作，所以打算先升本考研”，就是这种方式的体现。拖延型的人心中暗暗抱有这样的希望：也许事情过几天就自动解决了。然而，问题并不会自动解决，有时甚至越拖越严重。如果你现在不知道该怎么找工作，那么读完研究生也未必就能知道。

5. 宿命型

有些人不能自己承担责任，而将命运归结于外部形势的变化。他们会说“该怎么的就怎么的吧”，或“我这个人永远也不会走运”之类的话。当一个人将自己生活的主导权交给外界环境的时候，可以预见，这个人很容易觉得无力和无助。这样的人容易成为环境的“受害者”，怨天尤人，却没想到自己的处境正是由于放弃了个人对生命的“主权”造成的。

6. 从众型

这样的人倾向于顺从别人的计划而不是独立地做出决定。他们常说“只要他们都觉得好，我就觉得好。”比如，很多大学生一窝蜂似地争取出国、进外企、考研、参加各种培训班，只因为“大家都这样做”。从众的人固然在追随群体的过程中获得了一种虚假的安全感，但却忽略了自身的独特性，造成其选择往往并不适合自己。他们在不必费心思考的同时，也牺牲了对生命可能有的满足感。

以上几种类型的决策模式，根据情境和其后果重要性的不同，会产生相应程度的作用。比如，我们常常用“冲动”的方式决定晚餐点什么菜或买下一件新衣服，其后果不会对我们的生活造成太大影响，甚至给自己或他人带来惊喜。我们也常常用“直觉”方式交到很好的朋友。但是，这些决策模式用在一些重大决定当中则不适宜，往往导致懊悔、耽搁时间、浪费精力等后果。

（二）决策方法

1. 决策方格法

决策方格法，即管理方格理论。该理论是由美国得克萨斯大学的行为科学家罗伯特·布莱克和简·莫顿在1964年出版的《管理方格》一书中提出的。决策方格法的操作步骤如下：

（1）在表2-4中，列出你最向往的2~3个生涯发展目标。

（2）根据你个人的情况，从你的个人价值满足程度、兴趣一致程度、专长的施展空间等方面，一一评估每个职业目标的回报等级——优、良、中、差，并分别对应4分、3分、2分、1分。

（3）根据职业发展机会情况，从职业发展机会中对能力、经验要求、学习限制、发展前景等方面，评估每个职业目标的机会等级——优、良、中、差，并分别对应4分、3分、2分、1分。

（4）根据你对回报和机会的评估结果，在职业目标决策方格中找到相应的位置，并将职业目标填入“决策方格”中。

（5）将每个职业目标的回报与机会的得分相乘，乘积最大的目标，就是最适合你的职业目标。

表2-4 我的决策方格

回报	优					
	良					
	中					
	差					
		差	中	良	优	
	机会					

2. 职业决策“五 W”法

（1） Who are you（你是谁）？对自己作一个深刻的反思和全面的评估，全方位地认识自己。具体包括自己的学历、所学专业、兴趣、爱好、动机、能力、特长、技能等。

（2） What do you want（你想干什么）？对自己职业发展的心理趋向进行检查，进一步明确职业发展的方向。通常来说，每个人在不同阶段的兴趣和目标不完全一致，甚至对立。

扫一扫，看视频

职业决策“五 W”法

（3） What can you do（你能干什么）？对自己的能力和潜能进行全面总结。个人职业发展空间的大小主要取决于自身潜力。如对事务的兴趣、做事的韧力、意志力、遇事的判断力，以及知识结构是否全面、是否及时更新等。

（4） What can support you（环境支持或允许你干什么）？环境支持在客观方面包括本地的各种状态，如经济发展、企业制度、人事政策、职业空间等，人为主观方面包括同事关系、领导态度、亲戚关系等，应综合两方面加以分析。

（5） What can you be in the end（你最终的职业目标是什么）？列出不利条件最少的、自己想做而且又能够做的职业生涯目标。

3. SWOT 分析法

SWOT 分析法又称为态势分析法，4 个英文字母分别代表优势（Strength）、劣势（Weak-ness）、机会（Opportunity）、威胁（Threat），是检查求职者的职业能力、职业喜好和职业机会的有用工具。

（1） 优势：你可以控制并且可以利用的内在积极因素。你最优秀的品质有哪些？你的能力体现在哪里？你曾经学习了什么？你曾做过什么？最成功的方面是什么？

（2） 劣势：你可以控制并努力改善的内在消极因素。你的性格有什么弱点？你在经验或者经历上还有哪些缺陷？最失败的是什么？

（3） 机会：你不能控制但可利用的外部积极因素、社会环境对你的发展目标的支持。例如，地理位置优越为专业发展带来的机会，就业机会的增加。

（4） 威胁：你不能控制但可以弱化的外部消极因素。例如名校毕业的竞争者、相同专业的大学毕业生带来的竞争。

4. 决策平衡单

在决策过程中对可能的选择进行评估排序时，需要详尽考虑该决定所涉及的各方面因素。一个有效的方法是使用“决策平衡单”，它将重大决策的思考方向集中到 4 个主题：个人物质方面的得失、他人物质方面的得失、个人精神方面的得失、他人精神方面的得失。如表 2-5 所示。

表 2-5　决策平衡单

考虑因素	权重	选择一		选择二		选择三	
	1~5	加权分数（+）	加权分数（-）	加权分数（+）	加权分数（-）	加权分数（+）	加权分数（-）
个人物质方面的得失 如：1. 个人收入 2. 未来发展 3. 休闲时间 ……							

续表

考虑因素	权重	选择一		选择二		选择三	
	1~5	加权分数（+）	加权分数（-）	加权分数（+）	加权分数（-）	加权分数（+）	加权分数（-）
他人物质方面的得失 如：1. 家庭收入 2. 家庭地位 ……							
个人精神方面的得失 如：1. 成就感 2. 自由独立 3. 兴趣满足 4. 挑战性 5. 被认可 ……							
他人精神方面的得失 如：1. 父母亲 2. 男/女朋友 3. 教师 ……							
总分							

具体来说，决策平衡单的应用步骤如下：

（1）明确选项。列出你要选择的项目，比如是升学还是就业，是 A 职业还是 B 职业。

（2）细化4个主题的具体指标。列出你在“个人物质方面的得失”“他人物质方面的得失”“个人精神方面的得失”“他人精神方面的得失”4 个方面的重要价值观和考虑因素。

（3）给每个指标标注权重。各种价值观按 1~5 的等级分配权重。一项价值观或因素的重要性越大，它的权重就越高。5 代表最高权重，表示“非常重要”；3 代表“一般”；而 1 代表“最不重要”。

（4）对照具体指标，填写每一项的具体分数。按照各项职业生涯选择满足个体价值观和考虑因素的程度打分。分值在“-5”和“+5”之间，其中“+5”表示“价值观和考虑因素在该职业生涯选择中得到了完全满足”；“0”表示“不知道或无法确定”；而“-5”表示“价值观和考虑因素完全未能得到满足”。

（5）计算系数，并且分别计算总分。将各项职业生涯选择的得分与价值观和考虑因素的权重对应相乘进行计分，并将每种选择下所有的正负分相加，得出它的总分。

（6）做出分析与思考。对所有总分加以比较、排序，分析思考你的最佳选择。

二、职业生涯目标的确定

个人事业的成败，在很大程度上取决于有无正确、适当的目标。职业生涯目标的确定是职业生涯决策的首要任务。

（一）目标的重要性

【案例思考】

哈佛调查：目标与人生

一群意气风发的天之骄子从哈佛大学毕业了，即将开始职业生涯。他们的智力、学历、环境条件相差无几。临出校门时，哈佛大学对他们进行了一次关于人生目标的调查。结果显示，27%没有目标，60%目标模糊，10%有清晰的短期目标，3%有清晰而长远的目标。

25年后，哈佛大学再次对这群学生进行了调查。结果显示，3%有清晰而长远目标的人，朝着一个方向不懈努力，几乎都成为社会各界的成功人士，其中不乏行业领袖、社会精英；10%有清晰的短期目标的人，其短期目标不断地实现，成为各个领域中的专业人士，大都生活在社会的中上层；60%目标模糊的人，安稳地生活工作，但都没有什么特别成绩，几乎都生活在社会的中下层；27%没有目标的人，生活过得很不如意，常常抱怨他人、抱怨社会、抱怨这个“不肯给他们机会”的世界。

很多时候，我们忙忙碌碌，选修各种课程，参加各种活动，准备各类考试，却没有目标。很多大学生一方面感到迷茫，另一方面却又不能停下来花一点时间看清楚自己的方向，只是盲目地胡乱奔跑。“忙—盲—茫”现象在当代大学生中屡见不鲜，这种“边跑边看路”的做法无异于缘木求鱼。虽说只要一直往前走，哪怕是胡乱奔跑，总可以到达某个地方，但难以达到满意的处境。如果连你都不知道自己要什么，别人也不可能给你有效的帮助。只有清楚自己的职业发展方向，生命才会有意义和方向。

（二）目标的SMART原则

【案例思考】

你的目标是什么

绝大多数人都有目标，但很多人要么碰到职业高原区，要么一直业绩不佳以致收入不高。经过了解，他们是这样制定目标的：

班组长：努力工作，做好本职工作。

销售人员：今年业绩要比去年好一点儿。

行政主管：明年我想买一套房子。

刚刚毕业的大学生：我希望在公司能够得到晋升。

企业老总：目标？这不是想了就能实现的，不是你的，想了没用，你总不能说我的目标是做比尔·盖茨吧？脚踏实地最重要了。

部门经理：将来的目标，还真没想过。说实话，现在收入还可以，再怎么样，到哪里也能混个部门经理当当，不必去想那么多。

尽管设定了自己的职业生涯目标，但是，并不是所有的目标都能变成现实，只有SMART(聪明)的目标才有可操作性。所谓SMART原则，具体如下所述：

1. 目标必须是具体明确的(Specific)

不要用含糊笼统的语言表述目标。比如，不要说“我的目标是更好地利用时间”，应该说“我一天只能花不超过一个小时的时间来看电视”或“我每周要花两个小时的时间来上网查找有关服装设计师这一职业的资料”。

2. 目标必须是可以衡量的(Measurable)

目标必须可量化，可测定。比如，“加强社会实践”，应改为“在这个月内，参加一个学生社团(摄影协会)，并访谈两位摄影师”。

3. 目标必须是可以达到但有挑战性的(Achievable but challenging)

目标是现实的、可能的，但又有一定的难度。比如说，如果你目前只是一个大三学生，并且没有什么相关的工作经验，却计划在2年之内就成为大公司的中层经理，这个目标也许就不那么可行。但如果你计划10年之内才做到中层经理的位置，那又缺乏挑战性，就可能不太有激情去实现这个目标了。

4. 目标必须有意义并有奖惩措施(Rewarding)

也就是说，实现这个目标能带给你成就感、愉悦感；反之，则会使你有所损失。比如说，如果你没有按计划在一个月内完成对两位工程师的访谈，那么你就不能在“十一”时外出旅游，而要利用7天的假期完成访谈任务。

5. 目标必须有明确的时间限制(Time-bounded)

不能将目标统统定为“在大学毕业前完成”，而要有计划分步骤地在限定的时间内完成。以一周、一个月或一学期为单位设立目标，会比将事情都堆到毕业前完成要有效得多。

除了SMART原则外，还有一条原则对目标设立来说非常重要，那就是可控性。可控性主要是指你对影响到目标实现的因素具有相当的控制能力。比如，“我的目标是在海尔公司获得一份工作”，这种表述方式就违反了可控性原则。因为你能否获得这份工作并不取决于自己，你有被拒绝的可能。如将目标换成“在下周三之前向海尔公司申请一个职位”，则是可行的，因为你能控制相关因素。目标的可控性原则表明，你必须为自己的目标负责，而不能指望他人来实现一切。当你确实需要他人帮助时，你可以向他们表达，争取他们的合作，但同时必须做好被拒绝的准备。你能够控制的只有你自己，你的目标也必须完全地“属于”你。

采用上述原则设立目标的好处是，它使你所制定的目标与计划有实现的可能，并且可以帮助你在一段时间之后回顾总结自己所取得的进步与不足，明确自己该干什么以及干得怎么样。

（三）目标的分解与组合

1. 目标的分解

【案例思考】

山田本一的秘诀

1984 年，在东京国际马拉松邀请赛中，名不见经传的日本选手山田本一，出人意料地夺得了世界冠军。两年后，山田本一代表日本参加比赛又获得了冠军，人们都觉得很奇怪。10 年后，这个谜终于被解开了。山田本一在他的自传中说："每次比赛之前，我都要乘车把比赛的线路仔细地看一遍，并把沿途比较醒目的标志画下来，比如第一个标志是银行，第二个标志是一棵大树，第三个标志是一座红房子，这样一直到赛程的终点。开始后，我就奋力地向第一个目标冲去，等到达后又以同样的速度向第二个目标冲去。整个赛程，就被我分解成这么几个小目标轻松地跑完了。起初，我并不懂这样做的道理，我把我的目标锁定在赛程的终点线上，结果我跑到十几公里时就疲惫不堪了，我被前面那段遥远的路给吓倒了。"

职业生涯目标必须经过分解才能更加清晰和便于实现。职业生涯目标的分解如图 2-4 所示。

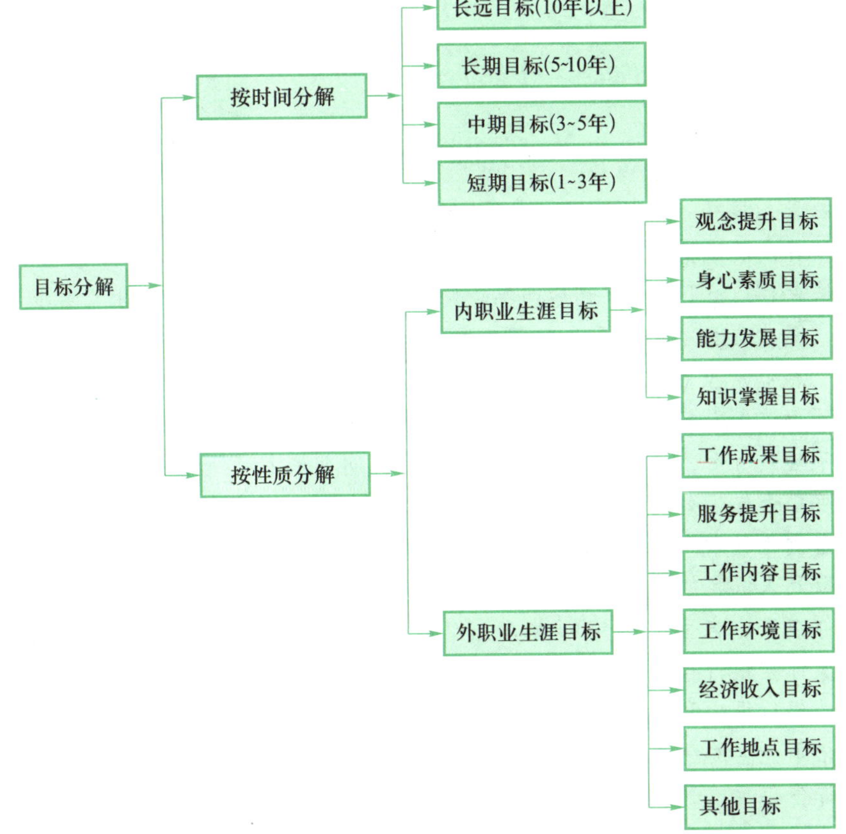

图 2-4　职业生涯目标的分解

（1）按性质分解。美国著名心理学家埃德加·薛恩把人的职业生涯目标分为外职业生涯目标和内职业生涯目标两个层次。

外职业生涯是指从事职业时的外在因素的组合及其变化过程。外职业生涯目标一般是具体的，包括工作单位、工作职务、工作内容、工作环境、工作地点、收入、福利待遇、声望、职位，等等，它侧重于职业过程的外在标记。外职业生涯是由别人给予的，也容易被别人收回。

内职业生涯是指从事一项职业时所具备的知识、观念、经验、心理素质、能力、内心感受等因素的组合及其变化过程。内职业生涯目标包括改善观念、掌握新知识、提高心理素质和工作能力、工作成果、处理与他人的关系等。内职业生涯是别人无法替代和窃取的人生财富。内职业生涯开发无止境，它在人的职业生涯成功乃至人生成功中具有关键性作用。

内职业生涯的发展，是外职业生涯发展的前提，外职业生涯依赖于内职业生涯的发展而增长。外职业生涯的发展，又能拉动和促进内职业生涯的发展，因为如果内职业生涯的发展跟不上外职业生涯的发展，外职业生涯就会停滞不前，甚至倒退。如果职业人员的眼光只盯着外职业生涯的各种因素：底薪是多少、职务有多高、提成比例如何、交通费是多少等，往往会使我们的职业生涯发展方向发生偏差，不能达到预期目标。在职业生涯早期和中前期，一定要把对内职业生涯各因素的追求看得比外职业生涯更重要。只有内、外职业生涯同步发展，职业生涯之旅才能一帆风顺。

【案例思考】

打开你观念的抽屉

一天，报社一位年轻记者去采访日本著名的企业家松下幸之助。

年轻人很珍惜这次采访机会，做了认真准备。他与松下先生谈得很愉快。采访结束后，松下先生亲切地问年轻人：“小伙子，你一个月的薪水是多少?”

“薪水很少，一个月才1万日元。”年轻人不好意思地回答。

“很好！虽然你现在的薪水只有1万日元，其实，你知道吗？你的薪水远远不止这1万日元。”松下先生微笑着对年轻人说。

年轻人听后，感到有些奇怪：不对呀，明明我每个月的薪水只有1万日元，可松下先生为什么会说不止1万日元呢？

看到年轻人一脸疑惑，松下先生接着说道：“小伙子，你要知道，你今天能争取到采访我的机会，明天也就同样能争取到采访其他名人的机会，这就证明你在采访方面有一定的潜力。如果你能多多积累这方面的才能与经验，这就像你在银行存钱一样，钱存进了银行是会生利息的，而你的才能也会在社会的银行里生利息，将来能连本带利地还给你。”

松下先生的一番话，使年轻人茅塞顿开。

许多年后，这位记者已经做了报社社长，回忆起与松下先生的谈话时，深有感慨。

（2）按时间分解。按照时间长短，职业生涯规划可以分为人生规划、长期规划、中期规划与短期规划4种类型。

人生规划是整个职业生涯的规划，包括从求学阶段到退休后的生活规划，设定整个人生的发展目标，如规划成为拥有一定规模的汽车修理公司的总经理。

长期规划，一般指5~10年的规划，设定较长远的目标，如在汽车修理公司刻苦学习修理技术和积累“三脉”（知脉、人脉、钱脉），升迁为部门经理或自己开汽车修理店。

中期规划，一般为3~5年内的目标与任务，如顺利考取高职，在高职院校学习期间，把自己塑造成符合社会需要的高素质人才，并进入汽车修理公司进行初步职场适应。

短期规划，一般为3年内的规划，主要是确定近期目标，规划近期完成的任务，如对专业知识的学习，掌握哪些业务知识，取得哪些职业资格证书等。

【温馨提示】

引导目标分解

你觉得人生最大的意义是什么？

你觉得什么样的人生是有价值的？

未来你想过什么样的生活？

你想用哪些办法去实现自己的未来？

今后1~3年，你要做什么？

最近1年，你为自己的理想做了什么？

这半年，你有什么具体的计划？

这个月，你有哪些目标？

今天，你为自己的理想做了什么？

2. 目标的组合

目标的组合是为了处理好不同分目标之间的关系。在职业生涯规划中要思考先完成什么目标，后完成什么目标，以什么目标为主、什么目标为辅。不同的目标可以按时间组合为并行或者连续，可以按功能组合成因果关系或者互补关系，还可以全方位组合，指个人事务、职业生涯和家庭的均衡发展，相互促进。

表2-6所示为某同学为自己设定的职业发展目标。

表2-6 某同学为自己设定的职业发展目标

职务目标	3年内成为中型企业的中级程序设计师
	5年内成为中型企业的技术部主管
	10年内成为跨国软件企业的部门经理

续表

能力目标	3 年内精通软件及网络技术
	时时了解、掌握与计算机软件技术相关的最新技术发展趋势
	5~6 年内能游刃有余地协助领导并管理技术团队
成果目标	在 5 年内带领团队完成 3 个软件开发项目
经济目标	3 年后年薪达到 6 万元，5 年后达到 10 万元，10 年后达到 20 万元

【自我测试】

根据表 2–7 的说明，请对你选择的目标进行检测。

表 2–7 目标检测表

目标	5 分	4 分	3 分	2 分	1 分
你最亲近的人支持你的程度如何？	非常支持	支持	一般	反对	坚决反对
这个计划有多少成分来自你的内心？	100%	80%	60%	40%	20%
这个计划对你的重要程度有多大？	100%	80%	60%	40%	20%
这个计划与你的其他重要目标冲突有多大？	没有	一点	有些	很大	极大
如果遇到重大困难你会放弃吗？	一定不会	不会	不好说	也许	会
你愿意为这个计划作出必要的牺牲吗？	当然	尽量做	不好说	一般不会	不会
这个计划符合你的价值观吗？	非常符合	符合	不矛盾	有冲突	很冲突

说明：

如果你的分数低于 21 分，你最好放弃你的计划，因为你对计划的承诺不足以支持你完成它。

如果你的分数低于 28 分，你应该再想一想你的计划，不用着急行动。

如果你的分数超过 30 分，你还等什么！

三、对职业生涯路线的选择

没有目标，人生将失去本来的意义；而没有清晰的线路，目标也会变得虚无缥缈。达到目标的路线有多种，但是必定有一个相对较佳的线路，这就是职业生涯规划中的路线选择问题。在追求职业生涯目标的道路上，如果没有职业发展路线图，就会走错路、走弯路、走回头路，这将直接影响我们的心情和成就，导致我们的努力、动力、能力不能直接作用于目标，产生资源、时间、精力的浪费，无形中延长了我们成功的期限。在多条道路中，如果选择了捷径，就易于进入职业发展的快车道。

（一）职业生涯路线的类型

对于即将步入职场的大学毕业生来说，必须了解你所选择的目标组织的职位序列及其发展道路。因为，即使同一职业，也有不同的岗位，有的人适合搞行政，可在管理方面大显身手，成为一名卓越的管理人才。有的人适合搞经营，可在商海大战中建功立业，成为一名经营人才。如果一个人不具备管理才能，却选择了行政管理路线，这个人就很难成就事业。

1. 组织职位序列体系

（1）管理序列。即以管理工作为主的职位序列，如助理—主管—项目经理—部门副经理—部门经理—总经理助理—副总经理—总经理。

（2）技术序列。即以技术工作为主的职位序列，如设计院，设计员—四级设计师—三级设计师—二级设计师—一级设计师—主任工程师—副总工程师—总工程师。

（3）混合序列。即管理与技术双重职位序列，如总工程师兼行政副总。

2. 组织内部职业发展道路

（1）纵向发展道路。即同一职位系列中，向更高级别的发展。如业务代表沿着市场职位系列一直发展到销售副总经理。

（2）横向发展道路。即同一职位层次，向不同职位序列的发展。如由部门经理调任办公室主任。此种横向发展可以发现员工的最佳发挥点，同时又可以使员工积累各方面的经验，为以后的发展创造更加有利的条件。

（3）核心发展道路。虽然职务没有晋升，但却担负了更多责任，有了更多机会参加单位的决策活动。

（二）职业生涯路线的确定

大学毕业生要综合分析目标、能力和机会等三方面的取向，如图 2-5 所示。

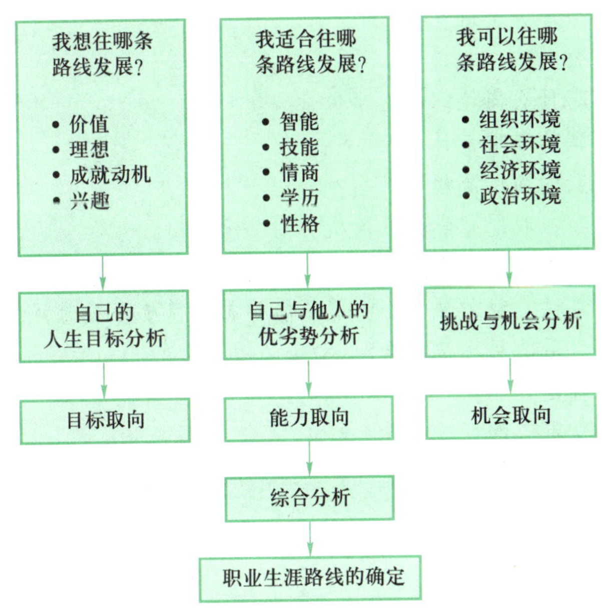

图 2-5　职业生涯路线确定的三个取向

（三）选择职业生涯路线的方法

1. 阅读

通过阅读行业成功人士的传记、采访文章了解其具体路径以及实现阶段目标的策略方法。

2. 观察

通过观察身边的资深职场人士和事业成功人士的发展轨迹，归纳出有益的经验。

3. 访谈

通过采访资深职场人士以获得直接的指点与引导。

4. 创新

通过分析、预测行业、职业、企业发展趋势，创造出属于自己的职业路径。

四、职业生涯策略的确定

职业生涯目标和路径确定以后，行动就成了关键环节。这里所指的行动，在职业生涯中是指落实目标的具体措施，主要包括工作、训练、教育、轮岗等方面的措施。例如，为了达到目标，在工作方面，你计划采取什么措施提高你的工作效率。在业务素质方面，你计划学习哪些知识，掌握哪些技能，提高你的业务能力。在潜能开发方面，采取什么措施开发你的潜能等，都要有具体的计划与明确的措施，这些计划要特别具体，以便于定时检查。

扫一扫，测一测

【体验活动】

我的目标是5年后成为一家上市公司的部门经理，应该怎么做？

我准备在哪个地方上班？

有哪些上市公司？

上市公司招聘什么岗位？什么岗位适合我？

上市公司招聘的要求是什么？

上市公司一般的面试流程是什么？

我有几次机会？我愿意尝试几次机会？

我和其他竞争者有什么区别？有没有技能证书？

我如何通过复试？我欠缺什么？能不能弥补？需要多长时间？

我进入公司之后的目标是什么？

我的工作职责是什么？

公司衡量优秀员工的标准是什么？

工作的核心指标是什么？

上司对我有什么期待？

部门当中存在什么问题？

我的机会在哪里？

怎样把握这个机会？

……

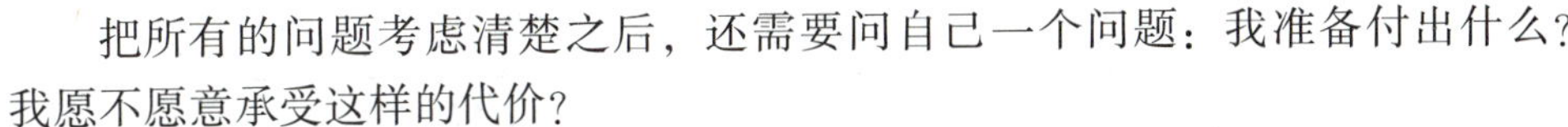

把所有的问题考虑清楚之后，还需要问自己一个问题：我准备付出什么？我愿不愿意承受这样的代价？

（一）措施的三个要素

（1）任务（含方法），指实现目标的具体任务（含方法）。

（2）标准，指完成任务的标准。

（3）时间，包括目标完成期限和落实措施的时间进度。

（二）制定措施的三个要领

（1）具体，强调措施内容要实在、清晰、明确。

（2）可行，强调措施要符合自身条件和外部环境，有可操作性。

（3）针对性强，强调措施不但直接指向目标，而且指向目标制定者与现实的差距。

（三）制定措施的思路

一般按照“对照差距—找对方法—确定实施步骤与完成时间”的思路来制定措施。

（1）对照差距，即了解自己目前在观念、知识、心理素质和能力方面与目标要求的差距，如一个企业里的高级管理人员、中层管理人员、基层管理人员在观念、人际关系和技术上就存在明显的差距。

（2）找对方法，即使用教育培训、讨论交流、实践操作等方法，缩小与目标要求的差距。

（3）确定实施步骤与完成时间。

第五节　职业生涯管理

一、走进职场

大学生活一结束，你就要正式走进职场。从学校到社会看似距离的远近，但对每个大学毕业生而言都是从身体到心灵的一次历练和转变，这个转变一般持续半年到一年的时间。在此期间，大学毕业生要实现个人与职业、与工作、与组织及与团队的匹配，在匹配过程中完成从大学毕业生到职业人的转变。这个匹配过程绝非一帆风顺，很多大学毕业生会出现一系列不适应症，如个人发展方向不清楚，朝三暮四；必备职业能力修炼不足，工作效率低下；自由散漫，缺少吃苦耐劳精神；简单执行上司的要求和安排，没有系统的思考和主动学习；急于求成，常常事与愿违。

如果我们在步入社会前，对可能遇到的环境或困难有所了解，提前从资源和心理两方面做好准备，将有助于顺利渡过这个时期。表 2-8 中列出了大学文化和工作文化的区别，这些都需要大学毕业生去适应。

事实证明，由大学毕业生到职业人角色转换快的人，容易更早地获得企业的认可，更快地寻找到新的起点，也就更容易享受到事业成功和生活幸福。

表 2-8 大学文化和工作文化的区别

大学生活	工作生活
➢ 有弹性的时间安排 ➢ 你能够选课 ➢ 更有规律、更个别的反馈 ➢ 有长假和自由的节假休息 ➢ 对问题有正确答案 ➢ 教学大纲提供清晰的任务 ➢ 分数上的个人竞争 ➢ 工作循环周期较短 ➢ 奖励以客观性标准和优点为基础	➢ 有更固定的时间安排 ➢ 你不能缺勤 ➢ 无规律和不经常的反馈 ➢ 没有暑假，节假休息很少 ➢ 很少有问题的正确答案 ➢ 任务模糊 ➢ 按团队业绩进行评估 ➢ 持续数月或数年的更长时间的工作循环 ➢ 奖励更多是以主观性标准和个人判断为基础
你的教授	你的老板
➢ 鼓励讨论 ➢ 规定完成任务的交付时间 ➢ 期待公平 ➢ 知识导向	➢ 通常对讨论不感兴趣 ➢ 分派紧急的工作，交付周期很短 ➢ 有时很独断，并不总是公平 ➢ 结果(利益)导向
大学的学习过程	工作的学习过程
➢ 理论性、系统性的原则 ➢ 正规的、结构性的和象征性的学习 ➢ 个人化的学习	➢ 解决具体的问题和制定决策 ➢ 以工作中发生的临时性事件和具体真实的生活为基础 ➢ 社会性、分享性的学习

（资料来源：里尔登，等．职业生涯发展与规划．侯志瑾，等，译．北京：高等教育出版社，2005）

【体验活动】

职场万花筒

请在纸上写下自己所担心的、日后工作中可能遇到的问题。

写完后与周围的同学交换，并给自己所拿到的问题提出建议和应对之道。

请同学们说说自己手里拿到的问题和建议。

二、评价体系

个人职业生涯设计最终追求的目标是实现职业生涯的成功。职业生涯成功的含义因人而异，具有很强的相对性，对于同一个人在不同的人生阶段也有不同的含义。每个人都可以，也应该对自己的职业生涯成功进行明确界定，包括成功意味着什么，成功时发生的事和一定要拥有的东西、成功的时间、成功的范围、成功与健康、被承认的方式、想拥有的权势和社会地位等。职业生涯成功能使人产生自我实现感，从而促进个人素质的提高和潜能的发挥。

职业生涯成功与否，个人、家庭、组织、社会判定的标准都存在一定的差异。按照人际关系范围，可以将职业生涯成功标准分为自我评价、家庭评价、组织评价和社会评价 4 类评价体系，如表 2-9 所示。如果一个人能在这 4 类体系中都得到肯定评价，则其职业生涯必定成功无疑。

表 2-9 职业生涯成功的评价体系

评价方式	评价者	评价内容	评价标准
自我评价	本人	1. 自己的才能是否充分施展 2. 对自己在企业发展、社会进步中所做的贡献是否满意 3. 对自己的职称、职务、工资待遇等方面的变化是否满意 4. 对处理职业生涯发展与其他人生活的关系的结果是否满意	根据个人的价值观念及个人的知识、水平、能力
家庭评价	父母、配偶、子女等家庭成员	1. 是否能够理解和肯定 2. 是否能够给予支持和帮助	根据家庭文化
组织评价	上级、平级、下级	1. 是否有下级、平级同事的赞赏 2. 是否有上级的肯定和表彰 3. 是否有职称、职务的晋升或相同职务责权利范围的扩大 4. 是否有工资待遇的提高	根据组织的文化特质及其组织成效
社会评价	社会舆论、社会组织	1. 是否有社会舆论的支持和好评 2. 是否有社会组织的承认和奖励	根据社会文明程度、社会历史进程

注：社会评价往往有滞后性，成为“历史的判定”。

【温馨提示】

职业固然重要，但不是人生的全部。人生中有许多角色要扮演，除了职业角色，还有家庭角色、朋友角色等。尽管人在社会生命周期中有多种选择甚至逆向选择的可能性，但我们作为子女、父母的角色是不可逆的。我们能放弃一项职业，却不能放弃这些家庭中的角色。相反，我们要设法扮演好这些角色。

三、评估反馈

【案例思考】

蚯蚓的目标阶梯

18 岁，在高中毕业典礼上：我发誓要当李嘉诚第二！我要当中国首富！

20 岁，在春节老同学聚会上：我想创立自己的公司，30 岁前拥有资产 2 000 万元。

23 岁，在某工厂当技术员，第二职业是炒股：我正在为离开这家工厂而奋斗，因为在这里工作太没前途了。我将全力炒股，3 年内用 5 万元炒到 300 万元。

25岁，炒股失意而情场得意，准备结婚：我希望一年后能有10万元，让我风风光光地结婚(挺现实的想法)。

26岁，在不太风光的结婚典礼上：我想生一个胖小子，不久的将来当个车间主任就行，别的不想了(是不是结婚都会使人成熟)。

28岁，所在工厂效益下滑，偏偏正是妻子怀胎十月的时候：希望这次下岗名单里千万不要有我的名字。

我们处于快速变化的时代，计划需要顺应变化而调整。在人生的发展阶段，由于社会环境的巨大变化和一些不确定因素的存在，会使我们与原来制定的职业生涯目标和规划有所偏差，这时需要对其进行评估，做出适当调整，以更好地符合自身发展和社会发展的需要。对职业生涯规划的评估与反馈过程是个人对自己的不断认识过程，也是对社会的不断认识过程，是使职业生涯规划更加有效和有力的手段。

（一）评估内容

1. 对职业生涯目标的评估

对职业生涯规划的评估首先要检验原来的职业生涯规划目标是否与当前的环境和自我情况相适合，如果存在差距，就要适当调整。在职业生涯规划实施的某一阶段，如果无法找到所希望的学习机会和工作，就要根据现实情况重新选择职业生涯目标。如果一直无法适应或胜任自己设计的职业生涯目标，在学习和工作中得不到应有的发展，将会导致心理的长期压抑、不愉快，这就要考虑修正和调整这一阶段的职业生涯规划目标。

2. 对职业生涯路线的评估

在对职业生涯规划实施的某一阶段，当出现更适合自身发展和职业生涯发展的机会或选择时，就需要及时调整职业生涯路线以适应环境和自身情况的要求。

3. 对职业生涯策略的评估

在对职业生涯规划实施的某一过渡阶段，要根据外界环境和自身情况的变化，对实施策略做出及时检验。例如，在职业生涯规划中，临近毕业，如果工作和工作地点令自己和家人都十分满意，那么就可以前往该地。如果工作地点离家很远，而且家人希望能够在工作地点定居，但自己又无法协调时，在征询家人意见后，需要考虑改变已定计划，前往更为合适的工作地点。工作一段时间后，如果在工作地点和所选职业上得不到发展，也需要考虑改变行动策略。

4. 对其他因素的评估

其他因素包含的范围很广，诸如职业生涯规划实施过程中的健康状况、家庭情况、经济情况、待遇情况、意外情况，等等。在职业生涯规划实施的过程中，要结合周围情况的变化，对职业生涯规划做出及时检验。

【自我测试】

认识自己不是一件容易的事情，一方面，需要在实践中不断思考；另一方面，环境在随时变化，你至少每年要回顾自己的职业生涯发展，思考这是不是你想要的人生。如果继续这样的工作和生活，你的感受如何？如果继续什么或者改变什么可以保持更好的感觉，那么，你应该做一些职业生涯满意度的调查，反思自己的发展（见表 2-10），再看看自己的职业生涯规划、目标和行动计划可以做何调整。

表 2-10　职业生涯满意度问卷

思考的问题	是	否
你常常精力充沛地起床，心情良好，因为即将开始一天快乐的工作		
你知道如何为团队成功而努力，并为此获得公平的待遇		
你感到自己在不断地成长和进步		
你每天的工作有挑战性，并且大部分能解决		
你能够应付公司的工作，并能按自己的方式正确做事		
你可以平衡工作与健康、休闲以及家人、朋友之间的关系		
你的工作领域让你离自己的长期目标越来越近		

说明：以上各项没有正确或错误的答案，只是帮你思考你的职业生涯旅途走到了何处，是否需要做出调整。

（二）评估要求

对职业生涯的评估是动态而非静态的。要对周围环境的变化非常敏感：在实施这些规划之后又喜欢什么，不喜欢什么；一些假设是不是存在问题；等等。要以积极、开放的心态关注周围环境的变化，并及时检验职业生涯规划。对职业生涯规划的评估可以参照各类短期、中期预定目标和实际结果对比之后进行。一般情况下，对职业生涯规划的评估可以归结为自身素质和具体行为与现实主客观环境是否相适应，分析自己的现有条件，特别是针对变化的环境，找出偏差所在，并及时做出修正。对职业生涯规划的评估要注意以下问题：

1. 抓住最重要的内容

职业生涯发展的每一阶段都有其最重要的主目标和一系列子目标，子目标的实现均指向主目标。在职业生涯规划的检验中可以通过优先排序方式，将实现主目标的策略和措施作为主要内容予以重点检验。

2. 分离出最新的需求

对职业生涯规划的评估需要针对已变化的内外环境，发掘最新的趋势和因素。对于新的变化和需求，检验怎样的策略才是最有效的，而且最适合自己。

3. 找准突破点

反思先前职业生涯规划中的策略方案：哪些对目标的实现具有突破性影响？是否已经达到？为什么没有达到？如何寻求新的突破口而达到目标？总之，职业生涯规划在某一点上取得突破性进展将对整个职业生涯规划的实施产生极大影响。

4. 关注最弱点

管理学著名的木桶理论，讲的是一个沿口不齐的木桶，其容量的大小不取决于最长的木板，而取决于最短的木板。在对职业生涯规划评估的过程中，首先要肯定自身优点和已经取得的成绩，但更重要的是要切合现实变化的环境，反思自身素质与职业生涯规划策略的“短板”，诸如观念差距、知识差距、能力差距以及心理素质差距等，并及时修复或者换掉“短板”，使自身素质和职业生涯策略得到完善。

（三）评估反馈方法

1. 差距分析法

目标和结果出现差距的原因主要有目标定得过高或过低；目标合适而行动方案与之不匹配；目标和行动方案都合适，但执行不力。我们在此基础上对前一阶段目标进行自我分析与评估，如表 2-11 所示。

表 2-11　评估修正的一般模式

阶段目标（预计结果）	实施结果	评估差距	分析差距产生的原因	修正措施

2. 助力与阻力分析法

分析推动你的职业目标实现的积极因素和阻碍职业目标实现的消极因素，思考用什么方法或者通过什么途径可以将积极因素最大化，将消极因素最小化，或予以消除甚至转化为积极因素，在此基础上对前一阶段的目标进行自我分析与评估，如表 2-12 所示。

表 2-12　职业的助力与对阻力的分析

<table>
<tr><th>推动你的职业目标实现的积极因素</th><th>阻碍你的职业目标实现的消极因素</th></tr>
<tr><td>（1）
（2）
（3）
……</td><td>（1）
（2）
（3）
……</td></tr>
<tr><td colspan="2">能将积极因素最大化，将消极因素最小化、消除甚至转化为积极因素的行动
（1）
（2）
（3）
……</td></tr>
<tr><td colspan="2">对本阶段目标的自我分析与评估：</td></tr>
</table>

【温馨提示】

通过评估与修正，应该达到下列目的：

1. 对自己的强项充满自信。
2. 对自己的发展机会有清楚地了解。
3. 找出关键的有待改进之处。
4. 为这些有待改进之处制订详细的行动改变计划。
5. 以合适的方式答复那些给予反馈的人，并表示感谢。
6. 实施你的行动计划，确保你能够取得显著的进步和成就。

扫一扫，测一测

【拓展训练】

职业生涯是动态的，职业生涯管理是需要一辈子去投入的艺术。在你生命的不同时期，你可能需要反复地进行这样的探索和规划。建议你将所有的资料整理在自己的职业生涯规划档案中，这个档案将帮助你系统地记录所有的探索资料，进一步确认、明确目标和行动。

职业生涯规划档案

（××××年××月××日）

一、你的兴趣

写出你的霍兰德类型：________ ________ ________

请根据表2-3“霍兰德的职业兴趣类型”和职业兴趣测试报告中对6种类型的描述，写下最能描述你自己的语句。

____

____

____

二、你的性格

写出你的MBTI偏好类型：________ ________ ________

请根据表2-1“MBTI的维度解释”和表2-2“MBTI 16种性格类型的特征和匹配的职业”中对MBTI类型的描述，写下最能描述你自己的语句。

____

____

____

三、你的职业清单

1. 写出你的霍兰德类型建议你考虑的职业（至少10种）。

____

____

____

____

____

同时请参考你所做的其他兴趣练习，思考：什么样的职业令你感兴趣？

____

____

2. 写出你的 MBTI 所建议的职业(至少 10 种)。

____

____

____

____

____

这些工作有什么共同之处吗？请根据自己的 MBTI 类型，思考：什么样的职业能使你感到满意？

____

____

四、对清单上的职业进行分类和进一步探索

对在前两项上所列出的每一个职业进行分类，并把它填在相应的横线上。比如，若“导游”这个职业在你的兴趣列表和 MBTI 列表中都出现了，就将它列在第一类中。

第一类：很有可能

在兴趣和个性探索中都曾出现过的职业

____

____

注意：你的职业探索最好首先集中在这些职业上。了解这些职业的要求和工作环境等细节。根据目前你对自己的兴趣和个性的了解，考虑一下你将会如何从事这份工作。

第二类：比较有可能

在兴趣和个性探索中曾出现过一次的职业

____

____

注意：这些职业也有比较大的可能性，供你进行下一步的探索。

第三类：有些可能

根据你的兴趣和个性探索，符合你一方面的情况却与另一方面的情况有冲突的职业

____

____

注意：如果你从事这些职业，会出现什么情况？是否会有矛盾冲突？如何解决？

第四类：其他的职业

在兴趣和个性探索中都未曾出现且与之没有共同点的，但你感兴趣的职业

____

注意：这些职业的可能性通常不是很大。问问自己：你为什么会对它感兴趣？是出于什么样的动机？你的目标和信念是否与这些职业匹配？

五、你的价值观

写出你最重要的五项价值观，并请具体说明它们的含义。

1. ______________________________

2. ______________________________

3. ______________________________

4. ______________________________

5. ______________________________

六、你的能力

1. 写出你最重要的五项自我管理能力

(1) ______________________________

(2) ______________________________

(3) ______________________________

(4) ______________________________

(5) ______________________________

2. 写出你最重要的五项可迁移能力

(1) ______________________________

(2) ______________________________

(3) ______________________________

(4) ______________________________

(5) ______________________________

3. 写出你最重要的五项专业能力

(1) ______________________________

(2) ______________________________

(3) ______________________________

(4) ______________________________

(5) ______________________________

七、继续探索你的职业清单

重阅你在前面所列出的所有职业，根据你对自我的了解，结合你的价值观和能力，列出那些你想继续探索的职业(可以是上面曾出现过的,也可以是未曾出现但符合上面共同特点的职业)。

____

____

____

注意：在选择你想继续探索的职业时，请不要在未对它有任何了解前就轻易地将它排除。在这张清单上，你需要有足够的职业供自己探索，但也要有一定的目标。也就是说，最好不少于 5 个、不多于 10 个。将你的精力集中在下面这些职业上。

作为职业探索的一部分，下一步我打算：

□收集、研究与特定领域的职业有关的书面信息。

□采访有关人士，进一步了解感兴趣的职业领域。

□从职业咨询教师或其他教师那里寻求更多的个人帮助。

□通过选修课程来检测自己对某一相关职业领域的兴趣。

□通过参加社团活动来检测自己对某一相关职业领域的兴趣。

□通过业余兼职、实习或做志愿者等方式来检测自己对某一相关职业领域的兴趣。

八、目标设立与行动计划

1. 我的长期目标

____

2. 为了做到这一点，我还需要以下信息和帮助

____

____

____

3. 为了实现这一目标，在这一个月内我应该做的事

____

____

____

九、求职档案内容清单

1. ____
2. ____
3. ____
4. ____
5. ____

……

十、面试笔记

____

____

____

____

____

……

（资料来源：钟谷兰，杨开．大学生职业生涯发展与规划．上海：华东师范大学出版社，2008，略有改动）

第三章 求职应聘技巧

案例导入

赢在起跑线上

小张和小林是大学同学，同一专业，同一宿舍。临毕业时，小张整天趴在电脑前，查看各种招聘网站的信息，如智联招聘、前程无忧等。他根据自己的专业和爱好选择就业岗位，忙得昏天黑地，可是收效甚微。而小林却优哉游哉，手中早就握着几个单位的就业意向书，从国企到民企。小林说，我觉得我能在求职中脱颖而出，主要是因为手头有很多就业信息可以选择：综合招生与就业办公室提供的就业信息；广泛利用人脉资源搜集企业用工信息；在相关媒体，尤其是网站上查询招聘信息；等等。我尽可能多地搜集和利用就业信息，我赢在了起跑线上。

想一想

搜集就业信息，主要有哪些途径和方法？

第一节 采集就业信息

就业信息是指通过各种媒介传递的、与就业有关的、具有利用价值的消息和情况，既包括宏观方面的就业政策、就业制度、经济发展形势等，又包括微观方面的劳动用工制度、干部人事制度、劳动力供需基本情况等。

就业信息对于面临求职择业的大学毕业生来说非常重要。在劳动力市场化的情况下，就业信息是求职择业的基础和顺利就业的保证。大学毕业生搜集到的就业信息越广泛，择业的视野越宽阔，就业信息的质量越高，求职成功的可能性就越大。

一、就业信息的内容

就业信息的内容十分庞杂，概括起来主要有以下 4 类。

（一）人才供应信息

人才供应信息主要包括当年全国、本地区、本校、本专业毕业生的人数、质量、就业的冷热点等。这些信息可使求职者从总体上把握人才的供求状况，做到“知己知彼，百战不殆”。同时，通过各种渠道搜集往届毕业生尤其是本专业的上届毕业生的就业情况，对就业有着重要的参考价值。

（二）人才需求信息

人才需求信息主要包括国家的就业政策、相关行业的职业要求和特点、相关行业人才需求状况、可选择的就业区域范围等。这些信息可使求职者在国家就业政策指导下清醒、正确地选择就业门类、就业地区，及时调整就业方向和就业预期。

（三）单位用工信息

单位用工信息是指具体的用人单位的需求信息，可以是用人单位在网络、报刊上刊载的招聘广告、人才市场上的招聘信息，也可以是亲友介绍的单位用人信息等。这些信息直接影响求职者的就业行动。完整的用人信息一般包括3个方面。

（1）关于职业的信息：如职业岗位的名称和数量，职业工作内容、性质或特点，工作地点和环境，职业的待遇，发展前途等。

（2）关于应聘条件的信息：如对从业者的知识、能力、经验、年龄、性别、身高、体重、相貌等条件的要求。

（3）招聘程序方面的信息：如报名手续、联络方法、考核内容、面试与录用程序等。

（四）就业参照性信息

就业参照性信息主要包括就业的经验和教训，各种实用性强的就业方法和技巧。这类信息不一定与自己的就业目标有直接联系，但既可使自己了解一些就业方法和技巧，提高就业成功率，也可使自己明了就业中的种种误区，避免走弯路。

扫一扫，看视频

获取就业信息的渠道

二、获取就业信息的渠道

就业信息是通向就业的桥梁，大学生应该主动出击，通过各种渠道、方法，有效地搜集各类就业信息，广泛寻找就业机会。就业信息的渠道有以下8种。

（一）高校毕业生就业指导服务中心

高校毕业生就业指导服务中心是大学生获取就业信息、顺利就业的主渠道。高校毕业生就业指导服务中心是负责为应届毕业生提供就业信息、就业辅导和咨询的职能部门，该部门与中央有关部委、省、区、市毕业生就业主管部门、有关用人单位等保持着密切的联系，能及时掌握国家有关就业政策、地方相关规定、各地举办“双选”活动的信息、用人单位的需求信息等。学校提供的就业信息不仅量大，而且可信度高，并且还往往针对本校学生的专业特点，因此利用其的成功率也高。大学毕业生要及时通过本学校招生与就业信息网等掌握就业信息。

（二）公共就业服务机构

公共就业服务机构包括省（区、市）毕业生就业指导中心，市、区、县、镇（街道）人才交流服务中心、职业介绍服务中心或人力资源市场、街道社区劳动服务站所等。

（三）供需见面会

此类活动有由一个学校或多校联合举办、一省（区、市）或几省（区、市）联办、地市县单独举办几种，旨在组织求职者和用人单位直接见面。很多人才服务机构定期组织招聘会，在这种活动中，求职者可以直接获取就业信息，甚至可以和用人单位当场签订就业协议，简捷有效。

（四）就业信息网站

网络已成为大学毕业生了解外界信息的主要途径，是求职者获取就业信息、推销自己的重要途径。就业信息网站包括中央有关部门主办的全国性就业信息网站、地方主管部门主办的就业信息网站、各高校就业信息网站及校内 BBS 求职版面、其他专业性就业网站等。

扫一扫，看视频

重要的就业信息网站

【温馨提示】

重要的就业信息网站

中国就业网(http://www.chinajob.gov.cn)

中国人力资源市场网(http://www.chrm.gov.cn)

中国中小企业信息网(http://www.sme.gov.cn)

各地方部门主办的毕业生就业网站(如湖北:http://job.e21.edu.cn)

中国高校毕业生就业服务信息网(新职业)(http://www.ncss.org.cn)

中国大学生在线(http://job.univs.cn)

国家公务员考试网(http://www.chinagwy.org)

前程无忧网(http://www.51job.com)

智联招聘网(www.zhaopin.com)

各高校毕业生就业信息网站

（五）传播媒体

各类单位和组织都可以通过报纸、刊物、电台、电视台、视频媒体等介绍就业政策，讨论热门话题，发布招聘信息、企业现状、发展前景及人才需求情况，求职者可以从中获取就业信息。如《中国大学生就业》《前程无忧》《人才市场报》都是为大学毕业生就业提供指导与服务的专业性刊物，各地报纸也有职场及就业信息专栏。新闻媒介发布的就业信息综合性、竞争性强，求职者要做有心人，做好充分的求职准备，“机不可失”。

（六）社会关系

通过分布在社会各领域的亲朋好友，如家长、亲戚、老师、同学、朋友介绍等渠道获取就业信息，这种信息的特点是准确、迅速、针对性强。亲朋好友对用人单位和求职者双方情况都比较了解，还可以在一定的程度上为你引见相关负责人和疏通环节。利用这种信息求职成功率较高。

（七）社会实践、毕业实习或业余兼职

求职者通过社会实践、毕业实习或业余兼职的机会建立了与有关单位的联系，熟悉单位情况，可以直接掌握部分就业信息。加之彼此间已有一定的了解，若该单位有意招聘人员，即为绝好的就业机会。

（八）主动到单位自荐求职

这是一种毛遂自荐的方式，要求求职者“广撒网”。首先了解、筛选用人单位，然后通过电话联系、网络沟通，甚至登门拜访等方式主动联系自认为合适的用人单位，投递自荐信和求职简历。

三、搜集就业信息的原则

就业信息的搜集是指就业信息需求者根据实际需要，对分散的就业信息进行找寻、聚合、集中的活动。就业信息铺天盖地，如果没有搜集的标准，很容易因无关信息、垃圾信息太多而迷失在信息的海洋里，也容易因信息太少或有价值的信息不多导致劳而无获。要搜集到质量高、有价值的就业信息，必须把握以下 4 个原则。

（一）真实性

真实性是搜集信息材料的基础。搜集就业信息一定要了解清楚信息来源的准确性、真实性，要认真筛选信息，去伪存真。近年来，个别以赢利为目的的中介机构会用一些过时的或虚假的信息吸引大学毕业生，致使其徒劳奔波。对此，应当加以警惕，尤其应当防止“陷阱”性信息导致大学毕业生误入传销圈套之类的恶性事件。

（二）针对性

随着社会分工的进一步细化，用人单位所要求的人才的层次、专业、性别、能力等方面千差万别。就业信息本身必须能够说明它所适用的对象，以及该对象所应具备的具体条件，否则就会让每个人产生自己都能适合、都能胜任的错觉。大学毕业生要充分认识自己，明确自己所需就业信息的范围，然后根据自己的专业、能力、特长、性格等方面的综合因素搜集信息，既避免搜集范围过大，搜来很多无效信息，浪费不必要的时间和精力，也不要盲目追求热门职业，适合自己的就是最好的。所以，对适合自己的就业信息要高度重视，不适合的要果断地舍弃，减少求职择业的盲目性和盲从性。

（三）时效性

信息的效用具有一定的期限，过了期限效用就会减少，甚至消失。人才市场瞬息万变，就业信息具有很强的时效性，又为众多求职者所共有，在竞争日趋激烈的就业市场，信息的有效期也越来越短。在大学毕业生就业市场上，一般来说，每年春节前后几个月是就业信息相对集中的时期，这段时间找工作也最有效，毕业生如果能把握好这段时间，主动出击，就能抓住机遇，实现理想。而过了就业信息的高峰期，大学毕业生要推销自己就处在相对被动的地位，难度明显增大。

（四）前瞻性

前瞻性是指求职者搜集就业信息时要善于加工和提炼，用发展的眼光取舍信息。大学毕业生在求职择业时，切忌目光短浅，一味追求热门职业、大城市、大企业、高工资、高福利等现实因素，应根据自己的职业生涯规划，着眼于未来的职业发展。

四、就业信息处理的过程

（一）筛选

求职者搜集到大量就业信息后，根据自身需要对其进行筛选，做好去伪存真、去粗取精的工作。重点考查信息的真实性、时效性和价值性三个方面。就真实性而言，来自于各级大学毕业生就业指导中心的就业信息和由各级政府相关部门主办的大学毕业生供需见面会提供的信息，可信度较高。就时效性而言，有的就业信息的确是真实的，但可能是几周前、甚至是几个月前的信息，这类信息的时效性就比较差，有可能当你知道这一信息时，用人单位已经招满了所需人员。就价值性来说，大学毕业生要认真分析信息是否对自己具有价值，如果招聘岗位符合自己的职业取向、兴趣爱好、发展要求等，这类信息就有价值。反之，就没有价值。

（二）求证

信息既蕴藏着机会，也可能潜伏着陷阱；有的无比珍贵，有的却是一堆“垃圾”。对于已经被筛选过的信息，求职者还要做一些求证工作，以检验自己对于这些就业信息的真实性、时效性和价值性的初步推断。比如可以通过对该企业比较熟悉的亲朋好友或校友学长等了解该企业的有关情况，也可以通过电话咨询、网上查询、实地探访等方式进行了解，通过上网或114查号台，查出招聘信息中的用人单位人力资源部的电话号码，通过电话核实该单位目前是否招聘自己想求职的岗位的人才，这是很直接、便捷而且可靠的核实方法。

（三）归类

就业信息虽经筛选和求证，但仍纷繁复杂，大学毕业生不管是查询还是利用这些就业信息，还是不太方便，需要对所有信息加以归类。可以根据就业信息的不同属性，分门别类加以整理，既能防止对就业信息有所遗漏，又能方便对就业信息的检索查阅。求职者可按行业、岗位、薪资、发展前景、自己的兴趣、离家远近等对就业信息进行归类整理，必要时赋予各岗位信息不同的分值，还可做成相应的数据表格，然后进行比较，最后做出决定。

（四）行动

心动不如行动。当求职者搜集到广泛的信息并加以分析处理后，一旦选定，就要及时主动与用人单位联系，不要犹豫不决，更不能守株待兔。否则，时不再来。行动有很多方式，比如给用人单位人事部门打电话、寄自荐信、参加供需见面会、托亲朋好友介绍或直接到用人单位毛遂自荐等。

【拓展阅读】

扫一扫，测一测

顺利就业只因未雨绸缪

李×的专业是国际贸易。大三上学期时，他就开始广泛搜集各类就业信息，建立就业信息库。其搜集的信息包括国家经济发展趋势、国家就业政策、行业发展状况、大学毕业生就业形势、企业招聘信息、企业资料等。

他搜集的信息有数百条，遵循这样的原则筛选处理信息：寻找快速成长

或高回报的行业、处于上升期的企业、能拿到符合自身能力薪水的企业。他认为，快速成长或高回报的行业虽然风险大，但上升空间大，机会多，如金融业、IT 业、生物制品、新材料等具有前景的朝阳行业。处于上升期的企业往往具有发展后劲，相比成熟企业而言，其人才需求相对较多。此外，他对招聘单位的岗位“报价”保持清醒的头脑，要寻找最符合自己能力的价位。

临毕业时，他没有像有些同学那样慌了手脚，到处乱撞，而是有准备地参加一些招聘会。当许多同学还在为工作四处奔波时，他已经和一家中意的单位签订了就业协议书。

（资料来源：张信容. 大学生就业与创业. 北京：高等教育出版社，2011）

第二节　准备自荐材料

在择业竞争中，决定胜败的因素很多，其中求职前充分的资料准备是非常重要的一步。自荐材料是大学毕业生综合实力、综合素质最具有说服力的证明。通过自荐材料，用人单位可从中了解求职者的基本情况、个人能力、综合素质，从而确定是否给其面试的机会。

自荐材料主要包括求职简历、求职信、就业推荐表、成绩单及各种证书和成果的证明材料、推荐信等。

一、求职简历

求职简历就是概括介绍求职者个人的基本情况，并对个人的求职意向、教育程度、技能、成就、经验作简要介绍的书面材料。简历的“简”，是行文简洁明了之意；“历”是指简历的内容，重点说明你具体做过什么，具有什么样的能力和经验。一份成功的简历，往往能在瞬间吸引人事经理的眼球，赢得面试机会。

扫一扫，看视频

简历的基本内容

（一）基本内容

求职简历主要包括三个内容：个人基本情况——我是谁；求职意向——我想干什么；能力展示——我能干什么。

1. 基本情况——我是谁

个人基本信息主要包括姓名、性别、年龄、学历、专业、政治面貌、健康状况、通信地址及联系电话等。

2. 求职意向——我想干什么

求职意向也称为求职目标，用于表述求职者的职业意向。求职目标是简历的灵魂，整份简历内容需要围绕求职意向展开。所以，求职目标一定要写，且要明确到岗位，如软件测试工程师、文秘、市场营销顾问、汽修工等。所求岗位最好一个，最多两个，求职岗位多了会让招聘者认为你没有清晰的自我定位。没有求职目标，或者求职目标模糊的简历，是很难获得工作机会的。

3. 能力展示——我能干什么

这一部分是简历的核心内容，主要包括教育背景、实践经验、工作经历、获奖情况、技能水平、自我评价等。

（1）教育背景。教育背景主要是指大学的教育经历，包括专科、本科、研究生阶段。一定要依次写清楚所就读的学校、院(系)、专业(方向)、学习年限。一般采取倒序方式，由高到低，即高学历、高学位先写，目的在于突出你的最高学历。由于专科生的学习经历相对简单，如果是从本专业出发找工作，可把专业课程列举出来，以说明自己的知识结构，一般的公共基础课程不需要列举。

（2）实践经验和工作经历。随着用人单位对大学毕业生综合素质要求的不断提高，特别是"三资"企业，更注重大学毕业生的工作经历，所以一定要认真对待。应届毕业生一般没有多少社会工作经历，但在学校所承担的各种职务(如学生会主席)、组织(参加)活动的情况、假期社会实践活动或短期打工的工作经历都足以让用人单位从中了解你的志向、爱好、组织能力、领导能力、团队协作精神和吃苦耐劳精神等。介绍实践和工作经历，要明确告知实践和工作的日期、单位、职务和内容。用词必须简练。从最近的工作记录开始，逐渐往前写，并保持每份记录的独立性。不要只针对工作本身，业绩和成果更为重要。注意细节，用数字、百分比和时间等对描述加以量化。

（3）获奖情况。简历中的大部分内容是经历和成绩的主观记录，而荣誉和嘉奖将赋予它们实实在在的客观性。在大学期间所获得的各种奖励，尤其是学习方面的奖励，很能说明你的各方面能力和特长，如获得奖学金、技能比赛奖项，被评为"三好"学生、优秀学生干部等。如有，在此分类逐条陈述。

（4）技能水平。大学毕业生，尤其是高职生往往会取得专业技能等级证书，要在此逐一展示。此外，外语作为一种工具，计算机水平作为一种技能，越来越被用人单位重视。因此，大学毕业生要对这些方面的能力水平进行自我评价，并注明取得的资质或等级证书。如果已取得驾照，也不妨写上。

（5）自我评价。自我评价是对自己的性格特征和人格特征的描述，是对自己的基本认知，也是对自己的定位。可以这样写："性格评价：本人性格开朗活泼，与人相处和谐融洽，有很强的适应能力和合作精神。工作态度评价：本人工作认真务实，责任心强，有很强的拼搏进取精神，富有浓厚的团队意识。"如有特殊兴趣爱好，且与你所求职务有很大联系，最好写出来，有助于用人单位对你加深了解。

（二）写作要求

1. 简洁精练

简历要写得简洁精练，切忌拖泥带水，一般一页 A4 纸的内容足矣。亚特兰大目标营销体系公司的 CEO 阿尔斯通·盖德尼说："如果简历超过两页，我就不打算读它，我顾不了那么多。"绝大多数人事经理喜欢"速描"简历：仅用一页纸就将自己表现得淋漓尽致，而且基本上是用求职人自己的语言进行表达。

扫一扫，看视频

简历的写作要求

2. 针对性强

有针对性的简历才会引起用人单位的重视。不少应届大学毕业生制作数十份相同的简历去"海投"，这是非常错误的做法。应聘不同公司、不同职位，需要"量身定做"简历。每一份简历都要针对目标职位的特点和要求，突出相应的重点，表明你对用人单位的重视和热爱。例如，应聘文员，就要突出写作能力强、细心、耐心等特点；应聘翻译，除了突出写作能力，还要强调听说能力

和交际能力等。大学毕业生尚没有多少工作经历、工作成绩和科技成果，就要重点介绍自己符合用人单位需要的专业背景、专业学习成果，以及对专业前沿的考察、分析和判断等。

3. 优势突出

简历虽有模板可套，但如果千篇一律，则难以凸显求职者的优势，所以要制作有个人特色的简历，将自己的优点和特长显示出来。优势主要通过成绩、能力、工作经历、技能、获奖等来表现。

4. 真实可信

诚信是做人的第一原则，千万不要编造你的经历，说谎永远是卑鄙的，没有哪个公司会喜欢说谎的员工。但也没有必要写出你所有的真实经历，对求职不利的经历应该忽略不写。

【温馨提示】

亮点数字化

“亮点”依靠数据和事实去表现最能说明问题，因为数字可增强简历的说服力和可读性。用数据或者百分比指标来量化业绩和技能，用人单位就很容易判断出求职者是否适合其岗位需要。例如，“2008 年获得校一等奖学金，工商学院 150 人唯一获奖者；2007 年作为大学生文化交流使者出使某国，2000 名申请者中的 2 名入选者之一；某学院组织奖，本年度全院唯一获奖者。”这就量化了其所获奖励。

（三）问题分析

大学毕业生制作求职简历时，容易出现以下 4 类问题。

1. 目标不妥

（1）求职目标缺失。有的求职者不写求职意向，寄希望于人力资源部门根据他的个人情况选择合适的职位，通知他来面试，这种想法是不切实际的。人力资源部门经常要处理大量的求职信件，没有人有时间做这种义务的职业顾问。

（2）求职目标模糊。有的求职者的求职目标很模糊，让用人单位无从判断他具体想从事什么工作。例如，“应聘咨询、管理类的相关工作”，“咨询”主要是对公司经营范围的描述，而“管理”是公司运营的总体描述，一般较大企业的管理部门下属有很多部门，如财务部、人事部、行政部等都可以称为管理部门。

（3）求职目标过多。有的求职者在求职时写下一长串的求职意向，如“求高校行政管理和学生管理、机关事业单位行政管理和人事管理、企业人力资源和行政工作等职位”，给人的感觉是缺乏具体的职业目标，没有进行充分的就业准备。每份简历都要根据求职者所申请的职位来设计，突出自己在这方面的优势，不能把自己说成一个全才，任何职位都适合，要根据工作性质有侧重地表现自己。如果认为一家单位有两个职位适合自己，可以同时投两份不同的简历。

（4）求职目标赘述。有的求职者在求职意向之后写明期望薪酬，有的薪酬

期望值还较高，除非用人单位有明确要求，否则是画蛇添足。因为不同的地区、不同的行业、不同的企业，不同资历和能力的人，同一岗位的薪酬存在差别。另外，还未谋面就谈钱，给人俗气的感觉。但是，在面试时，谈薪资待遇通常是必不可少的。

2. 内容空洞

一些大学毕业生的简历中存在的比较严重的问题往往是无价值的信息太多，简历中无意义信息占的比重大了，就会显得空洞无物，如“计算机能力：熟练使用 Windows，会操作 Office；英语水平：很完美”。“熟练使用 Windows”对于“计算机能力”，“完美”对于“英语水平”，都是非常抽象的概括，用人单位无法了解到求职者真实的水平和能力。如果换成这样的表述：“计算机能力：2011 年 6 月通过国家计算机一级考试，笔试 96 分，上机 100 分；英语水平：2011 年 6 月通过国家英语四级考试，具有良好的英语听说读写能力”就明确得多。

3. 评价不当

（1）抒情式自我评价。一位大学毕业生在简历中这样评价自我：“我来自一个偏僻的小地方，贫穷的家庭给了我诚实守信、吃苦耐劳、正直善良的优秀品质。最关键的是，我在大学 4 年里学会了做人的道理……学会了用一种人文关怀去关注这个世界，这是我个人思想的升华，也是人生的感悟……最重要的是，我的确为老百姓做了不少实事……”这就把自我评价写成“我的前半生”式，跟工作的要求相距较远。

（2）口号式自我评价。如“只要你给我一个支点，我将撬起整个地球！”这种口号式自我评价显得空洞无物，没有说出自己的特点。

（3）“专业”性自我评价。如“具备扎实的专业基础知识，通晓市场营销、经济管理、国际贸易等专业知识，并通过实习得到较深入的理解”，把自我评价写成专业知识介绍，文不对题。

4. 形式不美

简历纸张不好，印刷不清晰、不干净、不平整、排版错乱、字体杂乱、错别字等是简历设计的主要问题。写得再好的简历如果在这些细节处出错，一切就都白费了。

【温馨提示】

简历形式要求

◆简历最好采用表格式，看起来清晰明了。也有的简历采用分条列项式，但总体效果不如表格式。

◆字体最好采用常用的宋体或楷体等，尽量不要用花里胡哨的艺术字体和彩色字。

◆排版要简洁明快，切忌标新立异。当然，如果应聘排版工作则另当别论。

◆用 A4 纸张打印。

（四）个性简历

有的求职者为了使自己的简历脱颖而出，另辟蹊径，力求以个性化的简历展示自己的特长和风采，以吸引招聘人员。

1. 视频简历

视频简历就是把求职者的言谈举止用摄像机拍下来，刻在光盘上，负责招聘的工作人员只需要把光盘放入计算机光驱，便可以看到应聘者的求职演说、特长表演等。湖北省 2004 年第一场高校毕业生招聘会在某大学举行，该校 2004 届大学毕业生曾×的视频简历可谓独树一帜。招聘方先是诧异，继而兴奋地把他的“简历”放入光驱，播放器屏幕上一开始出现的是他在校辩论赛上技压群雄的唇枪舌剑珍贵场面，几分钟后他又出现在舞台上，引吭高歌一首《冷酷到底》，过一会儿镜头锁定绿茵场上，他一记精彩的凌空抽射……这个视频全方位地展示了曾×的特长和风采，令招聘方十分满意。第二天用人单位便通知曾×直接去上班，连面试都免了。

2. Web 简历

一名大学毕业生学的是计算机专业，他为自己精心设计了漂亮的简历网页，里面有自己大学的详细信息，只需要轻轻一点鼠标，关于自己的各种资料便一目了然。在招聘会上，别人投过去的都是一本厚厚的“书”，而他的简历只是一张印有自己主页地址的“名片”，令其他同学羡慕不已。

3. 卡通简历

某大学的一位女大学毕业生把自己的简历设计成各种卡通形象，即把自己画成漫画人物，自我介绍中的个人经历、特长都是用动漫连环画的形式表示出来的，表现出创意与童心，结果她被天津某幼教机构高薪聘用了。

4. 写真简历

有的女性求职者应聘对相貌要求较高的岗位，如服装模特，则需要投递个人精美写真集。写真集选取较有代表性的几张照片即可，穿着要端庄，切忌过于暴露。但是写真简历不可滥用。如应聘对相貌无特别要求的岗位却投递写真简历，则会误导招聘者。

【简历示范】

求 职 简 历

<table>
<tr><td rowspan="3">基本情况</td><td>姓名：×××　　性别：×　　出生年月：××××年××月</td><td rowspan="3">贴照片处</td></tr>
<tr><td>教育背景：××××年××月—××××年××月，××职业学院，计算机网络技术专业</td></tr>
<tr><td>手机：×××××××××××　　邮箱：××××××××@ qq. com</td></tr>
<tr><td>求职意向</td><td colspan="2">计算机网络安全工程师</td></tr>
<tr><td>主修课程</td><td colspan="2">ASP. NET 网络数据库开发技术、网络工程设计与系统集成、Linux 操作系统、C#高级程序设计、C++高级编程、数据原理与 SQLServer 应用、CCNA（思科网络构架）、网络操作系统、局域网构架、网络安全</td></tr>
</table>

续表

工作经历	1. ××××年××月，被惠普公司录取，在光谷软件园惠普实习，学习 ITIL（信息技术构架库）和 ISTQB（国际软件测试基础）、EDGE（全球优秀交付）课程 2. ××××年××月，被首批选入惠普 PLM（软件生命周期）项目，使用 QC 和 Team-Center 测试工具测试 3. ××××年××月，进入惠普 FOT（国际航班运营转换测试）项目，负责测试 EDS 的一个航班系统，完成测试需求文档的分析，测试案例的编写、审批、执行等，对软件测试有系统的了解 4. ××××年××月，进入惠普 GBS（全球企业服务）项目团队，负责企业服务交付工作 5. ××××年××月—××××年××月，被选进惠普 BOCOM（上海交通银行全球汇款系统测试）项目，到上海交通银行数据中心出差 5 个月，作为软件测试工程师测试交通银行 5.31 工程澳门分行的全球汇款系统，主要进行用户验收测试，与客户和开发人员共同合作，系统在澳门上线后，负责独立编写了达 300 余页的《交通银行 531 工程全球汇款系统操作说明书》，并下发至港、澳等各大分行 6. ××××年××月—××××年××月，加入交通银行台北分行国际贸易系统测试项目，负责测试台北分行国际贸易系统进口押汇、贸易融资等，台北分行国际贸易系统已顺利上线。
个人能力及专长	1. 熟练掌握了计算机专业课程知识，参加开发过类似淘宝网的购物车系统、学校教职工信息查询系统、论坛和 BBS 网站等 2. 英语能力较好，在惠普实习过程中，基本能看懂与 IT 相关的专业性较强的英文文档和电子邮件。另外，在惠普实习过程中，主要做软件测试，在 FOT（国际航空运营转换）的测试。能够独立完成测试需求文档的分析，测试案例的编写、执行等 3. 酷爱写文章，担任校报学生编辑，迄今为止负责编辑的报纸有 13 期，在校报上发表 50 余篇文章，很多文章都被刊登在学校网站首页和院报头版头条；任院报学生编辑，并参加过××省高校优秀新闻选萃赛
自我评价	1. 沟通能力、表达能力、协作能力较好，参加了学校的散文诗歌大赛、书法大赛、演讲比赛，多次获奖 2. 性格开朗，喜欢交朋友，人际关系良好，和同学们相处和睦

二、求职信

求职信是求职者向用人单位推销自己，以获取某个职位的专用书信，是针对特定的用人单位写的。在求职过程中，一封漂亮的求职信就像一位出色的“使者”，可以在求职者与用人单位见面之前，展现求职者的能力与魅力，增加获得面试的机会。为此，求职者需要精心设计好求职信。

（一）求职信的种类

1. 自荐信

自荐信是主动向某单位介绍自己的情况、自我推荐、申请某种职位的书信。写信人根据自己的业务技术专长，有目的地寻找适合自己的单位，如果了解到某单位需要某方面的人才，而自己又对这个单位和这种职位感兴趣，就可以毛遂自荐，主动向对方提出请求。

2. 应聘信

应聘信是根据对方的招聘广告，应聘某一职位的书面申请。应聘信要开门见山地说明通过何种渠道获知应聘信息和自己想申请何种职位。

（二）求职信的撰写

1. 内容与格式

求职信是书信的一种，但比一般的家书更严肃和庄重。其内容主要是简介自己、说明求职目的、推销自己、表达认识及表明态度，格式则包括标题、开头、主体、结尾和落款5个部分。

（1）标题。标题可以是“求职信”“自荐信”“应聘信”或“与××公司的求职信”等，要用较大的字号写在信的首行正中间。

（2）开头。求职信的开头要写明收信人的称呼。在格式上，称呼要在信笺起首的位置书写，单独成行，以示尊重。如果对用人单位的性质及负责人比较清楚，可直接写出负责人的职称、职位，如“尊敬的×经理”“尊敬的×部长”。如不清楚，可写成“尊敬的领导”等。称呼之后用冒号，然后另起一行空两格，写上问候语。

（3）主体。主体是求职的关键部分，主要包括个人基本情况、求职意向或求职目标，个人所具备的条件，如受过何种奖励、社会实践情况、担任社会职务以及参加各种竞赛情况等。主体应突出自己对从事此项工作感兴趣的原因，愿意到该单位工作的愿望和自己具备的资格。这部分可写的内容较多，一定要简明扼要，重在突出你是这个职位的合适人选，写明你对招聘单位的理解程度以及能胜任本岗位的各种能力。简单来说，主体就是要阐明“我是谁”“我想干什么”“我能干什么”。

（4）结尾。结束语一是提醒用人单位你希望得到他们的回复或回电，表达你希望用人单位给你面试机会的心愿，如“希望得到您的回音为盼”“盼复”；二是写上简短的祝颂语，表达敬意和祝愿，如“祝您工作顺利”“祝贵公司事业蒸蒸日上”。

（5）落款。落款包括署名和日期。署名在结尾祝颂语的下一行的右后方，一般署全名，字迹要清晰。日期写在姓名下方，一般用阿拉伯数字，且把年、月、日写上。

若有附件，应在信的左下角注明。如“附1：个人简历”“附2：获奖证明”等。

2. 写作要求

求职信写起来不难，但写好不易，既要有吸引力，又要不落俗套，还要突出自己的个性和特长。其写作要注意以下3点。

（1）自信谦虚。既不能缺乏自信，也不能自吹自擂。适度的谦虚会使用人单位对你产生好感，但过分的谦虚则给人虚假无能或缺乏自信的感觉。此外，应做到适度“推销”，在经验丰富的人事主管面前，不切实际的自吹自擂很容易被揭穿。

（2）美观整洁。“字如其人”，整洁、美观的字会给用人单位留下严谨、干练的感觉，而潦草、脏乱则会给用人单位留下办事草率、敷衍了事的不良印象。

求职信一定不要出现错别字，语气要恰如其分，语句要流畅通顺，文字要通俗易懂。信封和信笺纸切忌花里胡哨或印有外单位名称。

（3）篇幅要适中，一般不超过一页纸，几百字即可。

【拓展阅读】

求职信

尊敬的×经理：

您好！

我从××月××日的《××晚报》上获悉贵公司正在招聘网络编辑一职，如果公司想寻找一名生气勃勃、充满活力又熟练文字处理的年轻人，我自信能够胜任。

我是××大学中文系新闻专业的应届大专毕业生。在校期间，除了一直在校报担任编辑工作外，还是搜狐网站生活版的兼职编辑。我对网络编辑工作已经比较熟悉，我自信有能力承担贵公司的网络编辑工作。

我对网络编辑有着非常浓厚的兴趣，能熟练使用 Frontpage、Dreamweaver 和 Photoshop 等工具。我的个人主页是×××，日访问量已经超过 100 人，欢迎您浏览我的个人主页。

基于对互联网和编辑事务的精通和热爱，以及我自身的条件和贵公司的要求，我相信贵公司能给我提供施展才能的空间，我也相信我和公司同仁的共同努力能让公司事业更上一层楼。

随信呈上我的求职简历等自荐材料，如有机会与您面谈，我将十分感谢！我的联系电话：×××××××××××。

谨致最诚挚的祝愿！

求职人：×××

××××年××月××日

三、其他自荐材料

除求职简历和求职信外，自荐材料一般还包括以下几种。

（一）毕业生就业推荐表

毕业生就业推荐表是学校发给毕业生的、用以反映学生各方面的书面材料，是学校向用人单位推荐学生的书面材料。

就业推荐表每人两份，毕业生应根据自身情况如实填写相关内容，由所在系填写推荐意见，经学校招生与就业办公室盖章后方可生效。毕业生在制作自荐材料时，应将推荐表复印件放入其中，务必妥善保管好原件。与用人单位签订就业协议书时，再将推荐表原件交给签约单位。原件要妥善保管，遗失不补，涂改及复印件无效。推荐表是用人单位考查毕业生的主要依据，毕业生在填写时，应本着诚实客观、认真负责的态度填写，既不贬低自己，也不自我吹嘘，字迹要工整、清晰、整洁，最好用碳素墨水或蓝黑墨水书写，以便于复印。

（二）学习成绩单

学习成绩单是反映毕业生大学期间学习成绩的证明。成绩单由大学毕业生在学校教务成绩查询系统中自行打印，并到系教务科及学校教务处审核盖章。

（三）附件

附件是指能证实自荐材料中所列的各方面情况的原始证明材料，它也是证明自荐材料的真实性和自荐人各种能力的有力佐证，主要包括毕业证书、学位证书、各类获奖证书、等级证书、科研成果证明、社会实践和毕业实习的鉴定材料等。为防止投递过程中丢失，一般用复印件。用人单位决定录用后是要看原件的，所以原件一定要妥善保存。

（四）推荐信

如果是通过他人介绍去某单位求职，最好带上一封推荐人撰写的推荐信。

（五）封面

封面设计的基本原则是美观、大方、醒目、整洁。首先，封面要有一个主题(标题)。其次，封面设计中最好体现出求职者的姓名、学校、专业、年级等最基本的内容，不要用繁体字(有特殊要求除外)。另外，封面的设计风格与自荐材料内部主体内容风格要一致，具有统一性、整体性。所有自荐材料都不得弄虚作假。全部用 A4 纸张书写、打印或复印后，按照材料重要性递减的原则排列整齐，设计目录，标注页码，外套封面，装订成册。最好在左侧纵向装订，装帧不要太华丽，整洁明快的风格最重要。

扫一扫，测一测

第三节　笔试和面试技巧

笔试和面试是求职者与企业之间进行双向交流的过程，在这一过程中如何恰当地展示自己，是决定求职者能否最终得到职位的关键所在。

一、笔试

笔试是一种常用的考核办法，是用人单位采用书面形式对求职者的基本知识、专业知识、人文素养和心理素质等综合素质进行的考查，通常用于一些专业技术要求很强和对录用人员素质要求很高的单位，如一些涉外部门、技术要求很高的专业公司及国家机关选聘公务员等。

（一）笔试类型

按笔试内容来划分，笔试一般分为以下 3 类。

1. 专业能力考试

这种考试主要是检验应聘者担任某一职务时是否能达到所要求的专业知识水平和相关的实际能力。例如，国家机关公务员资格考试的笔试就包括《公共基础知识》《行政职业能力倾向测验》和《申论》。又如招聘行政管理、秘书方面工作的单位对应聘者文字能力的测试，部分单位对某种计算机语言有较高要求时，测试应用特定语言编程的能力。为了检验大学毕业生的实际工作能力或专业技术能力，通常还要进行专业技术能力考试。这种考试往往在特意设置的工作环境中进行。例如，读一篇文章，写读后感；撰写请示、报告或会议通知等；听

几个人的发言，写一份评价报告；某公司计划赴日本考察，写出需要做哪些准备工作；给一个科研题目，写出科研论文的详细大纲。从答卷中可看出答题者的文字表达能力以及分析问题能力和逻辑思维能力等。

2. 智商和心理测试

很多企业的笔试会采用智商测试，它们对大学毕业生所学专业一般没有特殊要求，但对大学毕业生的素质要求较高。它们认为，专业能力可以通过培训获得，有没有专业训练背景无关紧要，但大学毕业生是否具有不断接受新知识的能力至关重要。智商测试并不神秘。一种是图形识别，比如一组有 4 种图形，让应试者指出其相似点和不同点。这类题目在一些面向中小学生的智力游戏书中是很常见的，一些面向大众的杂志偶尔也刊登这类游戏题目。另一类是算术题，主要测试大学毕业生对数字的敏感程度以及基本的计算能力，比如给定一组数据，让大学毕业生根据不同的要求求出平均值，其难度绝不超过对中学生的计算能力的要求水平。尽管如此，一些理工科的毕业生也考不到 60 分。这类测试尤其适用是会计师和审计师等职业。

心理测试是用事先编制好的标准化量表或问卷要求被试者完成，根据完成的数量和质量来判定其心理水平或个性差异的方法。一些特殊的用人单位常常以此来测试求职者的态度、兴趣、动机、智力、个性等心理素质。

3. 综合能力测试

综合能力测试兼有智商测试的要求，但程度更高。例如，应试者要在规定时间内对一组数据或一组资料进行分析，找出其合理的地方和存在的问题，并设计出解决问题的方案。这是对大学毕业生阅读理解能力，发现问题、分析和解决问题的能力，知识面等素质的全方位测试，甚至有时候问答都是用英语进行的。

【拓展阅读】

某知名汽车公司招聘实习生笔试题

姓名：________　　学校：________________

一、逻辑题(1~7 题每题 2 分，第 8 题 4 分，共 18 分)

1. 图形推理(请参照左边图形的变化，选择“?”处的答案)：　答案：________

}{ {} { }　　][□ ?

A.　B.　C.　D.

2. 图形推理(请参考左边图形的变化，选择“?”处的答案)：　答案：________

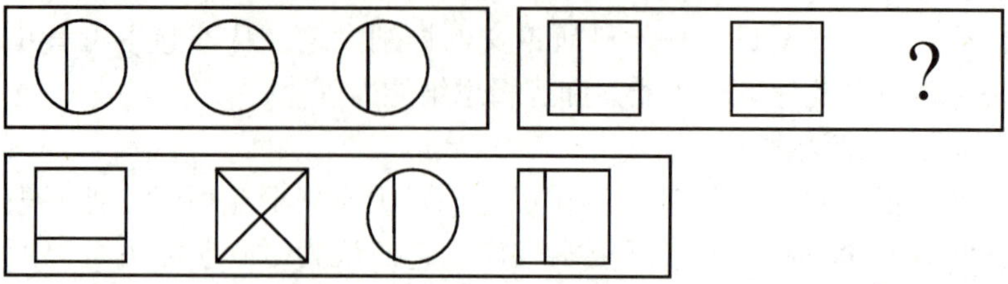

A.　　B.　　C.　　D.

3. 数字推理：1　3　5　7　9(　　)　答案：________

A. 7　　B. 8　　C. 11　　D. 13

4. 数字推理：-2, 1, -4, 3, -6, (　　), -8　答案：________

A. 5　　B. -5　　C. 8　　D. 7

5. 词语类比：尺——寸　答案：________

A. 时——旅行　B. 斤——体积　C. 分——形　D. 里——路

6. 词语类比：努力——失败　答案：________

A. 安全——事故　B. 崇高——堕落

C. 刮风——天晴　D. 节食——肥胖

7. 定义判断：商品是用来交换的劳动产品。根据此定义，下列属于商品的是(　　)。

A. 山川、河流、湖泊

B. 农民自家地里产出的用来供自己吃的蔬菜

C. 某大城市氧气供应站中的氧气

D. 送给朋友的生日礼物

8. 事件排序：请将下列5件事进行合理排序，正确的排列顺序是(　　)。

(1) 收集书籍　(2) 购买材料　(3) 打造书架　(4) 雇用木工　(5) 排列书籍

A. 4-3-1-2-5　B. 1-4-2-3-5

C. 4-3-2-1-5　D. 3-2-1-5-4

二、语文知识(共20分)

1. 语句表达(4分)

从给出的几句话中选出没有语病的一句(　　)。

A. 阅读理解与否，是衡量阅读能力好坏的重要标志

B. 阅读与理解，是衡量阅读能力好坏的重要标志

C. 阅读是否理解，是衡量阅读能力的重要标志

D. 阅读能力好坏的标志性理解

2. 阅读理解(6分)

在我们从计划经济向社会主义市场经济过渡、企业取得越来越多的自主权时，作为社会及组织的最小单元——员工个人也要求拥有照顾他们个人愿望和爱好，考虑如何最好地发挥他们的特长的权利。

最能准确复述这段短文的意思的是(　　)。

A. 企业应有更大的自主权

B. 企业应考虑员工的个人需求

C. 员工理解企业管理的难处

D. 员工是社会的最小单元

3. 请把下面选自《论语》中的语句补充完整(6 分)

子曰：＿＿＿＿＿＿＿＿＿，不亦说乎？有朋自远方来，＿＿＿＿＿＿＿＿＿？人不知，而不愠，＿＿＿＿＿＿＿＿＿？

4. 把陈述句“我把书借给小红了”变成被动句(4 分)

被动句：＿＿＿＿＿＿＿＿＿＿＿＿＿＿＿＿＿＿＿＿＿＿

三、英语知识(共 15 分)

1. 请把下面的英语单词翻译成汉字(每个 2 分,计 12 分)

Tuesday　　car　　student

mum　　China　　girl

2. 请将下面的英语翻译成中文(3 分)

I'm very pleased to meet you.　　译文：＿＿＿＿＿＿＿＿＿＿＿

四、综合知识(每空 3 分,共 12 分)

1. 在一次篮球比赛中共有 4 个队参加，比赛实行循环赛制，即每个球队必须和其他球队比赛一局，共打了几场比赛？(　　)

A. 5　　B. 6　　C. 7　　D. 8

2. 科学发展观的核心和本质是(　　)。

A. 以物为本　B. 以人为本　C. 以民为本　D. 以经济为中心

3. 你应聘单位的全称是：＿＿＿＿＿＿；公司董事长是：＿＿＿＿＿＿。

五、计算题(每题 5 分,共 15 分)

1. 一个水池装有甲、乙、丙 3 个水管，甲、乙是进水管，丙是排水管，甲独开需 10 小时注满一池水，乙独开需 6 小时注满一池水，丙独开需 15 小时放光一池水。现在水池是空的，若 3 个水管齐开，问多长时间才能注满水池？

2. $1+2+3+\cdots+100=?$

3. 将 3/4 化成小数和百分数分别是多少？

六、简答题(共 20 分)

1. 请你做个自我介绍，并评价自己的优点和缺点(10 分)。

2. 如果你到我们公司实习，你怎样做才能在众多实习生中脱颖而出(10 分)？

(资料来源:某知名汽车公司人力资源部)

(二) 答题技巧

1. 知己知彼

保持稳定的心态。参加笔试前，要了解企业的基本情况，了解所应聘岗位的能力要求，查阅、询问该企业的笔试内容、范围、方法和技巧。要客观冷静地正确评估自己，相信自己的实力，克服自卑心理，增强自信心。

2. 科学答卷

毕业生拿到试卷后，要先通览一遍，了解题目类型，分量轻重，难易程度，根据先易后难、先简后繁的原则确定答题步骤。具体答题时，必须认真审题，弄清题目要求，逐字逐句分析题意，按要求回答。对试卷中特殊的试题，一定不要慌张，不要失去信心。笔试考的是你的综合素质，要相信应考者的水平相近，认真分析作答。

3. 卷面整洁

答题要格式正确，字迹清楚，卷面整洁，不写错别字。有些用人单位并不特别在意应试者的考分高低，而对其认真的态度、细致的作风更为重视。

4. 遵守纪律

参加笔试要按规定的时间到场，一定不能迟到。用人单位对求职者是否诚信格外看重，考试绝不能作弊或搞小动作。

二、面试

面试是一种经过组织者精心设计，在特定的场景下，以观察和与应聘者面对面交谈为主要手段，由表及里测评应聘者的知识、能力、经验等有关素质的一种考试活动。面试是单位挑选员工的重要方法，给用人单位和应聘者提供了双向交流的机会，使其相互了解，从而做出聘用与否、受聘与否的决定。

扫一扫，看视频

单独面试与集体面试

（一）面试类型

按照不同的分类标准，可将面试分为不同的类型。

1. 单独面试与集体面试

（1）单独面试。单独面试是指主考官与面试者的单独面谈，也称为个人面试，是面试中最常见的一种形式。其优点是能够提供面试双方面对面的机会，便于双方较深入地交流。

单独面试又有两种情况：一是只有一个主考官负责整个面试的过程；二是由多位主考官参加整个面试过程，但每次均只与一位应聘者交谈。公务员选拔面试大多属于这种形式。

一名面试者独自面对多位考官，他们中的任何人都可能向你提出各种各样的问题，你的处境形同“众矢之的”。面试者身处这样的氛围，很容易心情紧张，事先必须做好心理准备。

（2）集体面试。集体面试又叫作小组面试，是指多位应聘者同时面对面试考官的面试形式。

集体面试主要用于考查应试者的人际沟通能力、洞察与把握环境的能力、组织领导能力等。在集体面试中，通常要求应试者做小组讨论，相互协作解决某一问题，或者让应试者轮流担任领导主持会议、发表演说等。

无领导小组讨论是最常见的一种集体面试法。众考官坐于离应试者一定距离的地方，不参加提问或讨论，通过观察、倾听，对应试者进行评分，应试者自由讨论主考官给定的讨论题目。这个题目一般取自于拟任岗位的职务需要，或者现实生活中的热点问题，具有很强的岗位特殊性、情景逼真性和典型性及可操作性。某些省市选拔较高级别的领导干部时常常采用这种形式。

【温馨提示】

无领导小组讨论注意事项

1. 大方自信

当着众多考官和竞争者发言压力是很大的，但也不是特别可怕的事情，要相信自己的能力，相信竞争的公平性。

2. 深刻独到

在集体讨论中，如对问题提出深刻独到的见解，会给考官留下深刻印象，尽量不要重复他人的观点和看法。

3. 顾及他人

虽说面试是一种竞争，但在集体面试中切不可滔滔不绝，垄断话语权，抢占他人的时间和机会。这样既会让他人难堪，又显得自私霸道。

4. 另辟蹊径

如果对讨论的问题不甚了解或知之不多时，要赶紧想别的办法来表现自己的能力，比如将自己的角色转换成讨论会的主持人，进行总结发言也能表现才能。

2. 一次性面试与分阶段面试

（1）一次性面试。一次性面试是指用人单位对应试者的面试集中于一次进行。这类面试考官的阵容一般比较强大，通常由用人单位人事部门负责人、业务部门负责人及人事测评专家组成。在一次面试情况下，应试者是否能面试过关，甚至能否被最终录用，就取决于这一次面试表现。

（2）分阶段面试。分阶段面试又可分为“按序面试”和“分步面试”两种。

按序面试一般分为初试、复试与综合评定三步。初试一般由用人单位的人事部门主持，将明显不合格者予以淘汰。初试合格者则进入复试。复试一般由用人部门主管主持，以考查应试者的专业知识和业务技能为主，衡量应试者对拟任岗位是否合适。复试结束后即再由人事部门会同用人部门综合评定每位应试者的成绩，确定最终的合格人选。

分步面试一般是由用人单位的主管领导、中层干部以及一般工作人员组成面试小组，按照小组成员的层次，由低到高的顺序，依次对应试者进行面试。面试的内容依层次各有侧重，低层一般以考查专业及业务知识为主，中层以考查能力为主，高层则实施全面考查与最终把关。实行逐层淘汰筛选，越来越严。

3. 常规面试与情景面试

（1）常规面试。常规面试是指常见的主考官和应试者面对面以问答形式为主的面试。这种面试主考官掌握着主动权，根据应试者对问题的回答、仪容仪态、情绪反应等对其综合素质作出评价。

（2）情景面试。情景面试又称为情景模拟面试，是目前最流行的面试方法之一，通过设置工作中的各种典型情景，让应试者在特定的情景中扮演一定的角色，完成一定的任务，从而考查其多方面实际工作能力的一种面试方法。这种面试的方法灵活多样，其模拟性、逼真性强，有利于全面、准确、深入地评

价应聘者的素质。

【拓展阅读】

扫一扫，看视频

压力面试与非压力面试

微软的面试题

微软在某著名大学招聘时，曾对应聘者出了这样一道情景面试题目：某手机生产厂家因技术原因，使得手机电池的使用寿命缩短了一半。厂家提出了两种解决方案：一是换一块新电池；二是送同等价值的购物券，可以换购该厂家生产的同等价值的所有产品。你作为经理，如何给客户打电话告知此事？请现场展现。

4. 压力面试与非压力面试

（1）压力面试。考官有意将面试者置于紧张气氛中，让其接受诸如挑衅的、非议性的、刁难性的刺激，以考查其应变能力、压力承受能力、情绪稳定性等。

（2）非压力面试。在没有压力的情景下考查面试者的素质。

【拓展阅读】

来自考官的压力

小丽在面试时，面试官问了一个专业方面的问题。这个问题比较简单，她很自信地回答了。考官说没听懂，让她再解释一遍。可她解释后，考官依然说不明白，又追问了几个问题，问的仍旧是较易回答的问题。她耐着性子又作了解答。令人费解的是，考官还是一副不理解的样子。小丽终于面红耳赤，觉得考官在戏弄她，气冲冲地离场而去。

小丽没有意识到，考官佯装不懂是在有意给她设置压力，考验她的耐心。因为她应聘的岗位是“网络维护”，这个岗位需要与形形色色的客户打交道，需要持续的工作热情和足够的耐心。考官就是想考验她的热情和耐心，可惜她没有经受住考验。

（二）面试问答

1. 问题准备

参加面试前，最好对面试问题有所准备。准备包括两个方面：一是面试中可能被问到的问题，二是你在面试时要提出的问题。应聘单位不同，工作性质不同，面试官不同，提出的问题肯定有区别。同样，由于应试者面临的情境不同，个人自身的情况不同，想要提出的问题也不会相同。所以对于面试问题的准备，应试者不要企图预先设计好一切答案，这不仅不可能，也没有必要。但这并不意味着不需要对面试问题做准备，事物在各具特性的同时，又有其共性，共性和特性是辩证的统一。不同的面试总会有共通之处，我们可以总结归纳出

面试问题的一些共性，找出一般规律来指导面试。

（1）被问。面试官提出的问题一般包括以下 5 种：

一是个人信息。主要是有关应试者自身的基本情况，如兴趣、爱好、特长、恋爱、婚姻、家庭、宗教信仰、理想和抱负、人生观、价值观、世界观等。这些问题的答案没有正确和错误之分，个人根据自身情况可以有多种回答，但要与求职简历和求职信上的对应信息一致，千万不能自相矛盾，不要谈一些与做好所应聘工作无关的东西，即使是你的特长和优点，也要谦虚谨慎，不可表现得野心勃勃，唯我独尊。

【温馨提示】

请你介绍一下自己好吗

一般在面试开头，面试官会要求应试者作 3 分钟自我介绍，很多人在回答这类问题时只说姓名、年龄、爱好、工作经验等，这些在简历上都有，这样回答面试官不会感兴趣。

其实，面试官问这个问题的目的是想知道你能否胜任工作。所以，你适合回答的内容包括最强的技能、最深入研究的知识领域、个性中最积极的部分、做过的最成功的事、主要的成就等，这些都可以和学习无关，也可以和学习有关，但要突出积极的个性和做事的能力，说得合情合理面试官才会相信。

二是求职动机。弄清应试者的求职动机，是面试官的基本任务之一。有经验的面试官，一般不会放过考查、验证应试者求职动机的任何机会。这一类问题主要包括“你为什么来本单位应聘？你对应聘职位有哪些期望？你在工作中追求什么？如果你被录用，今后 5 年内你会如何发展自己？你为什么辞去原来的职务？可否谈谈你的上级，并谈一谈你的同事？”等等。回答这类问题要表现出责任心、事业心，显露较高的精神境界。对金钱、名利既不能表现出崇拜、贪婪的心态，也不能过于清高，把物质利益贬得不值一谈，否则将被判定为虚伪或不通人情。不能抨击以前的工作单位和职务，更不能怨恨以前的领导和同事，否则你将被认定为缺乏容人的雅量，自私自利，难以与人合作。

【温馨提示】

你为什么应聘我们公司

如果面试官问这个问题，要格外小心，如果你已经对该单位做了研究，你可以回答一些详细的原因，像“公司本身的高技术开发环境很吸引我”“我与公司出生在同样的时代，我希望能够进入一家与我共同成长的公司”“你们公司一直都发展稳定，近几年来在市场上很有竞争力”“我认为贵公司能够给我提供一条与众不同的发展道路”等，这都显示出你已经做了一些调查，也说明你对自己的未来有了较为具体的远景规划。千万不能说“贵公司在大城市，我就想在

这个城市生活”或者“贵公司待遇优厚，对我很有吸引力”等客观物质条件等方面的答案，这会让面试官认为你自私、俗气。

三是教育和培训。面试官往往会验证你在简历和求职信上所说的是否属实，你所受的教育和培训是否有利于完成你应聘的工作。这类问题包括“你是哪个学校毕业的？简单介绍一下你的专业好吗？你最喜欢的功课是什么？你的学习成绩怎样？你是否满意？你受的哪些教育和培训会有助于做好你要应聘的工作？为什么？简要谈谈你的毕业论文或毕业设计？你在工作中主要受过哪些培训？效果怎样？”等等。对自己所受的教育和培训一般应如实回答，要特别突出自己所受教育培训与你所应聘的工作之间的关系，要有所分析，不能妄下结论。

四是工作(实习、实践)经验。在人员甄选录用中，用人单位一般坚持这个原则，即在素质、能力相当的情况下，工作经验优先。特别是录用职位较高的人员，工作经验是必需的。这类问题包括“你以前都从事过哪些工作？你最喜欢哪个工作？为什么？你最讨厌哪个工作？为什么？你最近的工作有哪些职责？你在工作中曾取得了哪些值得自豪的成绩？我们每个人都会犯错误，你能谈一下在工作中所犯的错误和所受的挫折吗？你在工作中曾经遇到过什么困难？最后是怎么解决的？”等等。应届大学毕业生大多没有社会工作经验，面试官则会问相关的实习、社会实践经验。面试官所关心的是与你目前正在申请的职位有关的工作(实习、实践)经验，且在工作中要表现出企业所需要的能力和素质，如强烈的责任心，善于分析和解决问题的能力，组织能力，沟通能力，团队精神等，不要漫无边际地闲聊。

【温馨提示】

和同事、上司难以相处，你该怎么办

这个问题可以这样回答：我会服从领导的指挥，配合同事的工作；我会从自身找原因，仔细分析是不是自己工作做得不好让领导不满意，同事看不惯，还要看看是不是为人处世方面做得不好，如果是这样的话我会努力改正；如果我找不到原因，我会找机会跟他们沟通，请他们指出我的不足，有问题就及时改正；作为员工，应该时刻以大局为重，即使在一段时间内，领导和同事对我不理解，我也会做好本职工作，虚心向他们学习，我相信，他们会看见我在努力，总有一天工作会顺利起来。

五是未来的计划和目标。用人单位非常关心新进员工的心态和打算，特别想知道他们是否会全身心投入到工作中去，有没有明确的计划和目标。这类问题主要包括“如你被录用，你准备怎样开展工作？如果求职成功，你认为自己的优势和不利因素是什么？你是否确定了自己的奋斗目标？你怎样去实现自己的目标？5 年或者 10 年后你希望从事什么工作？如有其他工作机会，你会跳槽吗？你打算沿着这条职业道路走下去吗？”等等。这类问题不太好回答，但不可避而不答，事先要仔细考虑。没有计划和目标肯定是不受用人单位欢迎的，应试者应大胆地提出自己的设想和方案，即使不成熟也无关紧要。面试官看重的

往往不是你的设想和方案是否可行，而是你对这类问题有没有认真考虑过。如果你能提出可行的计划和方案，符合组织的利益和需要，且绝不把应聘公司当跳板，你的回答一定能获得面试官的首肯。

【温馨提示】

如果录用了你，你将怎样开展工作

一般来说，大学毕业生因为工作经验不足，对应聘的职位缺乏足够的了解，可以不直接说出自己开展工作的具体办法，而采用迂回战术来回答，如“首先听取领导的指示和要求，然后就有关情况进行了解和熟悉，接下来制订一份近期的工作计划并报领导批准，最后根据计划开展工作。”也可以按这样的思路来回答：“首先，要尽快熟悉工作、适应环境；其次，要积极学习，虚心求教；另外，要服从安排，踏实做事。”当然，如果应试者对所求岗位工作性质和内容比较了解，有针对性、有条理地谈谈自己具体的工作打算，且突出自己强烈的责任意识、开拓精神，也会获得面试官的首肯。

（2）提问。求职本是双向选择过程，不少求职者应聘时只是恭恭敬敬接受面试官询问，不敢提出任何问题，使谈话形同审讯。其实，求职者在如实回答提问之余，不失时机、恰到好处地主动提问，非但不会惹恼面试官，反而能活跃气氛，把谈话引向深入，加深对方对自己的了解。

如果想问面试官一些问题，事先一定要想清楚什么问题该问，什么问题不该问，该问的问题怎样问。所提问题应限制在询问应聘单位和应聘职位范围内，但在招聘启事、单位介绍中已有的内容，主考官已经介绍过的内容要排除在提问之外。不要问特别简单或复杂的问题，要回避敏感性问题。通过其他渠道可以了解的信息，一般不要在面试时发问，如工资、待遇等。可以问应聘单位取得的成绩、存在的问题、面临的困难，以及未来的发展战略等问题。

【温馨提示】

面试提什么问题比较合适

面试时问以下问题比较得体，能体现求职者积极进取的职业精神。

1. 请问您，我要具备什么样的能力才能胜任这份工作？

2. 您觉得我今天表现怎样？我在哪些方面需要改进？

3. 请问我最晚什么时候能够得到回音？如果在最后期限没有收到录用通知，我能给您打电话吗？

4. 贵公司是否为员工提供培训？

2. 问答技巧

（1）自信答题。答题时紧张，可略停顿思考后回答。面试官欣赏看起来自

信而阳光的求职者，在面试时要尽量表现出年轻人的朝气和自信。即使碰到不知所措的疑难问题，也不要吞吞吐吐、慌慌张张，可以坦诚自己知识面有限，对此不甚了解。因为有时答案本身并不重要，重要的是应试者的心理和态度。

（2）有问必答。不管面试官问什么问题，都要做出回答，切不可沉默不语，这是最基本的原则。有的面试官提问刁钻，但可能是测试你的应变技巧、反应能力，不管如何，总得有一个答案，如果拒绝，或者说“这个问题很难回答……”面试成功的机会就会很小。

（3）先听后说。一般来说，在面试官提问后，应等待几秒钟，看对方确实提问结束，不再有补充提问时，予以回答比较合适。有的人为了显示自己的聪明和机敏，在面试官问题还没有讲完，甚至未听清其问题的核心和实质时，就开始作答，结果答非所问，评价很低。

（4）自我推销。毋庸讳言，面试就是要展现自己的能力和魅力，让面试官信任你，首肯你，所以，过分谦虚实乃下策。但傲慢是沟通的大敌，自我推销绝非要滔滔不绝地夸耀自己多么精明能干、多才多艺，而要抛弃过于主观的表达，以较为客观的方式品评自我，如用事实、成效、数据等印证自己的能力，并可加入别人曾给你的正面评价或赞美。这样听者较易接受。

（5）避免反问。当面试官提问后，有时你可能不清楚其问题的实质是什么，或者问题比较尖刻，这可能是对方故意为之，以考查你的理解能力和承受能力。如果采用“如果是您，您认为该如何?”之类的反问方式，会引起面试官反感。如果没有听清楚，可以说“您的问题是不是这样……”或“我是否可以这样理解您的问题……”以便进一步明确对方的问题。

（6）言之有物。答题一定要有内容，答案要丰富而充实，切不可泛泛而谈、空洞无物、不着边际。能侃侃而谈，各方引证，并且综合地给出个人独到见解的应聘者，一定能够打动面试官。

（7）言之有序。说话要条理清晰、富有逻辑。如果一个问题要回答几个方面，最好概括成几点，依序逐一阐述。

（8）吐字清晰。语音要清晰，要让对方听明白你要表达的意思。音量要适中，嗓门过大，声调过高，有咄咄逼人之势。嗓门过小，声调过低，不仅让人听不清，还会给人沉闷感。语速要适中，说话太快似放连珠炮，给人慌张不沉稳的感觉，太慢则显得老气横秋，一般以为每分钟180个汉字左右为宜。

（三）面试礼仪

礼仪是一个人综合素质的体现，面试时注重礼仪细节，能让我们显得彬彬有礼、气质出众，为我们赢得机会。

1. 着装得体

俗话说“人靠衣装”，第一印象往往是由一个人的仪容仪表和外在气质形成的。在面试中，个人的仪表形象就像一张名片，上面贴着与你个性相匹配的标签。是仪表堂堂、神采奕奕，还是邋里邋遢、没精打采，从衣着上就能清晰判断。

着装方面最保险的方法是着职业装，选择职业装的好处在于既可以表示你对这份工作的看重和对面试官的尊重，又使自己显得成熟、稳重，具有职业气

质。男生的常规装束是西服套装，黑色皮鞋，打领带。西服的颜色只有两种选择：藏青色或深蓝色。衬衫的颜色选择幅度更小：白色系和蓝色系。白色是不变的时尚，白衬衫变化繁多，配合不同的套装和领带可以有不同的风格展现。蓝色的衬衫色调越浅，则越容易凸显穿着者的优雅气质，与众不同又不会显得不正规的只有浅蓝色。衬衫的领口放进一指正合适。袖长要能在平端时露出外套 1~2 cm，刚好盖住腕骨。后领口露出的高度约 1.5 cm。选择领带要遵循“两单一花”原则，即如果西装和衬衫的颜色都是单色的，最好选一条花领带进行调节。男性身上总体颜色不超过 3 种为宜。

女性则可以选择职业套装。套装是目前最适合职业女性的服装，款式可以女性化一些，突出女性谦和、娴静的气质。要避免过分花哨、夸张的款式，也不宜选择极端保守的式样。在颜色上，深蓝色、藏青色、米色和驼色等都可选择，不特别刺目即可。女性不一定要清一色的职业套装，只要能够达到衣服衬托人的效果即可。但短裤、长靴、丝袜这样的时尚元素，以及亮闪闪的装饰不宜出现在面试场合，过于紧身和牛仔风格的服饰也应尽量避免。

但应该强调的是，对一般的面试来说，衣着不是最重要的，重要的是你的精神面貌和答题质量。因此，没有必要把太多的精力放在衣着上，无论是简单的衬衫，还是传统的职业套装，只要与环境相协调、质地较好、合体整洁即可，应该把更多的心思放在答题准备上，平时多查阅资料，多思考分析，多进行模拟面试。但如果是公务员面试，最好选择职业装。

2. 仪容整洁

仪容端庄大方，斯文雅气，不仅给人以美感，而且有利于赢得他人的信任。仪容修饰的原则是美观、整洁、卫生、得体。要保持面部的清洁，尤其要注意局部卫生，如眼角、耳后、脖子、手指等极易被忽略的地方，还要祛除身体异味，勤洗澡，不抽烟。面试前不要吃葱、蒜、皮蛋等有强烈异味的食物，避免口气熏人。仪容修饰忌讳标新立异、花里胡哨、轻浮怪诞。

除了衣着，女性往往关注妆容如何选择。对女大学毕业生来说，淡妆或不化妆都是合适的，看其个人习惯。对于头发，短发最简单，梳好就可以了。长发最好扎起来或盘起来，不宜披头散发。过长的刘海遮挡视线，风格也显得幼稚。染发和烫发已经为社会所认可，不必过于在乎，只是不要选择十分夸张的颜色或发式。整体的干练形象是最佳选择。

3. 举止得当

（1）守时。守时是基本的职业道德，如果面试迟到，很可能与应聘单位失之交臂。提前 10~15 分钟到达面试地点效果最佳，可熟悉环境，稳定心神。如果路程较远，宁可早到半小时，不可迟到一分钟。对面试地点较远，地理位置较复杂的，不妨先去一趟，熟悉交通线路、地形和路上需要的时间，甚至事先找准洗手间的位置，做到有备无患。招聘人员可能会迟到，应聘者不要抱怨。

（2）等候。等候面试要耐心，保持安静。有的用人单位在等候室准备了公司的介绍材料，面试者应仔细阅读了解情况，也可温习自带资料，不要来回走动显得焦躁不安，也不要与别人聊天。如巧遇亲朋好友，不得旁若无人地大声说笑，也不得嚼口香糖、抽烟、打瞌睡。等候面试时将手机关闭或设置为静音

状态，接打电话要轻声细语，不影响他人。进入面试室后一定不要接打电话和收发短信。

（3）入场。听到入场面试的通知后敲门而入，即使房门虚掩，也应轻叩房门两三下，得到允许后才能轻轻推门而入。进门后，顺手将门轻轻关上。手注意拉住把手，动作要轻。进入屋内后先向招聘人员问好，然后从容不迫地走向自己的位置。整个过程要保持微笑。

（4）端坐。要等面试官请你就座时再入座。不要径直跌坐在位子上，入座动作要轻盈和缓，从容不迫，离座也要如此。落座后，身体要略向前倾，不要紧靠椅背，一般只坐椅面的2/3。正襟危坐后，两脚平落地面，双手自然放在桌上或膝上。男性两膝间的距离与肩同宽，女性不管是穿裙子还是裤子都要始终并拢双腿。

【温馨提示】

面试中应避免的坐法

◆拖拉椅子，发出很大的声响。

◆一屁股跌坐在椅子上。

◆腿或脚不自觉地颤动或晃动。

◆坐在椅子上，耷拉着脑袋，含胸驼背，给人萎靡不振的感觉。

◆半躺半坐，男的跷着二郎腿，女的叉开腿，给人放肆和缺乏教养的感觉。

（5）正视。应聘者要以和善友好、自信坦荡的目光注视面试官，表现出坚定和执着。谈话时注意力要集中，视线接触面试官面部的时间应占全部谈话时间的60%以上。尤其在对方讲话时，应与面试官“正视”，即用眼睛注视对方的双眼和口之间的三角部位。头也不抬、左顾右盼、心不在焉是对人不尊重和心虚的表现。

（6）手势。交谈中可以有适当的手势配合表达，但不宜过多，太多了会分散别人的注意力。手上不要摆弄东西，比如玩笔、玩纸、玩眼镜、挠头、搓手等。

（7）离席。当面试官提示面试结束时，不管自我感觉如何，都要注意礼节。轻轻起身，面对面试官，微微欠身点头表示感谢，也可轻轻说声“谢谢”，然后再转身离去。如果时机合宜，可以主动与面试官们握手，通常以三五秒为宜。注意把握好力度，要双目注视对方，面带笑容，同时配以适当的敬语，如“荣幸之至”“幸会幸会”“谢谢您”等。出门时仍要注意轻轻关门。同时，要向接待人员道谢、告辞。

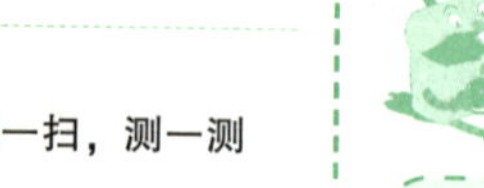

【拓展阅读】

扫一扫，测一测

曾子墨面试成功重细节

凤凰卫视主持人曾子墨大学毕业后，准备闯荡华尔街，目标是华尔街最大的投资银行美林银行。为此，她做了精心准备，下面是她的面试心得。

面试时千万不能紧张，要落落大方，侃侃而谈。和考官握手的力度要适中，太轻了显得不自信，太重了会招致反感。手中最好拿一个可以放笔记本的皮夹，这样显得比较职业。眼睛是心灵的窗户，所以目光不能飘忽游移，只有进行眼神的交流，才会显得充满信心。假如不敢直视对方的眼睛，那就盯着他的鼻梁，这样既不会感到对方目光的咄咄逼人，而在对方看来，你仍然在保持目光接触。

套装应该是深色的，最好是黑色和深蓝色，丝袜要随身多备一双，以防面试前突然脱丝。后来，我知道了投资银行的确有些以貌取人，得体的服饰着装可以在面试中加分不少。

（资料来源：人民网，《曾子墨李湘朱军等金牌主播自曝成长趣事》，2010 年 9 月 19 日）

第四节　防范求职陷阱

求职陷阱就是利用求职者急切的求职心态进行的一些诈骗方式。调查显示，不少大学毕业生曾陷入求职陷阱。因此，大学毕业生要增强自我保护意识，提高甄别虚假招聘信息的能力，通过正规渠道取得面试资格，切忌因一时求职心切而上当受骗。

一、防范非法中介

某职业学院的大学生小孙，在大二暑假前夕通过报纸广告找到一家中介公司，想找一份暑期工作。该公司王老板许诺，只要他交 20 元手续费和 100 元押金，一周内一定给他找到一份满意的工作。交完钱，小孙满怀希望地等了两个星期，却杳无音讯。他按王老板名片上的电话打过去，却发现是空号，这才意识到自己被骗了。

求职者碰到那些“一间门面、一张桌子、一部电话”的职介所要格外当心。正规职介机构通常具备的特征包括：有营业执照和招工许可证原件（证照要张贴在服务场所显眼的位置）；明码标价；公示劳动监察机关举报受理电话；收费时出具由税务部门监制的发票；服务人员持有职业资格证。

二、防范“皮包公司”

大学毕业生小强收到一家食品公司的电子邮件，要求其参加面试。小强并未向该公司投送过简历，他担心遭遇“皮包公司”，于是上网查询。查询结果让他大吃一惊，该公司居然用同样的地址和电话注册了 4 个公司，涉及食品、医药、保险、建材、房地产等不同领域。该公司承诺的薪资待遇颇为优厚，但招聘条件中的学历要求竟然是中专以上即可。经咨询工商管理部门，获悉该公司早已注销。

“皮包公司”一般没有固定的办公场所，面试地点多选择在酒店、餐厅、茶馆等公共场所，利用伪造的公司资质进行招聘，骗取求职者的财物等。求职者面试前先问清楚面试地点，凡无固定办公场所或临时租用简陋的办公场所，

求职者要谨慎前往。应聘时切勿随陌生人前往偏僻地点，对陌生人提供的酒水、饮料，需要谨慎处理，更不要将自己的财物如手机、笔记本电脑等借给他们使用。同时，不要向任何网上“雇主”发送重要个人资料，如身份证号码、银行账号、信用卡号。因为这些信息有可能被他人窃取、盗用，造成损失。万一上当受骗，应第一时间报警，并联系亲友，谨防连环诈骗。

三、防范虚饰岗位

某职业学院的毕业生小邹就读的是会计专业，毕业前夕，她去应聘当地一家期货公司的会计岗位。经简单面试后，小邹被录取了。但当她前去报到时，却被告知，公司规定新招员工必须在一线锻炼半年，熟悉整个公司的运作流程后方可回到本职岗位，她被分派到街区做业务员。3 个月后，小邹无法适应业务员工作，只好提出辞职。公司以违反合约为由，要求她支付违约金。

小邹的经历提醒大学毕业生，求职时一定要搞清楚职位的具体内容，详细询问工作细节，认真分析，仔细辨别。如果单位发布的招聘信息对职位工作内容含糊其辞，求职者则要提高警惕。有的单位用一些听起来职位很高的虚职招聘大学毕业生做业务员，或者招聘职位与实际工作内容明显不符，这极可能构成欺诈，应聘者可以向当地劳动监察部门举报。

四、防范收费陷阱

毕业于某职业学院的小陈在网上看到本地一家电子公司的招聘广告，就递交了简历。很快就被通知参加面试。出乎小陈的意料，面试进行得十分轻松愉快，并顺利通过。随后公司负责人让他先交 180 元的体检费和 320 元的服装费。小陈和父母商量后，觉得钱不多，而且工作了很快就能挣回来，就交了钱。公司负责人与他约好一周内签订就业协议。但 7 天后，小张再次来到这家公司所在的写字楼时，已是人去楼空。

像小陈这样上当受骗的求职者并非个例。有的求职者对劳动法规和相关政策缺乏足够了解，一些不良公司便乘虚而入，承诺给其提供岗位，但要求其缴纳有关费用。求职者求职心切，自愿掏钱，岂不知这些单位招聘是虚，揽财是实。

按《中华人民共和国劳动法》规定，任何招聘单位，以任何名义向求职者收取抵押金、服装费、产品押金、风险金、报名费、培训费等行为，都属非法行为。招聘单位培训本单位的职工，也不准收取培训费。如用人单位违反规定收取各种费用，求职者要勇于说“不”，并向招聘单位所在地区职能部门举报，以确保自己的合法权益不受侵害。

五、防范试用陷阱

某翻译中心聘用 3 名大学毕业生做翻译员。老板承诺试用 3 个月，试用期月薪 1200 元，试用期满正式录用，月工资不低于 3000 元。3 人努力工作，经常加班加点。但试用期即将结束时，老板突然以“不适宜在本公司工作”为由，将 3 人全部辞退，由新招的 3 名大学毕业生顶替。

试用期本是用人单位与劳动者建立劳动关系后，双方为了相互了解而协商约

定的考察期限。试用是双向的，用人单位试劳动者，劳动者也试用人单位，谁不满意都可以提出解除劳动关系。但少数不良企业却以试用为名，招募廉价劳动力。

试用陷阱多发生在小型企业、“皮包公司”。大学毕业生除了要清楚《中华人民共和国劳动合同法》对试用期的明确规定之外，还应对应聘企业有所了解，尽量把口头试用协议变成文字内容。同时询问已在企业工作的员工是否已经签约，如果发现周围的工作人员都是临时工，最好及早从该企业脱身。

六、防范合同陷阱

合同陷阱，主要表现为某些公司在与员工签订聘用合同时，在试用期管理、薪资待遇等几个方面制定出不利于求职者的规定，一旦员工违反这些规定，公司就会辞退员工且不会受法律制裁。有的用人单位利用大学毕业生合同意识淡薄、法律观念不强、求职心切等缺点进行欺骗，当大学毕业生跌进陷阱后大呼上当时，往往无可奈何，任人宰割。

劳动合同必须是书面合同，试用期内也要签合同。求职者与用人企业签订劳动合同时，要“三看”。一看企业是否经过工商部门登记以及企业注册的有效期限，否则所签合同无效。二看合同字句是否准确、清楚、完整，不能用缩写、替代或含糊的文字表达。三看劳动合同是否具有必备内容，内容不全、约定不清的劳动合同切莫签署。

七、防范传销陷阱

“只要你加入我们的团队，3 个月后就能拿到月薪 5000 元左右，随着你业绩的增加，你的工资将逐月增加。”面对如此诱人的招聘广告，不少大学毕业生怦然心动。殊不知，这是传销组织精心布下的骗局。他们以高薪招聘为名引诱大学毕业生上当，受骗者屡见不鲜。两位受骗的大学毕业生称，他们与该公司洽谈时，公司根本不看毕业证书，只填一张表格，随后便通知他们被录用了，并告知其做“网络销售”工作。当负责人告知他们“先交 3800 元，再发展自己的下线，2 年之内可以赚 180 万元”时，他俩意识到这是传销，于是择机摆脱传销组织盯梢，逃出并报案。

传销骗术主要有四个特点：一是“跨省招聘”，传销组织清楚，当地人熟悉情况，编造的谎言容易被戳穿，而外省求职者往往不了解当地情况，容易得逞；二是“高薪引诱”，发布虚假招聘信息时，提供所谓的好职位和高薪，引诱求职者上当；三是“共同创业”，一些传销人员为了引诱大学毕业生上当受骗，向其伸出“橄榄枝”，表达共同创业的愿望，有的大学毕业生信以为真，结果上当受骗；四是“网上交友”，一些传销人员利用大学毕业生思想单纯、重感情的特点，以在网上寻找恋人、朋友为名，诱骗大学毕业生，一旦上当，便以各种理由拉其入伙。

扫一扫，测一测

【温馨提示】

招聘欺诈的重要特征

◆招聘单位只对外公布手机等单一联系方式。

◆告知无须任何条件可直接面试、上岗。

◆薪资明显高于同地区、同职位、同工种的水平。

◆非正常工作时间预约面试或者面试地点在很偏远的地方。

◆收取“服装费、伙食费、体检费、报名费、办卡费、押金”等各种费用。

◆公司地址含糊不清，面试场所不正规，类似临时租借来的宾馆等地。

◆通知面试的职位明显与实际工作岗位不符，或上岗期间索要钱物。

◆扣押或者以保管为名索要身份证、毕业证等证件原件。

【拓展训练】

一、根据下列个人简历所提供的求职目标，这位求职者的工作经历有何问题？请予以修改。

【求职目标】：市场销售员。

【工作经历】：

1. 2017 年暑假，在某外校担任英语教师。

2. 2017 年 11 月，为宝洁公司做兼职促销员。

3. 2018 年 3 月，为某童装新产品上市做前期市场调查。

4. 2018 年暑假，在某报社实习。

5. 2018 年 11 月，参与某食品企业的市场推广策划。

6. 2018 年 12 月，辅导一名高中生英语课程。

二、指出下面求职信存在的问题，并进行修改。

求 职 信

××公司：

我的运气真好啊！就在我即将毕业之际，贵公司正式开业投产了首先我向贵公司表示热烈的祝贺！

我是全国闻名的××工业大学的应届毕业生。在校 4 年，我德智体全面发展，各学科成绩一贯优异，专业基础及知识扎实，动手能力强，长期担任小组长外，还有多种爱好和特长：能讲善辩，能歌善舞，能写善画，各项球类都有一定的水平。大家夸我是“全才”，当然我不能因此而骄傲，但是，实事求是地说，我还真有两下子：说、拉、弹、唱、打球、照相，样样精通。至于水平嘛，都称得上“OK”！

到贵公司服务是我梦寐以求的事，我真希望美梦成真！期盼这一天的早日到来！

我有能力胜任各方面的工作。不知贵公司能否答应，恳请立即回复为要，以免误事。

顺祝最崇高的敬意！

刘××

××××年××月××日

三、请根据你的求职目标，为自己设计一套面试的服装，并说明理由。

四、如果面试中要你作 3 分钟的自我介绍，你将如何介绍自己？

五、在班级内开展模拟面试活动，由学生担任评委，教师指导点评。

六、请学生模拟下列情境，集体分析讨论应试者有何不妥。

(应试者不修边幅，手捧一堆求职资料，嚼着口香糖，“咚咚咚”敲门。)

面试官：谁呀？

应试者：我是武汉××职业学院的学生，想到你们这儿找工作。

面试官：请进！

应试者：(将口香糖急忙吐在地上，推门而入)你好。

面试官：请坐。

应试者：(将旁边的椅子拖过来，放在面试官办公桌面前，一屁股跌坐在椅子上，将求职资料放在面试官面前，跷起二郎腿)我叫唐×！

面试官：你想找工作，那你想找什么工作？

应试者：我是高职生，今年 7 月毕业，学的是汽车贸易专业，你们是一家很有名的汽车贸易公司，有没有我可以干的工作？

面试官：我们正缺汽车营销业务员，你有工作经验吗？

应试者：我去年暑假在一家汽车 4S 店实习过，我可以试试。请问这个工作薪水是多少？

面试官：(皱起眉头)每月底薪 1000 元，另有奖金和提成。这样吧，如果没有其他问题，请你回去等通知吧！

应试者：(站起，满脸沮丧)谢谢！(转身离去，出门后发觉求职资料忘在办公桌上，又折回来取资料)不好意思！

面试官：(长叹一口气，摇头)哎！

第四章　求职择业心理

案例导入

信心决定命运

纽约好莱坞星球餐厅的墙壁上有一个镜框，镶嵌着李小龙写给自己的信，邮戳日期是1970年1月9日，信封上面印着“机密”字样。40多年后，这封信已经不再是秘密，信里是李小龙对自己说的话：“到1980年，我将成为全美国最有名的亚裔电影明星，我将拥有1 000万美元的存款，每次站在摄影机的面前，我都会拿出自己的最佳表现，我会一直保持平和、低调的态度……”

无独有偶，喜剧明星金·凯瑞曾给自己开过一张支票。1990年，他还只是个默默无闻的小演员，刚从加拿大来到美国洛杉矶寻求出路。他站在穆荷兰大道尽头，俯视山下灯火辉煌的洛杉矶，感慨万千，拿出支票本，给自己开了一张1 000万美元的支票，并郑重其事地写下兑换的日期——“1995年感恩节”。此后，他一直贴身带着那张支票。1995年，出演过《动物侦探》《面具》《傻和更傻》等喜剧大片后，他的片酬达到了每部电影2 000万美元。

（资料来源：孙科炎，路光.职场心理学.北京：中国电力出版社，2011）

想一想

李小龙和金·凯瑞的经历给了你什么启示？

大学毕业生的择业心理对其择业行为有着重要影响，甚至是决定性的影响。良好的心理素质不仅可使其在择业期间保持良好的心态，适时调整自己的行为，促进顺利就业，而且可使其择业后较快地适应职业及环境，充分发挥才能，实现人生价值。

第一节　健康的求职心理认知

在激烈的择业竞争中，刚进入职场的不少大学毕业生形成了种种心理误区和心理障碍，对其顺利就业和职业发展十分不利。只有主动走出误区，扫清障碍，才能以良好的精神状态应对激烈的竞争和工作的压力。

一、健康的求职心态的含义

（一）健康的含义

世界卫生组织对健康所下的定义是：“健康乃是一种在身体上、精神上的完

满状态，以及良好的适应力，而不仅仅是没有疾病和衰弱的状态。”这就是人们所指的身心健康。

身心健康包括以下4个方面。

第一，躯体健康，即人体生理的健康。

第二，心理健康，这一般有三个标志。一是人格是完整的，自我感觉是良好的，情绪是稳定的；二是在自己所处的环境中，有充分的安全感，且能保持正常的人际关系，能受到别人的欢迎和信任；三是对未来有明确的生活目标，能切合实际地、不断地进取，有理想和事业的追求。

第三，社会适应良好，能适应复杂的环境变化，为他人所理解，被大家所接受。

第四，道德健康，最主要的是不以损害他人利益来满足自己的需要，有辨别真伪、善恶、荣辱、美丑等是非观念，能按社会规范约束、支配自己的行为，能为他人的幸福做贡献。

（二）心理健康的标准

广义的心理健康是指一种高效而满意的、持续的心理状态。狭义的心理健康是指人的基本心理活动的过程内容完整、协调一致，即认识、情感、意志、行为、人格完整和协调，能适应社会，与社会保持同步。

作为处于特定年龄阶段的特殊群体，大学毕业生应具有与年龄和角色相应的心理行为特征。综合国内外专家学者的观点，根据我国大学毕业生的年龄特征、心理特征和社会角色特征，其心理健康的基本标准应包括以下几个方面。

1. 自我评价正确

正确的自我认知评价是大学毕业生心理健康的首要条件。大学毕业生是在与现实环境，与他人的相互关系中，在自己的实践活动中认识自己的。一个心理健康的大学毕业生对自己的认识应比较接近事实，即所谓“自知之明”。对自己的优点感到欣慰，但又不狂妄自大。对自己的弱点不回避，也不自暴自弃，而是善于正确地“自我接纳”。

2. 意志健全

意志是人在完成一种有目标的活动时，所进行的选择、决定与执行的心理过程。意志健全者在行动的自觉性、果断性、顽强性和自制力等方面都表现出较高的水平。意志健全的大学毕业生在各种活动中都有自觉的目的性，能适时地做出决定，并运用切实有效的方法解决所遇到的各种问题，在困难和挫折面前，能采取合理的反应方式，能在行动中控制情绪和言行，既不顽固执拗、轻率鲁莽、言行冲动，也不意志薄弱、优柔寡断、害怕困难。

3. 人格完整

人格，在心理学上是指个体比较稳定的心理特征的总和。人格完整是指有健全统一的人格，即个人的所想、所说、所做都是协调一致的。大学生人格完整的主要标准是：人格结构的各要素完整统一；具有正确的自我意识，不产生自我同一性混乱；以积极进取的人生观作为人格的核心，并以此为中心把自己的需要、愿望、目标和行为统一起来。

4. 情绪健康

情绪健康的主要标志是，情绪稳定和心情愉快。这是大学毕业生心理健康的一个重要指标，因为情绪在心理变化的外显成分中起着核心作用，情绪异常往往是心理疾病的先兆。大学毕业生的情绪健康应包括以下内容。

第一，愉快的情绪多于不愉快的情绪，一般表现为乐观开朗，充满热情，富有朝气，满怀自信，善于自得其乐，对生活充满希望。

第二，情绪稳定性好，善于控制和调节自己的情绪，既能克制约束，又能适度宣泄，不过分压抑，使情绪的表达既符合社会要求，也符合自身需要，在不同的时间和场合恰如其分地表达情绪。

第三，情绪反应是由适当的情境引起的，反应的强度与引起这种情绪的情境相符合。

5. 人际关系和谐

人总是处在一定的社会关系中的，和谐的人际关系，既是大学毕业生心理健康不可缺少的条件，也是大学毕业生获得心理健康的重要途径。其具体表现为以下几方面。

第一，乐于与人交往，既有稳定而广泛的人际关系，又有知心朋友。

第二，在交往中保持独立而完整的人格，有自知之明，不卑不亢。

第三，能客观地评价别人和自己，善于取别人之长补己之短。

第四，宽以待人，乐于助人。

第五，积极的交往态度多于消极的交往态度。

第六，交往动机端正。

6. 适应能力强

较强的适应能力是心理健康的重要特征，不能有效地处理与周围环境的关系是导致心理障碍的重要原因。心理健康的大学毕业生，能与社会保持良好的接触，对社会的现状和未来有较清晰、正确的认识，思想和行动都能跟得上时代的步伐，与社会要求相符合。这里所讲的适应，不是被动、一味地迎合，甚至与不良风气、落后习俗同流合污，而是在认清社会发展趋势的基础上，主动适应社会发展的要求，不逃避现实，不妄自尊大，不一意孤行。

（三）健康的求职心态

心态是个人的内心态度，是个人对人、事、物、时空的即时态度、即时想法的综合，相对于表现在外的态度它是内涵。各种想法是来源，具体的观念是结果，态度是外在的表现，心态则是内在的过程。

一个心理健康的人，在求职过程中表现得既理智客观，又积极进取；既自信乐观，又慎重冷静；既善于抓住机会，也敢于创造机会。健康的求职心态表现为以下几方面。

扫一扫，看视频

求职择业心理

1. 正确的自我定位

一个人如何自我定位，是关乎他将来在社会中存在价值的重要一环。许多大学生毕业之后，几年之内多次换工作，这是自我定位不准的后果。大学毕业生要对自己有清晰、全面的了解，知道自己想做什么工作、能做什么工作以及为什么要做这样的工作，有正确的职业生涯定位，不好高骛远，也不妄自菲薄。

2. 明确的就业意向

心态积极的求职者，拥有明确的求职意向，大到就业单位的性质、行业、未来的工作地区，小到工作的职位、月薪等都有一个清晰的目标，在求职择业的过程中不盲目从众，会始终根据自己的就业意向寻找合适的就业机会，会根据自己的能力水平、优势劣势，结合就业市场环境等因素，理智地调整求职目标并朝着目标不断努力。

3. 充分的求职准备

心态积极的求职者，会做好充分的求职择业准备，不会打无准备之仗。在大学学习期间，从专业学习到社会实践，通过各种类型的学习与社会活动全面提升自己的职业素养，并且广泛搜集就业信息，充分了解人才市场需求，仔细分析用人单位和应聘岗位的特点，有针对性地做好求职择业的准备。

4. 善于自我推销

心态健康的求职者，把面试当作自我推销的机会。他明白，面试官还不是自己的上司，平等地交流对话，有助于相互了解。他不会对面试官畏畏缩缩，或被面试官牵着鼻子走，而是尽可能主动、自信地展示自己的优势，告诉对方录用自己的理由，同时抓住机会，尽可能多地了解对方的要求、条件、发展前景等。

5. 善于自我激励

自我激励是指个体具有不需要外界奖励和惩罚作为激励手段，能为设定的目标自我努力的心理特征。心态健康的求职者，善于自我激励，拥有激发自己成功的内在动力，使自己朝着求职目标持续努力，积极参与竞争，相信自己能把每一件事情做好，面对挫折的时候，认为失败都是暂时的，是一种历练，甚至把每一次失败当作学习的机会，吸取教训，完善自己，并能迅速重整旗鼓，投入到下一轮的求职择业中去。

二、心态对择业的影响

美国成功学大师拿破仑·希尔说，一个人能否成功，关键在于他是否有乐观积极的心态。人与人之间的差异其实很小，但这小小的差异却往往造成了结果上的巨大差异。这里说的巨大的差异便是成功或失败。这很小的差异就在于我们具备的是乐观积极的心态，还是消极懈怠的心态。对择业来说，同样如此。

（一）心态影响就业认知

心态影响看问题的角度和深度。有这样一个故事：两个人到非洲去推销皮鞋，看到非洲人都是光脚走路，第一个人大失所望，非洲人不需要鞋子，皮鞋在非洲根本没有市场。而另一个人却惊喜万分，这些人都没有皮鞋穿，皮鞋在非洲的市场大得很啊！

1. 心态影响环境认知

心态积极的人，能从积极的角度去看问题。事物都是对立统一的，既有不利的因素也有有利的因素。心态积极的人看问题比较全面，且更倾向于看事物积极的一面。例如，面对当前大学毕业生“就业难”的现状，我们应当不仅看到形势的严峻和竞争的激烈，还有全社会为解决大学毕业生就业难所做的努力，

从而正确分析形势，面对困难与挑战，对就业前景怀有信心和希望。消极心态的人，看问题的视角比较单一，且更倾向于放大不利因素。如高校毕业生数量不断增多，就业竞争压力越来越大，金融危机的影响还未消除，找到一份如意的工作实在太难，等等。这些不利因素往往压得他们透不过气来。

心态积极的人，能以发展的眼光去看问题。事物是发展变化的，他们能够看到就业的困难是暂时的、阶段性的，随着经济社会的不断发展，改革的不断深入，当前的就业困难会逐渐好转。他们对自身职业生涯的发展也有发展的眼光，允许自己从一个起点相对较低的工作开始就业，在工作中去锻炼自己，提升自己的价值，而不求一步到位。消极心态的人，不能全面发展地看问题，希望一次性找到一个高薪、轻松的工作，迟迟难以就业，同时容易被就业难吓倒，唉声叹气，甚至对前途失去信心，悲观厌世。

2. 心态影响自我评价

持有积极心态的人，能客观评价自我。他们认为困难是可以克服的，凭借自己的能力也好，寻求他人的指导、帮助也好，通过自己的不断努力，逐步完善自己，总能找到解决问题的方法，困难终将过去。尽管道路是曲折的，但前途一定是光明的。而持有消极心态的人，看不到自己的能力、自己内在无限的潜能，遇到困难容易退缩，容易被困难打倒。

持有积极心态的人是自我负责的人。他们以慎重的态度去寻找和对待第一份工作，既不随随便便择业，也不盲目跟风。而是根据自己的实际情况，有针对性地选择与自己的兴趣能力相符合的工作，作为自己职业生涯的良好开端。即使工作并不十分满意，也不会轻易跳槽，而是想办法适应当前的工作，或者对自己的职业目标进行重新评估、调整之后再离职。而持有消极心态的人，则容易动摇，工作一不如意就跳槽，但是频繁地、没有目的地跳槽只会让工作越来越糟。

3. 心态影响就业期望

由于社会经济的不断发展、社会体制的不断变革，大学毕业生的职业期望处于整个社会价值观的不断冲突、不断协调的涡流中，期望与现实往往存在一定的差距。持有积极心态的人能对自己的心理、能力、价值观念等进行正确调适，充分进行自我评价，在现实社会中找到理想与实际的“结合点”，理性地调整自己的期望。而持有消极心态的人则会去抱怨现实的残酷，环境的艰苦，难以从自身出发找问题。

【典型案例】

成功就业关键在心态

小李是一位“80后”大专生，毕业后在某银行工作了一年，因为看不惯别人比自己做得少，却得到领导赏识，自己加班加点，领导却熟视无睹，愤然辞职。没想到失业后多次求职均未成功。后来街道推荐她到设有就业服务点的居委会咨询，专家在了解了小李的具体情况以及之前求职的经历后，发现她就业失败的主要原因是就业心态问题，如喜欢比较、在乎结果，于是建议她调整心

态，转变观念，坚持求职。在历经几次心理疏导和职业方向引导后，小李逐渐转变了观念，调整了心态，根据自己的实际情况改变了求职方向。最终，她被一家妇保医院B超室录用为计算机录入员。如今，她的工作能力也得到了单位的认可。

（资料来源：朱美忠,《成功就业关键在心态》,《劳动保障报》, 2009年12月3日）

（二）心态影响择业过程中的情绪

情绪是人对主体需要和客观事物之间关系的短暂而强烈的反应，是一种主观感受、生理反应、认知的互动，并表达出特定的行为。情绪反映的是客观外界事物与主体需要之间的关系，它是一种内心体验。

心理学家阿尔伯特·艾利斯的情绪ABC理论告诉我们，人的消极情绪和行为障碍结果(Consequence)，不是由于某一激发事件(Activating event)直接引发的，而是由于经受这一事件的个体对它不正确的认知和评价所产生的错误信念(Believe)直接引起的。例如，一个人可能认为，这次考试只是试一试，考不过也没关系，下次可以再来。另一个人可能说，我精心准备了那么长时间，竟然没过，是不是我太笨了，我还有什么用啊，人家会怎么评价我。于是不同的B带来的C大相径庭。可见，同样的事件，不同的信念会给我们带来不同的情绪，这里说的信念其实就可以理解为我们的心态。

很多时候周围的环境会影响我们的情绪，但不是至关重要的因素，关键是自己保持怎样的心态。德国纳粹集中营里的一个幸存者维克托说过："在任何特定的环境中，人们还有一种最后的自由——选择自己的态度。"积极乐观的心态如同生命中的心灵天线，我们通过它不断地发射着充满激情和成功渴望的电波。乐观与积极的心态往往决定一个人的成功，我们每天生活在情绪的包围之中。一不小心，它就会给我们带来意想不到的结果。

在择业和就业的过程中，我们经历各种各样的情境，都会给我们带来情绪反应。例如竞争激烈带来的焦虑，求职失败带来的沮丧，面试成功带来的喜悦，等等。拥有良好心态的人，一方面可以通过正确的认知信念，减少负面情绪的产生，即类似上面ABC理论中提到的B，体会到更多的积极情绪。而拥有消极心态的人，容易对事件做出消极分析和解释，从而容易出现悲观情绪。另一方面，拥有良好心态的人，情绪相对稳定，能够较好地控制自己的情绪，出现情绪可以适时地进行调整，做情绪的主人，避免严重的情绪带来的伤害。而拥有消极心态的人容易被情绪所左右，出现情绪失控。

（三）心态影响择业行为

行为是指人们一切有目的的活动，它是由一系列简单的动作构成的，在日常生活中所表现出来的一切动作的统称。规划职业生涯、搜集就业信息、应聘面试等都是我们的择业行为。

心态积极的人行为更有目的性，他们在求职择业时，会根据自己的实际情况选择适合的企业、职位，有针对性地为自己的目标做准备。而心态消极的人难以形成明确的目标，容易盲目从众。

心态积极的人行为更主动，他们习惯于用"我要""我一定有办法"等积极

的意念鼓励自己，敢于在激烈的就业大潮中主动出击，从各种途径寻找就业机会，勇于竞争，最终脱颖而出。而心态消极的人容易产生拖延依赖心理，不仅不主动找工作，还要等到老师和家长催促时才开始着手找工作，更有些大学毕业生自己完全不考虑择业就业的问题，等待学校推荐或家长安排就业单位。

心态积极的人行为更为持久，遇到困难会勇往直前，最终想出解决办法，直到成功。心态消极的人遇到难题时，通常会选择退缩、逃避，放弃当前的目标。

【拓展阅读】

心态与行为

心理学家做过这样一个实验。

首先，他让10个人穿过一间黑暗的房子，在他的引导下，这10个人都顺利地穿了过去。

接下来，他打开房内的一盏灯。在昏暗的灯光下，这些人看到了这间房子地面的大水池以及水池里面的十几条大鳄鱼，水池上方搭着一座窄窄的小木桥，他们之前就是从这个小木桥上走过去的，大家都惊出了一身冷汗。这时，心理学家问，还有谁愿意再次穿过这间房子？过了好久，才有3个胆大的人表示愿意。其中一个人小心翼翼地走了过去，速度比第一次慢了许多。另一个人颤颤巍巍地踏上小木桥，走到一半时，竟只能趴在小木桥上爬了过去。第三个人刚走几步就一下子趴下了，再也不敢向前移动半步。

然后，心理学家打开房内所有的灯。这时，大家看见小木桥下方装有一张安全网，由于网线颜色极浅，他们刚才没看见。心理学家再问有谁愿意通过木桥时，又有5个人站了出来。

最后，心理学家问剩下的2个人为什么不愿意尝试。他们异口同声地反问："这张安全网牢固吗？"

（资料来源：周朝昀，《自我暗示与人生成功》，《扬州晚报》，2007年12月27日）

三、求职心理准备

（一）承认现实差距

中国人民大学大学生就业问题研究所组织的一项调查显示，在大学毕业生中，职业理想与现实职业很符合的不到一成，基本符合的占六成，不符合的高达四分之一。求职理想与现实的巨大差异会贯穿大学毕业生的就业时间，增加大学毕业生的心理负担和就业成本。

几载寒窗苦读，临近毕业的大学生，都会勾画自己的职业理想，都渴望找到条件优越、利于发展的好工作，有的大学毕业生把理想、未来描绘得辉煌灿烂。美好的职业理想固然没错，但现实社会并不时时照耀着光环，各种客观条件的制约使主观愿望难以满足，理想之花暂时难以绽放。对此，大学毕业生应有充分的思想准备。

正确的职业理想应当是在发展中不断完善，不断补充，根据实际情况不断调整的动态目标系统。它应当是集自我价值的实现和物质生活的满足为一体，并兼顾国家利益、社会利益的有机体系。有了这样的心理准备，并能及时、主动地调整自己的理想职业目标，适应社会生活的现实需要，才能找到适合自己的位置，遇到挫折时才不会使情绪一落千丈。

（二）学会脚踏实地

树立崇高的职业理想，与脚踏实地并不矛盾。失败者常常感叹求职择业真难。现实确实如此，尤其是理想、热门的职业更是如此，存在着激烈竞争。我们无法改变这种社会现实，但可以改变自己的择业态度。职业理想的追求与实现，并不一定取决于职业本身。中外众多伟大科学家们的职业起点并不那么理想：华罗庚初中毕业后便帮助家里料理小杂货铺，也曾在母校干过杂务；富兰克林曾经是个订书工人。可见，较低的职业起点，并不会贬低职业理想的价值。

目前整体就业态势是大城市、大企业、大机关对大学毕业生的需求和吸纳量较小，有的已趋于饱和，甚至人满为患。而很多艰苦行业、中小企业、中小城镇、边远地区又极其缺乏人才。因此，国家号召大学毕业生到基层去，到艰苦的地方去，到中小企业去。面对大的社会需求态势和大的就业环境，大学毕业生不能一味追求热门职业，争挤大城市、沿海地区、大机关、大企业，而应根据社会需要，及时调整就业期望值，确立面向基层的务实就业观。

（三）不必“专业对口”

“学以致用”是大学毕业生求职择业的基本准则，但在就业过程中往往会遇到“专业不对口”的现象。

第一，有些专业设置的分类过细，社会对这种细化专业的需求量是有限的，真正的对口有一定的难度。

第二，学生在校期间所学的主要是基础知识和初步专业知识，与实际应用还有一定的距离。

第三，由于边缘学科、交叉学科的广泛出现，需要有更广博的知识面，仅凭所学的专业知识是远远不够的。所以，大学毕业生在就业过程中，不应过分追求“专业对口”，特别是对于一些综合类、管理类等人文管理学科的大学毕业生来讲，更应该如此。

（四）勇敢面对竞争

竞争是市场经济的基本准则，尤其在当前不容乐观的就业形势下，大学毕业生更要有充分的竞争心理准备。一方面要敢于竞争，例如，在就业的竞争中，经常有本科生打败研究生，专科生打败本科生而获得就业机会的，正是这些大学毕业生不惧学历不如别人，敢于竞争，才获得了宝贵的工作机会。另一方面还要善于竞争，唯有如此方能占据主动，赢得机遇和成功。善于竞争，要从提高自身就业竞争力入手，在提高基本素质、基本工作能力、专业技能、求职技能四个要素的基础上，充分发挥自己的优势，在竞争中抓住机会，迎接挑战。

（五）正确面对挫折

求职择业的过程一般不会一帆风顺。择业是双向选择过程，我们选择企业，企业同时挑选我们，被用人单位拒绝很正常，暂时找不到工作不必沮丧，切不

扫一扫，测一测

可因此而自卑。生活中的挫折是造就强者的必由之路，挫折是锻炼意志、增强能力的好机会。遇到挫折后应放下心理包袱，仔细寻找失利的原因，调整好目标，脚踏实地地前进，争取新的机会。

双向选择的本质意义是一种激励手段，对优胜者和失败者都是如此。它能促使失败者振作起来，彻底摆脱“等、靠、要”的就业心态，使自己加快自立自强的转化过程，成为新时代的开拓者。女大学生求职择业比男大学生更容易遭遇挫折，这是普遍的社会现象。女性择业难，并不是社会对女性的需求量小，关键在于女性要善于发现自身的优势，凭借优势参加就业竞争。

第二节　求职择业心理的调适

目前严峻的就业形势使大学毕业生面临较大的心理压力，如果不及时调节，会导致心理失衡，有碍于求职工作顺利进行。

扫一扫，看视频

自卑心理调适

一、自卑心理调适

自卑是指自我评价偏低、自愧无能而丧失自信，并伴有自怨自艾、悲观失望等情绪体验的消极心理倾向，是一种因过多的自我否定而产生的自惭形秽的情感体验。在自卑心态下做任何事情，都会倾向于退缩、逃避。如果以这种心态参加面试，很容易形成消极的“自我”形象，给人留下畏怯、懦弱、不能承担大事的形象。

小安是腼腆的女孩，每次去应聘都输在面试上。她见了面试官，如履薄冰，手脚不知往哪儿放，头不敢抬，眼睛不敢看人，话不敢多说，问一句答一句，有时答非所问，面试结束后又懊恼不已，自惭形秽，最后形成恶性循环，慢慢失去了求职自信心。

大学毕业生处于对别人的评价非常敏感的时期，自尊心很容易受到伤害，尤其是对有竞争性的活动，害怕在竞争中失败、被嘲笑而采取“退避三舍”的态度。但求职并非一般性的竞争活动，招聘单位与职位都是有限的，如果在难得的机会面前畏缩退让、精神不振，只会让本该属于自己的工作机会白白丢失。

自卑是大学毕业生走向成功的大敌。消除自卑感的方法有以下几方面。

第一，看到自己的优点。每个人都有优点，要客观分析自己，正确评价自己，把自己的优点，比如才干、能力、技艺与人格特质等一一列举出来，这些优势就是自己竞争的法宝。同时，坚信自己学习了多年，一定具备谋生的本领。

第二，积极的心理暗示。时常提醒自己“天生我材必有用”“我行，我一定能干好”，不计较别人的议论。在面试时暗示自己，面试无非是一场谈话，紧张适得其反，不如轻松应对。“东方不亮西方亮”，即使面试失败，相信还有下一次机会，这个单位不要我，肯定还有其他单位在等着我。

第三，用补偿心理超越自卑。补偿心理是一种心理适应机制，即为了克服自卑，而发展自己的长处、优势，弥补自己的不足。林肯出生微贱，相貌丑陋，言谈举止缺乏风度，为了补偿这些缺陷，他拼命自修以克服早期的知识贫乏和孤陋寡闻，最终成为有杰出贡献的美国总统。求职者意识到自己的不足，就要努力学习别人的长处，发挥自己的优势，弥补自己的不足，使自卑成为成功的动力，成为超越自我的“涡轮增压”。

第四，用实际行动建立自信。战胜自卑必须付诸实践，建立自信最快捷、最有效的方法就是去做自己害怕的事，直到获得成功。比如，练习当众发言，当众发言是信心的“维生素”。在大庭广众下演讲，需要勇气和胆量，是培养和锻炼自信的重要途径。

二、自负心理调适

与自卑心理相反，部分大学毕业生因就读学校为名牌学府，所学专业紧俏，自认专业知识和综合素质高人一筹，或因被多家用人单位垂青，而在求职时盲目自信甚至过分挑剔，对岗位的期望过高。如要求收入丰厚、社会地位高、城市好、工作轻松自在等兼备，目标定位偏高，或者“这山望着那山高”，导致高不成低不就，迟迟不能落实就业单位。

在求职中，自卑和自负处于两个极端，常相互转化。当心理倾向自卑时，不敢去正视和面对问题，优柔寡断，行事拘谨，缩手缩脚。当心理倾向自负时，则好高骛远，自命不凡，认为自己什么工作都能胜任。但自负的人往往败不起，一旦遭遇求职失败，心理就容易向自卑、自责转化，甚至一蹶不振。

那么，如何避免产生择业自负心理呢？

第一，正确看待缺点。自负者的致命弱点是不能容忍别人指出自己的缺点与不足，总是自以为是。因此，能够接受批评是矫正自负性格的关键。金无足赤，人无完人，每个人既有优点和长处，也有缺点和不足，大学毕业并不代表自己完美无缺，也许你在某个方面较为突出，但它往往不是求职成功的决定因素。用人单位看中的是毕业生的专业知识、能力水平、社会适应性、思想品德、个性特征等方面的综合因素，这些才是就业成功的关键。

第二，学会赞美他人。青蛙坐在井底时，会觉得自己很大，天很小。但当它跳出井口时，就会发现天好大，自己很小。每个人都有优点和长处，承认他人的优点并且赞美他人，这是很好的调适自负心理的方法。

第三，及时调整就业期望值。调整就业期望值并不是降低职业理想，而是在迈出择业第一步时，不将职业目标定得过高，不过于追求职业声望，不对职业条件要求太高，不能过于追求工作条件和物质生活待遇，应在职业理想的引导下，立足社会需要，在现实可能的条件下积极就业，在实践中开拓事业，增长才干。

三、焦虑心理调适

扫一扫，看视频

焦虑心理调适

就业焦虑是指大学毕业生在落实工作单位之前表现得焦虑不安，是择业过程中比较常见的情绪反应，表现形式有恐惧、不安、忧心忡忡等心理反应。引起就业焦虑的问题包括：能否找到一个适合自己专业特长、环境优越的单位；参加竞争的人过多，求职过程中多次遭受失败而不知怎么办；自己在能力和知识等方面存在明显不足或缺陷；对用人单位严格的录用程序感到不适应；等等。

没有社会经验的大学毕业生在择业时产生焦虑心理在所难免，适度的焦虑使其产生压力，这种压力是对自身惰性的进攻，它可增强人的进取心。但是，

过度焦躁，又不能及时化解这种情绪，会导致心理障碍或心理疾病。例如，即将大学毕业的吴×，择业期间基本上是在焦虑中度过的，起初信心十足，遭遇挫折后开始自我怀疑，在那段不停地参加招聘会、笔试、面试、等结果的日子里，他特别压抑，开始失眠、健忘、脾气暴躁，甚至想到过自杀。

美国心理学家贝克的研究表明，焦虑水平与对伤害的不现实期望和幻想有关，所期望和幻想的伤害越严重，焦虑水平就越高。也就是说，对面临的问题越担忧，就会越焦虑。对就业焦虑可以尝试通过以下三个方面进行调适：

一是认知转换，即调整自己对社会现实的认识，不能片面地看问题，不要把社会阴暗面扩大，把职场视为洪水猛兽而不敢踏入半步，从观念上寻求改变，在根本上避免紧张情绪的产生。

二是提高自我效能感，增强就业自信心。在设计就业目标时，充分考虑各方面的因素，将行动目标定得切实可行，使之容易达到，从而获得成功体验。培养自身的社会适应能力，坦然面对变化莫测的环境，降低担忧和焦虑水平，促进顺利就业。

三是自我放松训练，优化心理素质。主要方法有调息放松法（即通过深呼吸来缓解紧张情绪）、想象放松法（通过对一些广阔、宁静、舒缓的画面或场景的想象来达到放松身心的目的）和肌肉放松法（通过音乐的辅助，使身体的各个特定部位的肌肉先紧张后放松来体验放松的感觉）。

【拓展阅读】

“SWAP”小口诀轻松缓解焦虑

“SWAP”是英文单词 Stop（停一停）、Wait（缓一缓）、Absorb（想一想）和 Proceeding（接着干）开头的字母组合。每个单词里都蕴藏着一个缓解焦虑的小方法。

停一停。如果焦虑发作，一定要想办法让自己停下来。如正在开车，要找个安全的地方停靠。如果恐高而焦虑，要从高处走下来，暂时离开让你焦虑的那个环境。有些人反应强烈还会感到出汗、胸闷或心跳加速等，这时“停下来”也能缓解这种不适反应。

缓一缓。要想办法让自己的情绪缓和下来。比如做个深呼吸，安静地休息一段时间，此时最不适宜作决定，在焦虑情绪下的决定是缺乏冷静思考的，极易出错。

想一想。情绪平稳后，还要转移一下注意力，想点儿有意思的事。比如看场电影，做做运动，或玩把游戏，最好是做一些能让自己感到开心放松的事，以平复情绪。

接着干。通过以上三种方法将焦虑赶走后，再回到原来引起焦虑的事情上。调整好情绪再回头看问题，也许会有不同的视角和发现。

（资料来源：39 健康网，《“SWAP”小口诀轻松缓解焦虑》）

四、盲目从众调适

从众指个人受外界人群行为的影响，而在知觉、判断、认识上表现出符合公众舆论或多数人的行为方式。通常情况下，多数人的意见往往是对的，适度的从众有助于人们遵从社会规范，形成一致行为，完成群体目标。但缺乏分析，不作独立思考，不顾是非曲直，一概服从多数，随大流走，则是不可取的，是消极的“盲目从众心理”。

小倩是即将毕业的大三学生，想到就业的压力她就紧张。看见别人在制作简历，自己也赶紧制作。听见别人说公务员待遇好，她也和同学一起报了名，准备参加公务员考试。看见别人跑招聘会，她也一起去，发现其实都是招师范类的，自己不符合要求。但每次看到那么多人挤在那儿，自己的脚步又不由自主地往前挪动。

像小倩这样的求职者并非个别现象，大学毕业生就业盲目从众现象较为突出，主要表现在两个方面。一是不顾自己的专业、特长等实际情况，一味追求就业热点，盲目奔向经济发达地区和中心城市谋求职业，一味追求所谓的热门单位、热门职业。二是对招聘单位缺乏全面了解，甚至连单位的性质、地点、发展状况都不搞清楚，仅仅通过一次人才交流会或学校组织的供需见面会，就草草签约。

要克服求职中的盲目从众心理，可以采取以下方法。

一是做好职业生涯规划。个人应对自身的知识、能力、素质、就业价值观等主观因素和客观环境进行分析，必要时可到有关就业指导机构进行科学的职业测评，在此基础上，确定职业发展目标，制订不同时期的职业发展计划与实施方案，避免为一时的职业不理想甚至一时冲动而感到茫然。

二是培养自己的各种能力。首先，加强社会实践，丰富自己的社会经验，只有经历了很多事情，才能更好地去预测结果。其次，消除顾虑，允许自己犯错误，果断做出决定，大胆地去尝试，逐渐为自己建立信心，相信自己的判断，而不是尾随别人。最后，不断培养自己的独立生活能力，强化独立自主意识。

三是增强就业自信心。高尔基曾经说过，只有满怀自信的人，才能在任何地方都怀有自信地沉浸在生活中，并实现自己的意志。一般来说，自信心和个性强的人，从众行为少；缺乏自信、个性软弱的人，从众行为多。因此，在求职择业过程中，要保持充分的自信，敢于面对竞争中的各种问题，相信自己能在求职大战中取得胜利，找到理想的工作。

五、攀比心理调适

每个人的性格、兴趣、能力都不尽相同，因而在择业目标、职业选择上不具有可比性。但有的大学毕业生血气方刚，喜欢争强好胜，虚荣心较强，从而引发攀比心理，在求职择业过程中，不从自身实际出发，不考虑所选单位是否适合自己，而是盲目攀比，特别是看到自认为不如自己的同学(如认为对方学习成绩不如自己好,没当过学生干部,或者外表不如自己,等等)找到了好的工作，心想自己的工作一定不能比他们的差，因而挑来选去，迟迟不愿签约，甚至到

毕业离校时工作单位还没能落实。

当然，在一定的范围内进行攀比，可以激发自己的斗志和潜力，尝试寻找更好的单位。但前提是对自己有客观的认识和了解。如果忽略自己的个性，对自己不能进行积极、正确、客观、公正地分析，只是盲目地与其他同学攀比，不计后果，舍其所长，就其所短，将会与合适的职业失之交臂，迟迟无法与用人单位签约，陷入紧张焦虑之中。

【典型案例】

盲目攀比错失良机

山东某大学国际贸易专业的小李，在应聘青岛一家中等规模的私营外贸企业的过程中，一路过关斩将，即将签约时，他收到了同学小孙发来的短信："我已把自己'卖'给了金越贸易集团，月薪3 500元。哥们儿，别把自己卖'贱'了。"看完短信，小李以"需要再考虑一下"为由，拒绝和该单位签约，原因是这家企业承诺的起步月薪是2 000元，而发短信的那位哥们儿学习成绩远不如自己，自己的工资又岂能在他之后。多日后，求职碰壁的小李，再次回到那家看重他的公司时，考官很抱歉地告诉他招聘已经结束了。

（资料来源：搜狐圈子，《这样的求职心理要不得》）

对攀比心理需要及时进行以下调适：

第一，认识自我，主动求职。首先，客观地分析自己的兴趣特长、性格气质、能力水平等，了解自己的价值观、职业倾向、求职技能等，弄准自己想干什么、能干什么，客观分析自己的竞争力如何，要做到今天的自己与昨天的自己比较，而不是一味地与他人攀比。其次，将求职主动权掌握在自己手中，有的放矢地投递简历，积极主动地与用人单位联系，争取让对方更多地了解自己。

第二，规划职业生涯，发挥潜能。大学毕业生首先要规划好自己的职业生涯，要把就业看成是职业生涯的起始环节，不过分计较短期内的利益得失，把眼光放长远，以发挥自己的潜能作为择业的重要参考指标，做自己想做、挑战自己的工作，使自己的潜能得到挖掘和开发，展示自己的才华，体验成功的快乐。

第三，祝贺他人，心态乐观。求职本身就存在着竞争，每个人各有优势和特点，签约总会有先后。他人就业，并未阻挡自己的择业，条条大路都通向就业之门，关键看自己如何行走，如果心存嫉妒，就会使自己暗受伤害，心情郁闷，进而影响择业。为了使自己有一个好心情，需要发自内心地祝贺他人先找到工作，使自己保持乐观心态，这样更利于求职。

六、抑郁心理调适

抑郁是一种过度忧愁和伤感的情绪反应，表现为心情压抑、苦闷、烦躁、悲观失望、自我评价过低，兴趣、生活水平下降，食欲下降，失眠、动作缓慢等。

小凡是某高职学院 2012 届毕业生，从 2011 年 10 月开始，他就一直在为找工作的事忙活，参加了数十场招聘会，求职简历送出了一沓又一沓，也接到通知去了几家不同的单位参加面试，可最后的结局都是石沉大海，到毕业时工作还没有着落。看着同学们一个个奔赴职场，小凡觉得压力很大，认为自己学无所用，求职的勇气和信心越来越差。拿到毕业证，又晃荡了两个月，工作依然无果后，他干脆回到山区老家，帮助父母干起了农活。每当家人劝他出去找工作时，他便愁眉紧锁，沉默不语。可是想到年迈的父母为供养他读大学欠下一身债务时，内心又非常自责。

小凡的症状是典型的抑郁心理表现。大学毕业生在求职过程中，不被用人单位认可和接受，屡屡受挫后，容易情绪低落，产生抑郁心理。抑郁者常有消极观念，觉得生活无味，活着没有意义，严重者甚至选择自杀。

调适抑郁心理可以采取以下方法：

第一，学会正确归因。按照现代归因理论，成功和失败可归因于 4 个方面，即个人能力、努力程度、任务难度和机会运气。前两者属于主观因素，后两者属于客观因素，若把自己的挫折过多地归结于客观因素，就不会去努力克服困难，争取成功。但若一味归结于主观因素，又会过多地自责，容易丧失自信。大学毕业生在求职过程中遭遇挫折后，要客观分析失败的原因，进行正确的归因。求职失败不一定是自己能力不行，可能是由于选择求职单位的方向不对，也可能是因为自身价值观与单位企业文化不符合，还可能是其他一些因素。根据归因结果，调整好目标，脚踏实地地前进，争取新的机会。

第二，释放抑郁情绪。心理学研究表明，现代人最大的困惑之一是无法实现人与人的沟通，这是引发心理疾病的重要因素。因此，大学毕业生择业时遇到了挫折，要学会与人沟通，与人交谈，倾诉困惑。也可使用转移法，比如锻炼身体、练练书法、听听音乐，做些有意义的事，充实自己的生活。

第三，保持乐观心态。找工作需要耐心和毅力，尤其目前就业市场是“买方市场”，竞争激烈，在求职过程中遭受挫折不足为奇。大学毕业生不必因此而沮丧。应把就业过程看作认识职业生涯、认识社会、适应社会的机会，并通过求职活动来了解、认识和发展自己，促进自我成熟。

七、依赖心理调适

大学毕业生在就业过程中的依赖心理也较为常见。一些大学毕业生缺乏主动参与意识和竞争意识，信心和勇气不足，不能主动向用人单位展示自我，推销自我，依靠自身努力去赢得竞争，赢得用人单位的青睐，而寄希望于学校，寄希望于地方毕业生就业管理部门，寄希望于家庭，或等候学校和地方安排，或依靠家人四处奔波，缺乏择业主动性，等靠思想突出，依赖心理严重，使自己在就业中处于劣势。

大学毕业生小张的父母在招聘会尚未开始时，就早早地到会场打探单位情况。招聘会开始很久以后，小张才姗姗来迟，并由家长陪同前往用人单位摊位前面谈。面谈过程中，父母比小张的发言时间还要多，结果谈了很多家企业，但没有一家企业向他抛出橄榄枝。小张就是典型的求职择业过程中的过分依赖

父母。在人才市场上，这种父母代替子女，亲友代替本人与用人单位洽谈的场面屡见不鲜。

要克服依赖思想，关键是要加强自我意识。心理学家艾里克森曾指出，自我是自主的、有力量的实体，自我能决定个性的“命运”，参与决定个性行为的方向。自我不仅保证个人适应环境，健康成长，而且是个人自我意识和统一性的源泉。

加强自我意识首先要树立独自处理事情的信心和决心，要明确自己的目标及自己最想从事的职业。其次，根据设定的目标，自主学习有关应聘方面的知识技巧，增强自信度和踏实感。最后，遇到困难时要与人交流，多听取别人的建议，但最终的决定权还是掌握在自己手中，要通过自己的努力获得理想的职位。

扫一扫，测一测

【温馨提示】

成功求职的三个关键心理

1. 不轻言失败

在求职过程中，被用人单位拒绝很正常，其原因不胜枚举：要么是你的学历不够，或者所学的专业不完全对口；要不就是受年龄、经验等其他因素所限。可以说，除非你是“度身定制”的专才，招聘单位对你一见钟情的概率少之又少。关键是在求职过程中要树立信心，不放弃任何一次可能成功的机会，要有一种不达目的誓不罢休的精神。正所谓“精诚所至，金石为开”。任何用人单位都欢迎那种做事锲而不舍、百折不挠的人才。

2. 展示自己的长处

任何人都有自己的长处和短处，关键是能以长补短、“以勤补拙”。例如有的人可能学历不高，但却具备他人所不及的口才。有的人年纪偏大，与用人单位界定的“年龄范围”相距甚远，但他却有丰富的行业经验、出色的管理才干。或许你的某些长处正是用人单位所渴求的，如果能把自己的长处恰如其分地展现出来，就有可能赢得用人单位的青睐。

3. 先期进入角色

应聘前“未雨绸缪”，尽可能掌握应聘单位更多的信息。进入面试阶段时，选择适当的时机主动出击，或对招聘单位现有的经营提出良好的改革方案；或对公司发展前景作一番展望；或者谈一下，一旦被聘用，你有哪些能耐能为他们带来效益等。关键是要将话说到点子上，让招聘人员产生这样的印象：你虽未正式“登场”，但已经提前进入了角色。在这种情况下，用人单位很难不对你刮目相看、情有独钟。

（资料来源：重庆人才网，《成功求职的三个心理关键》）

第三节　初入职场心理的调适

当你接到录用通知书，将要成为一名职场新人时，你有什么感受呢？也许你会欣喜若狂，但欣喜之后更需要冷静和理性：一方面要沉下心来认真规划自己的职业生涯；另一方面，在初入职场之时，也会面临一些困惑，需要做好心理准备以便从容应对。

一、职场新人的三大任务

从“学生”到“职场新人”的身份转变是刚入职的大学毕业生需要面对的问题，迈入职场，需要用积极的心态去适应、了解、融入新环境。

（一）建立“职场人”意识，符合职场要求

社会角色是个人在社会关系体系中处于特定的社会地位并符合社会要求的一套个人行为模式。就像演员在舞台上扮演不同的角色一样，人处在不同的社会地位，从事不同的社会职业时，都要有相应的个人行为模式，即扮演不同的社会角色。职场新人需要明确自己“职场人”的社会角色，增强角色意识。

在走上工作岗位之前，职场新人往往角色转换认识模糊，对即将从事的职业缺乏全面、准确的了解，对于自己职场人的角色意识不清晰。作为职场新人应该尽快做出调整，使自己从外在形象到内在心态符合职场要求。

首先，进入职场后，我们要牢记自己已经是一个“职场人”，做事不能像学生一样随意，我们工作中的任何疏漏和错误，都有可能会涉及某个项目的成败，或者牵扯到一定的经济利益。做事之前一定要多加思考，不清楚明白的地方向老员工或者领导请教。还应该有意识地根据自己所从事的职业的特点与要求去行事，包括工作规则、待人接物、社交礼仪，甚至是职场中的一些不成文的规定等。

其次，在外在形象方面，要根据职业的特点穿着合适的服装，而不能像学生时代一样穿着休闲服。轻松休闲的服装会给人很随意、还没有融入工作环境的感觉，既给人不好的第一印象，也会给自己一种很放松的暗示，难以进入工作状态。比如，银行工作人员、律师、保险从业人员等，在职场上通常要求西装革履，这样能给人很专业的感觉。如此着装之后，自己的姿态、气场也会随之改变，会由此平添几分自信。

（二）加快知识转化，适应岗位要求

对于职场新人来说，在学校里学的理论知识永远无法替代实践工作经验，第一份工作对于以后自身工作习惯的养成、职业发展的方向都有着重要影响，企业抛出橄榄枝的原因首先是对个人品质和修养的肯定，然后才是学识和专业。因为对于刚毕业的大学生来说，从书本到实际还有一段很长的路要走。

【典型案例】

从成绩优秀到能力低下

小张毕业于某名校的新闻专业，专业成绩优秀，毕业后被分配到一家传媒公司。入职前，她满怀信心，觉得自己一定会在工作上做出突出成绩。上班第一天，上司让她做一份 Excel 表格，虽说她曾经接触过 Excel，但是对很多用途还是一知半解，结果弄了很长时间也没有弄好，耽误了上司的工作，小张非常

内疚，失落感也开始不断加深。她怎么也不能接受一向在学校多方面表现优秀的她，上司给的评语却是工作效率低下。

（资料来源：中国网，《剖析三案例，看职场新人为何容易遭受挫折》）

从学校的练习场进入职场的真正跑道，每个人都会多少有些不适应的感觉，但这是成长必经的一步。入职之前所积累的毕竟限于“纸上谈兵”，运用到实际中，的确需要一段时间的思考和摸索。所以，没有必要给自己“能力有限”的负面暗示和压力。

在学校掌握的绝大部分是知识，在工作中需要的更多是能力，只有将知识运用到实践中去，在实践中反复总结升华，让知识转变成工作能力，知识才有价值。所以职场新人一定要注重知识向能力的转换。

（三）和谐人际关系，融入工作团队

人际关系是人的基本社会需求，帮助我们自我了解，能够达到自我实践与肯定的作用，可以用于鉴定自我的社会心理是否健康。良好的人际交往能力以及良好的人际关系是人们生存和发展的必要条件。

2012 年夏天毕业的小雅在一家化妆品公司上班，其顶头上司是一位爱时尚、喜潮流的年轻男士。上司衣服非常高档，聚会吃饭都要去高档餐厅，旅游也都是坐飞机，工作之余也经常聊时尚话题。小雅来自农村，家境贫困，对上司的生活感到有隔膜，平常聊天也插不上话。而本部门另一位来自省会城市、家境殷实的新员工却与这位上司志趣相投，很快就融入了上司的生活圈子，小雅颇为失落。

职场新人面临着工作上手和处理人际关系的双重压力。不少职场新人反映，揣摩领导心思、赢得领导赏识、与同事处理好关系都是让人十分纠结的难题。如何让自己迅速融入职场？又如何获得领导和同事的信任，是每一个职场新人需要慎重思考，且必须妥善解决的重要问题。

二、职场新人常见问题

从校园到社会，是人生的重大转折，在这个过程中，新的角色、新的环境、激烈的工作竞争、复杂的人际关系等，让许多职场新人难以适应，出现一些不良心理。这些不良心理不仅压抑了他们的潜能，还影响了他们的身心健康。

（一）角色定位偏

角色定位不准是职场新人容易出现的问题之一。大学毕业生作为职场新人，在角色转换过程中容易依恋学生角色，出现怀旧心理。经历了十多年的读书生涯，对学生角色的体验非常深刻，学生生活使得每一位学生在学习、生活和思维方式上都养成了相对固定的习惯。因此，在职业生涯开始之初，很多人常常会自觉或不自觉地把自己置身于学生角色之中，以学生角色的社会义务和社会规范来要求自己、对待工作，以学生角色的习惯方式来待人接物，来观察和分析事物。

学生时代，我们犯了错误老师家长都会包容我们，但在职场上没有人会总是包容我们的错误，企业聘我们，是希望我们为企业创造效益，没有哪家公司、老板愿意雇用不能创造价值的人。

（二）职场不适应

会计专业的毕业生小丽进了一家银行担任柜员，业务上手很快，但银行对员工的服务态度要求很高，一贯在家被父母呵护备至的小丽感觉很不自由，对此颇有怨言，由此情绪低落，失去了工作热情。

新人不适应职场是一种普遍现象，95%以上的新人会遇到这一问题。职场不适应最主要的原因是孤独感，相对校园，职场是一个无人照顾的新环境，许多新人并没有做好心理准备，还产生孤立无援的感觉，各种问题也就接踵而至。大多数新人会在2个月左右适应环境，如果超过3个月还没能适应，则要考虑自己是否适合这份工作。

【典型案例】

所做非所长怎么办

小张不喜欢与数字打交道，但很喜欢人力资源工作。毕业后，凭借良好的素质，如愿进入一家中型企业做人事助理，主要工作是绩效考评与薪酬板块。一开始，他真想好好挑战自我，看看自己能否在数字方面有所突破。但几个月过去了，繁多的数字还是让小张失利了，上司不满意他的工作，他自己也萌生退意，想找自己擅长的招聘与培训工作。

像小张这样的情况在职场新人中很常见，对于系统性很强的人力资源工作，不仅需要从业者有较好的处理事务、规划全局能力，还需要细心。小张可以考虑和上司交流一下，看能否调换岗位。同时应该更加重视自己的短板，因为喜欢这样的工作，要想在此领域有大的突破，可以先扬长，慢慢补短。如上司肯培养，给机会，现在补短也来得及，但需要有足够的勇气承担工作中的过错。

（资料来源：上海人力资源和社会保障网，《职场新人如何突破“职业迷茫期”》）

（三）工作压力大

小霞是一名品学兼优的高职生，顺利进了一家软件技术公司从事软件开发工作。公司的业绩压力大，工作节奏快，小霞总是处于紧张之中，引发了体力上的疲倦和精神上的萎靡，逐渐出现入睡困难、做噩梦、易惊醒、眩晕、心悸等症状。这是典型的因职场压力大而产生的焦虑心理。著名咨询机构麦可思公布了一份针对2011年职场新人的调查报告，报告显示2011年的职场新人中有近30%觉得工作压力巨大。

职场不同于学校，工作任务需要保质保量完成，其劳动强度、难度和紧张度都比在学校时高得多，生活节奏变快，绩效考核也会很严格，直接与工资、奖金、晋升挂钩，工作之余还需要去处理复杂的人际关系，这使得大学毕业生处于紧张焦虑状态，给工作和生活带来困扰。

（四）心理落差大

“虽然早有心理预期，但却没想到这么少！”提起第一笔薪水，小赵就慨叹不已，某国家示范高职院校毕业的他，在一家数控公司工作，试用期月薪为税

后不足3千元，小赵很郁闷，想着每天要去上班，双腿就像灌了铅一样，提不起来。像小赵这样初入职场便产生失落感的大学毕业生不在少数。麦可思公布的2011年职场新人的调查报告显示，2011年的职场新人有42%入职后有心理落差。

职场新人一般理想主义色彩较浓，对工作的期望值较高，或抱有不切实际的幻想，一旦发现工作环境或工作条件比想象的差，自己得不到想要的待遇和回报，或者发现不被领导重视，自己的工作成果遭到领导或同事否定时，会感到处处不如意、不顺心，失落和沮丧油然而生，情绪甚至一落千丈，进而失去继续努力的信心。

（五）跳槽太频繁

专科毕业的小圣，一年内竟然换了10多次工作，每次工作不了多久就不想干了，总觉得自己可以干更好的工作。频频跳槽也是职场新人容易出现的一大问题。麦可思公布的2011年职场新人调查报告显示，41%的职场新人会在半年之内从单位离职。

大学毕业生刚参加工作时充满激情，但如果短期内的努力没有很快得到回报，就认为公司不重视人才，觉得自己在这里没有前途而选择离职。有的大学毕业生总想干重要的、自己感兴趣的工作，不屑于从基层工作做起，不满于企业给其安排的简单枯燥的工作。殊不知，从这些简单枯燥的工作中的表现，企业可以看出一名新人的职业道德、职业态度和职业能力，从而决定是否让他担任更重要的任务。还有的大学毕业生这山望着那山高，希望自己所在的公司规模要大、知名度要高、管理要规范且成长空间要大，而现实工作与工作理想存在较大差距，于是选择跳槽。

三、职场新人的心理调适

（一）端正动机，发现工作乐趣

心理学家认为，一个人从事某项工作是由不同的动机决定的。动机是指引起和维持个体的活动，并使活动朝向某一目标的内部动力。根据不同的引发原因，动机可以分为内部动机和外部动机。内部动机是由活动本身产生的快乐和满足引起的，并且不需要外在条件的参与，例如一个人为了获得专业知识、提升自己而努力工作。外部动机是指那种不是由活动本身引起，而是由与活动没有内在联系的外部刺激或原因诱发出来的动机，如从事某项工作是为了获得物质利益、提升职务、得到他人的认可。

内部动机是个体对所从事的活动本身有兴趣而产生的动机。这种活动能使个体获得满足，个体从事这种活动时不需外力作用的推动。而如果是因为外部动机从事某项活动，一旦外部因素不能诱发个体动力时，就意味着个体消极情绪的出现。如将外部评价当作参考坐标，我们的情绪就很容易出现波动，因为外部因素我们控制不了，它很容易偏离我们的内部期望，让我们产生不满和抱怨。负性情绪使人痛苦，为了减少不满和抱怨带来的痛苦，我们只好降低内部期望，最常见的方法就是减少工作努力程度。

【温馨提示】

内部动机更利于成功

心理学家瑞恩和德西认为，与由外部动机驱使从事某一项活动相比，在内部动机驱使下从事某项活动时，人们往往会表现出更强烈的兴趣和自信，同时能够发挥出更好的水平，也表现出更加持久的坚韧性以及独特的创造性。

（资料来源：孙科炎，路光.职场心理学.北京：中国电力出版社，2011）

职场上的成功人士往往有一个共同的特征，那就是他们并不会过于在乎自己在工作中究竟得到了多少薪金以及福利待遇，甚至也不会过于在乎别人的评价，而是专注于工作上，尽职尽责，通过工作业绩实现自己的人生价值。

薪酬、福利待遇以及他人的评价诚然重要，但它们并不应该是我们从事某项工作的主要原因或核心原因。当一个人更多地在乎这些外部回报时，他很容易丧失工作的心理能量，不知不觉步入平庸者的行列。因此，以超越物质回报的态度醉心于工作，发现工作的乐趣，这才是我们应该追求的职业境界，这种境界足以使职场新人成为有价值的人。

（二）摆正位置，转换角色意识

职场新人面临的各种问题，都在于我们没有很好地完成从学生到职业人的角色转换，没有正确地认识自己、摆正自己的位置。

角色转换是一个长期的过程，需要坚持不懈的努力。同时，在角色转换过程中，需要注意以下几条原则。

1. 虚心提高工作能力

尽管高校毕业生经过了多年的知识学习，但是在面对全新的职业时，还需要从头学起，虚心向有经验的技术人员、领导、师傅和同事学习，学习他们观察问题、分析问题和解决问题的方法，不断地丰富自己的专业知识，提高自己的专业技能，最终达到自我完善。

2. 快速树立规范意识

职场不同于学校，很多事情都是以效率为先，而不是个人兴趣。企业为了各部门能高效地完成工作，通常都有具体的工作流程和详细的工作规范，尤其是一些生产性工作的安全规范涉及工作安全，更应该加以注意。因此，我们在工作中要有规范化的意识，凡事按章办事不仅可以提高效率、避免出错，也能给人一种很专业的印象。

3. 勇于担当工作责任

勇挑工作重担，乐于无私奉献是角色转换的重要标志。高校毕业生走上工作岗位后，应当从一开始就严格要求自己，树立主人翁意识，增强社会责任感，培养无私奉献的精神，任劳任怨，不计个人得失，努力承担岗位责任，主动适应工作环境，使自己更好、更快地完成角色转换。

4. 积极培养职业兴趣

热爱本职工作、安心工作岗位是学生角色向职业角色转换的基础，刚刚走上工作岗位的高校毕业生，应当尽快地从学生学习生活的模式中解脱出

来，全身心投入到工作岗位中去。如果“身在曹营心在汉”，经过几个月甚至一年的适应还静不下心来，那么，不仅对角色转换不利，而且会影响职业兴趣的培养和工作成绩的取得。甘于吃苦是角色转换的重要条件。只有甘于吃苦，才能实事求是地分析和对待角色转换中遇到的种种困难，并自觉加以克服。

5. 勤于观察、善于思考

勤于观察思考，善于发现问题是角色转换的有力保障。高校毕业生进入职场，只有善于观察问题，才能发现问题。只有运用自身掌握的知识去努力解决问题才能掌握大量的第一手资料，分析研究职业对象的内部规律，也才能培养自己的独立见解，逐步具备独立开展工作的能力，更好地胜任角色工作。

（三）处处留心，适应职场环境

初入职场，要意识到自己与职场“老人”和专业人士存在着不小的差距，不仅体现在业务水平上，更体现在说话办事上。所以，作为职场新人，一定要向前辈多多学习，少说话多做事，处处留心，时时留意。社会不像学校那么单纯，说话办事非常讲究，所以一定要多加学习，学会与同事和谐相处，尽快适应职场的环境。

【典型案例】

牢骚的代价

王××大学毕业后，在一家大型外贸企业工作。没过多久，她就认为公司的管理制度并没有那么严格，存在一些漏洞，给她的感觉有些不正规，但是出勤抓得又很严，这让她觉得这家公司太喜欢走形式，而不是注重提高工作效率，便向和她一起进公司的同事发牢骚，说公司这不好、那不好。不知怎么回事，这件事传到了上司耳朵里。于是，王××还没来得及对这个企业有更多认识，就被炒了鱿鱼。离开时，王××觉得无所谓。但当她在求职大军中奔波了好几个月，再也没找到一家各方面条件比得上原来的那家企业时，她才如梦初醒，开始后悔。

（资料来源：李晓霄.职场心灵疏导术.北京：中国纺织出版社，2012）

作为职场新人，应该将主要精力放在业务学习上，而不是到处“找茬”。即便工作环境中存在这样那样的问题，也应该通过合理的途径向领导或者上级反映，到处抱怨既解决不了问题，还会给人不好的印象。关于职场规则，需要我们慢慢地领悟，用心学习，逐渐适应职场的环境。

初入职场的新人，应主动与前辈沟通、交流，不懂就问，逐步改变学生的单纯思维方式，学会用成熟理性的眼光看待问题，尽快适应新的环境，只有这样，工作才能顺利进行。

（四）调整心态，化解不良情绪

新人面临的压力一般比较大，当由此产生不良情绪时，可以采取以下情绪调节方法予以化解。

1. 保持良好的心态

前面讲过，心态对于我们的情绪是有影响的。现代心理学认为，人有 9 种基本情绪，即兴趣、愉快、惊奇、悲伤、厌恶、愤怒、恐惧、轻蔑和羞愧。其中“兴趣”和“愉快”是正面的，“惊奇”是中性的，其余 6 种情绪都是负面的。不难发现，人的负面情绪占大多数，因此人不知不觉就会进入不良情绪状态。如果不能抛开这些负面情绪，那么将降低我们感受到兴趣和愉快这些正面情绪的机会。

心境具有两极性，好的心情使你产生向上的力量，使你喜悦、生气勃勃、沉着、冷静，缔造和谐。当正面情绪充斥我们的时候，负面情绪就会消减。为了化解我们在职场中的不良情绪，我们就应该塑造阳光心态，把兴趣和愉快这两类好情绪调动起来，使自己经常处于积极的情绪当中，并从正面情绪中受益。

2. 学会倾诉和宣泄

当已经被负面情绪困扰时，应该选择适当的途径予以宣泄。寻找信任的倾诉对象，将心中的郁积一吐为快，甚至大哭一场，能达到情绪调节的效果。与朋友聚餐、品茗、喝咖啡，彼此倾诉，能获得对方的指点、宽慰，帮助我们走出阴霾。与父母、家人相聚，共享天伦之乐，也有助于忘却心中的烦恼。或者将我们的情绪用文字、图画等形式表达出来，以免这些情绪积攒于我们的心中，让我们痛苦难过。我们要尽量做到今天的坏情绪不带到明天，从而能更好地投入到工作中去，而不是一直被坏情绪所影响。

3. 积极自我暗示

自我暗示法是通过内心的主观想象，并相信它能引起相应的生理、心理变化来进行自我刺激的自我心理疗法。自我暗示法的实质是自觉地诱发积极的、良好的心理状态，并使其保持稳定，从而改变消极、不良的心理状态，产生良好的心理激励与平衡作用，从而调节情绪。运用自我暗示法缓解压力和调整不良情绪，主要是通过语言的暗示作用。如失落时，提醒自己“愁也没有用，还是面对现实，逐渐适应吧！”当有比较大的内心冲突和烦恼时，安慰自己“一切都会过去”，等等。通过各种积极的自我暗示来影响情绪，告诉自己，我能行，不好的一切都会过去。

4. 多做户外运动

调节不良情绪的另一种有效的方法便是参与户外运动。一方面，户外运动能让我们的注意力从消极的情绪转移到大自然的美丽风光中去；另一方面，会使憋闷的情绪得到释放，继而增加自己的生活乐趣和对美好生活的热爱之情。心情不好的时候，可以选择一些经济又环保的方式进行运动，出去爬山、观景，与家人去附近郊区野餐，从坏情绪中走出来。

扫一扫，测一测

【拓展训练】

一、心理健康程度自测

下面 15 道题可以测试人的心理老化程度，你不妨来试一试。

1. 是否变得很健忘？

2. 是否经常束手无策？

3. 是否总把心思集中在以自己为中心的事情上？

4. 是否喜欢谈起往事？

5. 是否总是爱发牢骚？

6. 是否对发生在眼前的事漠不关心？

7. 是否对亲人产生疏离感，甚至想独自生活？

8. 是否对接受新事物感到非常困难？

9. 是否对与自己有关的事过于敏感？

10. 是否不愿与人交往？

11. 是否觉得自己已经跟不上时代？

12. 是否常常很冲动？

13. 是否常会莫名其妙地伤感？

14. 是否觉得生活枯燥无味，没有意义？

15. 是否渐渐喜好收集不实用的东西？

如果有 7 条以上回答肯定，则意味着测试者心理出现老化危机，要小心保护自己的心理健康了。

二、自我认知——多维的我

全班同学分成 6~8 人一组，每位组员准备 3 张白纸。

1. 个人完成

首先每个人在第一张白纸上描述“理想的我”，时间为 5 分钟。然后每个人将已写好的第一张白纸搁置在一旁，暂时不准再看。接着在第二张和第三张白纸上分别具体描述“别人眼中的我”和“现实中的我”。每次各 5 分钟。注意，如果可以，在描述“别人眼中的我”时，可以请组员来写。3 张纸也可以汇成一张大纸。

2. 协同活动

当各人都完成前面的部分之后，每个成员将所有 3 张纸都放在桌上，各自对纸上的“3 个我”做出检查，主要是看看“3 个我”是否和谐。如果不和谐，则找出差异所在，并尝试找出原因。然后，大家一同探讨，看看怎样可以使“3 个我”更加协调一致。重点留意“理想的我”和“现实中的我”是否协调一致。

3. 自我分析

最后，在理性分析“3 个我”中自己感到满意与不满意的基础之上，小组成员共同协商完善的途径与措施。

4. 活动意义

多角度描绘自我，感受自我在社会生活中的多重角色意义，并掌握自我评价的具体方法，达到对自我的全面认识。

5. 注意事项

不必期待“3 个我”百分之百协调一致，因为那是不切实际的期望。

三、案例分析

2011 年 7 月，小瑛毕业于湖南某高校。没找到合适单位的她曾先后到重庆、深圳、广州、济南等地求职，10 月被青岛一家科技公司录用。小瑛说，那份工作强度不大，收入还可以，但她只喜欢埋头做事，不愿和同事说话，与领导和同事的关系也处理不好。2012 年 1 月下旬，公司以业绩太差为由将她辞退。

失去工作后，小瑛非常自卑，更不愿和人说话，不参加任何聚会，更害怕家人问她工作上的事。在 2 个月时间里，她每天上午出去找工作，下午和晚上都待在租住的小屋里。3

月下旬，她在青岛一家酒店当起了服务员。在酒店，她最怕、也最烦别人说自己是大学毕业生，好几次都因为这件事和别人发生了口角。6月的一天晚上，小瑛忽然产生了自杀的念头。她感觉工作和生活没什么希望，与其这样还不如一死了之，于是便吃安眠药、割腕。幸运的是，两次自杀都被同事及时发现。

请问：

1. 小瑛是一种什么样的典型职业心理问题？
2. 如果你是小瑛的好友，你应该如何劝她？
3. 你认为小瑛现在应该怎么做？
4. 在职场上，我们应该吸取小瑛的哪些教训？

第五章 职业形象塑造

案例导入

“奇瑞功臣之星”陈黎明

荣获“奇瑞功臣之星”称号的陈黎明，是武汉软件工程职业学院汽车运用工程系汽车检测与维修专业2007届的毕业生。

2006年10月，陈黎明与68名同学一起来到奇瑞汽车股份有限公司顶岗实习。有的同学被分配到发动机车间、装配车间、油漆车间、成品质量检测车间、编制生产工艺办公室等部门，陈黎明与另外几名同学被分配到了冲压车间。当看到高大的冲压车机器、工作中转移零部件劳动强度大、属于体力活时，有的同学倍感危险，并觉得技术含量不高，就心生畏惧情绪，不安心于此工作，有的干脆辞职。陈黎明却一直坚守在冲压中心平凡的岗位上，一干就近3年。在这期间，他通过自身努力，由一名实习生成长为了冲压四车间的TPM专员（所谓TPM，是英文Total Productive Maintenance的缩略语，中文译名是“全面生产维修”或“全员生产保全”。它是以提高设备综合效率为目标，以全系统的预防维修为过程，以全体人员参与为基础的设备保养和维修管理体系。TPM专员就是进行TPM体系开发与培训、TPM活动的推进与评估、小组活动的策划、评价与诊断的负责人），并且荣获了很多荣誉：“冲压车间工段先进员工”“2007年度TPM先进推进员”“2007年十一设备一级保养先进个人”“2008年第二季度TPM最佳推进员”等，2009年又被评为“奇瑞功臣之星”。他所在的车间也多次在公司季度、年度TPM先进集体评选中获奖。

陈黎明说：“我十分珍惜和热爱自己的工作，并时时告诫自己，要干一行爱一行。今天我选择了TPM，就应尽全力把它做好。我要用行动证明，大专生比中专生更能吃苦耐劳，比本科生更有动手能力。我坚信，在平凡的工作岗位上也能舞出青春的风采，实现自己的人生价值。”

（资料来源：武汉软件工程职业学院校园网）

想一想

陈黎明成功的因素有哪些？你是否认同他在冲压中心的坚持？

塑造美好的职业形象，是当代大学毕业生自我完善、自我发展的必然要求。纵观国内外的成功者，无一例外都努力塑造自己美好的职业形象，因为良好的职业形象能够提升个人品牌价值，对事业成功、个人发展和家庭幸福都具有强大的激励和促进作用。

第一节　职业形象概述

一、职业形象的含义

可以将职业形象理解为一种角色形象，它是人们对某种职业承担者所有行为和表现的总体印象与评价，是构成个人形象的基本要素。

职业形象是从业者从事本职业务时的形象，不包括未从事本职业务时的形象，如休闲时间的形象。自由职业者也有自己的职业形象。

职业形象是一个综合性指标，同时具有个性化特征。不同的职业类别，从业者具有不同的职业形象，如办公室管理人员和一线技术操作人员的职业形象就有很大差别。即使同一类职业，从业者的职业形象也会有很大差别。比如同为教师，语文教师儒雅，政治教师善辩，数学教师精细，美术和音乐教师具有艺术气质。

二、职业形象的构成

谈起职业形象，不少人只想到从业者的外在形象，如容貌、装扮、言谈等，这是片面的。职业形象是一个复杂的系统，这个复杂的系统包括内在系统和外在系统，又分为三个层面，即思想层面、行为层面和外在层面，每一个层面内部又由一系列的形象要素构成。思想层面是职业形象的核心系统，是指世界观、人生观、价值观、职业理想、职业信念、职业道德等一系列要素。行为层面是指为人处世行为、人际交往行为和工作行为等，它是职业形象的运作系统。外在层面是公众通过感官直接感知到的系统，包括仪容、仪表、举止、言谈、精神状态等一系列外在要素。

一个人的职业形象有内在和外在两种主要因素。内在因素包括职业道德、职业责任感、职业认知和职业心理特征等，它代表职业形象的内涵。外在因素主要是指一个人展示出来的仪容、仪表、言谈、举止、姿态、风度等，是职业形象的外显。

古人云："诚于中而形于外。"良好的职业形象正是内在美与外在美的完美统一，是一个人的仪表姿态、语言风格、行为举止、学识修养、个性心理等诸多因素的综合。美好的外在形象固然能给人留下审美愉悦，但若没有人格、情操、修养、智慧、才能等内在形象作为基础，那也只是肤浅的装饰。只有两者兼备，才能做到表里如一，卓尔不群，才能赢得事业的成功。

三、职业形象的作用

职业形象和个人职业发展有着密切联系。

（一）职业形象影响求职成败

虽说"人不可貌相，海水不可斗量"，但在求职面试时，面试官没工夫研究求职者的"海"有多深，在短暂的接触中，就按下了其职业形象的无声"快门"。许多人力资源部门在招聘员工时，对应聘者职业形象的关注程度远远高于

我们的估计，因为他们认定，那些职业形象不合格、职业气质差的员工不可能在同事和客户面前获得高度认可，极有可能令工作效果大打折扣。因此，求职面试时，如果能够展现得体的装扮，表现出自信与才华，又让人觉得谦虚有教养，就能给面试官留下良好的第一印象，也就容易在大批应聘者中脱颖而出。

【拓展阅读】

修养是第一课

22 名即将毕业的大学生被导师带着到国家某部委实验室里参观。全体学生坐在会议室里等待部长的到来。这时有秘书给大家倒水，同学们表情木然地看着她忙活，其中一个还问了句："有绿茶吗？天太热了。"秘书回答说："抱歉，刚刚用完了。"林晖看着有点别扭，心里嘀咕："人家给你倒水还挑三拣四。"轮到他时，他轻声说："谢谢，大热天的，辛苦了。"

门开了，部长走进来和大家打招呼，不知怎么回事，静悄悄的，没有一个人回应。林晖左右看了看，犹犹豫豫地鼓了几下掌，同学们这才稀稀落落地跟着拍手，由于不齐，越发显得零乱起来。接着，部长送部里的纪念手册给同学们，大家都坐着，很随意地用一只手接过部长双手递过来的手册。只有林晖礼貌地站起来，身体微倾，双手握住手册，恭敬地说了一声："谢谢您！"部长闻听此言，面露笑容。

2 个月后，毕业分配表上，林晖的去向栏里赫然写着国家某部委实验室。有几位颇感不满的同学找到导师："林晖的学习成绩最多算是中等，凭什么选他而没选我们？"导师笑道："是人家点名来要的。其实你们的机会是完全一样的，你们的成绩甚至比林晖还要好，但是除了学习之外，你们需要学的东西太多了，修养是第一课。"

（资料来源：建德市住房和城乡建设局网站，《修养》）

（二）职业形象影响个人业绩

有一位企业经理讲过这样一件事情："有一次，我同某销售公司经理共进午餐。每当一位漂亮的女服务员走到我们桌子旁边，他总是目送她走出餐厅。我对此感到很气愤，我感到自己受到了侮辱，心里暗想，在他看来，女服务员的两条腿比我要对他讲的话更重要。他并没有听我说话，他简直不把我放在眼里。这样的人居然是一家公司的销售经理，看来这家公司的整体素质的确不怎么样。"于是，这位经理取消了和这家公司的合作。业绩型职业人首当其冲受职业形象影响，如果其职业形象不能体现专业度，不能给客户带来信赖感，所有的技巧都是徒劳，特别是对一些进行非物质性销售工作的职业人，客户认可更多的是人本身，因为产品对他们来说是虚的。即使是非业绩型职业人，如果职业形象欠佳，肯定影响与合作伙伴和公司同事的合作，从而影响工作成绩。一项调查显示，职业形象直接影响收入水平，那些更有形象魅力的人收入通常比一般同事高 14%。

（三）职业形象影响职场前途

著名形象设计公司 CMB 对 300 名金融公司决策人的调查显示，成功的形象塑造是获得高职位的关键。获得上司认可是晋升的核心要素之一，如果在上司面前因为职业形象问题导致误会、尴尬甚至引发上司厌恶，业绩再好也难有出头之日。如果在同事面前因为职业形象问题被离群、被孤立、被排斥，同样封闭了自己晋升的空间。

职业形象的影响可谓无处不在，对于招聘面试官，它影响着你是否能赢得职位；对老板和同事，它影响着你的团队合作效率和升迁仕途；对客户来讲，它影响着你的生意订单；对下级来说，它影响着你的权威。可以这样说，职业形象决定着职业命运。因此，每个职业人都要有意识地塑造良好的职业形象，不仅充分展示优雅得体的风貌，更要展现敬业、精业、乐业的职业态度，随时随地树立和维护自己的职业形象，通过自己的职业形象体现自身的价值。

【拓展阅读】

吃饭吧嗒嘴被炒鱿鱼

今年三十出头的惠先生恐怕是忽视职业形象的最大受害者之一。他前不久被公司解聘了，被解聘的原因是他吃东西有吧嗒嘴的“恶习”。

惠先生本来在一家外资咨询公司做咨询顾问。他在工作业务、交际能力、与人沟通等方面都做得相当不错，在公司工作 5 年，是公司的业务骨干。

但有意思的是，他吃饭吧嗒嘴的“恶习”和他在公司的业务能力一样很有名气。员工们在集体餐厅统一用餐，相隔 10 米都能听到小惠用餐时吧嗒嘴的声音。起初，大家尽管对此有意见也没有人当面提出，总是能躲避就尽量躲避。后来公司换了一个新的一把手，对小惠的这种个人习惯很是反感。新老板在公共场合多次提醒：员工的一些个人行为如果影响到公司其他员工的话，就应该自觉改掉坏习惯。但小惠没有意识到这话是老板故意说给他听的，用餐时一如既往。

一次，老板和小惠一起接待一位重要的客户，在等待客人的途中老板又提醒：“你现在不是代表你个人，而是代表公司，待人接物一定要注意细节。”

结果在饭桌上，小惠陪客人吃饭照样吧嗒嘴，弄得老板很尴尬。

（资料来源：中国网，《吃饭吧嗒嘴竟被炒鱿鱼　专家解惑职场困扰》）

四、塑造形象的原则

现代社会中，人人都在推销自己，形象便是个人的商标。要让自己成为畅销产品，就要把自己包装成名牌，也就是必须拥有自己的黄金形象。那么，如何塑造良好的职业形象呢？以下是 4 条基本原则。

（一）匹配职业特征

职业形象要与职业紧密结合，其中最重要的是体现出在职业领域的专业性。

任何显得不够专业化的形象，都会让人认为从业者不适合其职业。

专业形象的设计，首先要在衣着上尽量穿得像这个行业的成功人士，宁愿保守也不能过于前卫时尚。要了解该行业和企业的文化氛围，把握好特有的办公室色彩，谈吐和举止中要流露出与企业、职业相符合的气质。要注意衣服的整洁干净，特别要注意尺码合适。衣服的颜色要选择皮肤的中性色，注重现代感，把握积极的方向。

此外，成熟稳重是专业形象的关键，在工作中一定要表现出自身的成熟，尽量避免脸红、哭泣等缺乏情绪控制力的表现。在言谈中要表现出足够的智慧、幽默、自信和勇气，少用“嗯”“哦”“呵”等语气词，这会使你看起来更果断而可靠。

（二）体现企业形象

任何企业都有属于自己的独特形象。良好的企业形象可以使企业在市场竞争中处于有利地位，受益无穷。平庸乃至恶劣的企业形象无疑会使企业在生产经营中举步维艰，贻害无穷。

企业形象不仅靠各项硬件设施建设和软件条件开发，更要靠每一位员工从自身做起，塑造良好的职业形象，员工的一言一行直接影响企业的外在形象。管理学家怀利在《公司形象》一书中指出：“如果通过外表、行为和客户的关系，公司的职员能传达公司的价值，这个公司就是成功的企业。”纽约州立大学对《财富》前1 000名公司的执行总裁进行了调查，总裁们普遍认为，如果公司员工能展示给客户一个良好的形象，公司可以从中受益。员工的形象等于公司的形象，公司的形象直接影响着公司的利润。

因此，许多跨国公司不惜重金为员工进行形象培训和设计，以提高员工个人素质。被誉为“世界第一CEO（首席执行官）”的通用电气公司董事长杰克·韦尔奇和任何在位的CEO一样，严格地“清除园中的杂草”，那些“杂草”是以其形象来判断的。他定期查看员工照片，那些肩膀低垂、睡眼惺忪或耷拉着脑袋的人，他就毫不犹豫地指出来，说：“这家伙看起来半死不活的！他能干好什么？为什么不把他调走？”他还从应聘者的外表来决定是否录用，在市场营销方面，他会聘用那些外表英俊、谈吐流畅的应聘者。

一名员工如果没有维护企业形象的意识，他肯定是一名不合格的员工。作为员工，不管走到哪里，都要始终记得自己所属的公司，记得维护公司形象，这是员工的基本职业道德。

（三）突出个人风格

随着社会的开放和时代的进步，职场人士的思维和性格越来越差异化、个性化，对自己职业形象价值的认识和细节的关注也达到了前所未有的高度。

职业形象的功能在于自我表达和与人交流，在于打造个人品牌。如果在形象上千篇一律，没有个性，即使再得体、再职业化也是不成功的。比如，就外在形象来说，首先要对皮肤、相貌、体形、内在气质进行对比、测量和分析，了解到自身的优缺点，然后再针对这些细节去寻找最适合的设计：服装用色、款式、质地、图案，鞋帽款式，饰品风格与质地，眼镜形状与材质，发型等要搭配得恰到好处。

（四）注重日积月累

职业形象的培养讲究内外兼修。古语说得好：“腹有诗书气自华。”内在修养是提高职业形象的根本源泉，需要日积月累，不可能一蹴而就。

即使是外在形象的塑造，也绝非一日之功，也需要职业人日积月累，长期坚持。尽管不少书籍里提到了各种“短平快”的形象包装术，但没有长时间的行为习惯训练，只是暂时地掩盖或修饰，并不能真正塑造良好的职业形象。反之，一个人形成了一以贯之的行事风格，无论什么场合，都能展示自己的形象。例如，你喜欢微笑交流，即使打电话，对方也能听出你的“笑容”。你做事向来井井有条，手里的项目再多，老板也是信任无比。你从不大话连篇，即使低调出场，下属对你也是信心百倍。

因此，塑造职业形象贵在实践，贵在自觉，贵在坚持。从点滴做起，从现在做起，日积月累，就一定能达到目的，取得成功。

【拓展阅读】

扫一扫，测一测

周总理的职业形象

周恩来总理在南开大学读书时，就特别注意自己的形象，他在大立镜旁糊了一面“纸镜”，上面写着：“面必净，发必理，衣必整，纽必结，头宜正，肩宜平，胸宜宽，背宜直，气象勿傲勿怠，颜色宜和宜静宜庄。”他通过语言、举止、服饰、态度和作风，把一个人良好的文化修养、渊博的学识、精深独到的思辨力等，自然地转化成了外在的形式，尽显了伟人的巨大魅力。就是这种形象魅力，为当时的中国外交工作增添了不可磨灭的风采，使中国人在国际上扬眉吐气。

（资料来源：人民网，《名人座右铭》，http://www.people.com.cn）

第二节　内在职业素养

无论从事什么职业，都要具有职业素养。职业素养是人们在社会活动中需要遵守的行为规范，是一个人职业生涯成败的关键因素。只有具备了良好的职业素养，才能掌握通向就业之门和成功之门的钥匙。

一、职业素养的含义

职业素养也称为职业素质，是职业的规范和要求，是在职业过程中表现出来的综合品质，包括职业道德、职业意识、职业作风、职业行为、职业技能等。

职业道德是与职业活动紧密联系，符合职业特点和要求的道德准则、道德情操与道德品质的总和。其基本规范是爱岗敬业、诚实守信、遵纪守法、团结协作、奉献社会。每个从业人员，无论从事哪种职业，在职业活动中，都要遵守职业道德。如教师要遵守教书育人、为人师表的职业道德，医生要遵守救死扶伤的职业道德。职业道德不仅是从业人员在职业活动中的行为标准和要求，而且是本行业对社会所承担的道德责任和义务。职业道德是社会道德在职业生活中的具体化。

职业意识是指人们对职业活动的认识、评价、情感和态度等心理成分的综合反映以及对职业所持的主要观点，是支配和调控全部职业行为和职业活动的调节器，它包括创新意识、竞争意识、协作意识、自律意识和奉献意识等方面。职业意识具有社会条件，也具有鲜明的行业或企业个性。从事任何职业，都应有强烈的职业意识，扮演好自己的职业角色，克服个人偏好，克服个性弱点，约束自己的职业行为。

职业作风是指从业者在其职业实践和职业生活中所表现的一贯态度，也是职业道德在从业者职业行为中的习惯表现。良好的职业作风的外在表现是敬业精神。敬业与否决定着职业作风的优劣，而职业作风的优劣又直接关系到其供职单位的信誉、形象和效益。职业作风具有潜移默化的相互影响作用，从某种意义上讲，职业作风关系到行业企业的兴衰成败。优化职业作风，就要纠正行业的不正之风，以职业道德规范职业行为。

职业行为是指人们对职业活动的认识、评价、情感和态度等心理过程的行为反映，是达到职业目标的基础。从社会学的角度，职业行为划分为社会行为和个人行为两大类。社会行为是他律的结果，有三个方面：由国家、工作单位领导层决定的市场经济行为，不论何种职业岗位在遵从国家法律、法规、单位规章制度以及现实社会的理论道德所表现出来的社会规范行为，必须履行与完成的例行工作任务和积极主动工作的目的任务行为。个人行为是自律的结果，是自我约束、自我表现的结果，如在工作中表现出来的敬业、勤奋、进取、合作等精神，以及个人的喜怒哀乐、兴趣爱好、言行、衣着、审美观、价值观等。

职业技能是指人们从事某种职业所应掌握、运用的技术理论知识和专门技术的实际操作能力。依据我国的具体情况，职业技能水平如何，要通过政府授权的考核鉴定机构，按照国家规定的职业标准，进行客观公正、科学规范的评价，也就是职业技能鉴定。职业技能鉴定是国家职业资格证书制度的重要组成部分。

二、职业素养的构成

美国学者莱尔 · M. 斯潘塞（Lyle M. Spencer）和塞尼 · M. 斯潘塞（Signe M. Spencer）在《工作素质：高素质管理》一书中，从特征的角度提出了“素质冰山模型”。如果把一个员工的全部素质看做一座冰山，浮在水面上的是他所拥有的行为、知识和技能，这些是员工的显性素质，约占 1/8，可以通过各种学历证书、职业资格证书来证明，或者通过专业考试来验证。而潜在水面之下的是他的态度、价值观、个性品质、动机（内驱力）等，这些是员工的隐性素质，约占 7/8，也反映出该员工的职业道德、职业意识、职业态度。显性素质和隐性素质的综合就构成了一个员工所具备的全部职业素质。

素质冰山模型把个体素质形象地描述为漂浮在海面上的冰山，其中知识和技能是属于裸露在水面上的表层部分，这部分是对任职者基础素质的要求，可以通过有针对性的培训获得，也是容易被模仿的，但它不能把表现优异者与表现平平者区别开来。而潜藏于水下的深层部分的态度、价值观、个性品质、动机（内驱力）等，才是区分优异者和表现平平者的关键因素。相对于知识和技能而言，这部分不容易被观察和测量，也难以评价，需要从具体的行为中推测出来。

隐性素质支撑着显性素质，在深层次上影响着一个人的发展。在人才选拔中，这部分内容最具有选拔的预测价值。因此，我们要以培养显性职业素养为基础，以培养隐性职业素养为重点，全面养成良好的职业素养。

【拓展阅读】

参赛细节折射职业素养

2008年，在全国职业院校技能大赛高职组“注塑模具CAD与主要零件加工”的比赛中，个别参赛选手用加工后的工件撞击平板，以清理工件上的废铁屑。这被在大赛赛场观摩并招聘的企业家看到，他们表示：“这是违反操作规程的做法，说明学生平时职业素养训练不够。企业招聘，对于职业素养缺乏的人，技能再高，企业也不能要。”因为平板是机械测量中最常用的基准定位器具，也称为平台。平板用于工件检测或画线，其工作面作为平面基准，用来校对和调整其他测量器具或作为标准与被测件进行比较，用于形位误差和测量。如果用金属物件在上面撞击，势必造成平板质量问题，破坏它的精度，也给后续参赛选手造成成绩评判的误差，这是模具设计与制造专业的学生应该具备的职业常识。所以，看似简单的细节，却反映了参赛选手的职业素养。

（资料来源：戴裕葳．高职学生职业生涯规划与就业创业指导．北京：高等教育出版社，2010）

专家分析，大学毕业生应聘失败有很多原因，其中缺乏职业素养是主要原因。近年来，企业越来越注重员工的职业素养，特别是其中反映基本道德准则的真诚与忠诚度、反映敬业的责任心、反映纪律性的服从意识、反映团队精神的合作能力、反映高效率的目标设定和主动工作理念等，成为企业衡量应聘人员的首要标准。

【拓展阅读】

著名企业的用人标准

宝洁：八项基本原则

宝洁公司对人才素质的要求归结为八个方面：领导能力、诚实正直、能力发展、承担风险、积极创新、解决问题、团结合作、专业技能。这8个方面是并列的，没有先后顺序，诚实正直和专业技能一样重要。

壳牌：CAR潜质

壳牌招聘人才主要是着眼于未来的需要，所以十分看重人的发展潜质。壳牌把发展潜质定义为“CAR”，包括三部分内容：①分析力(Capacity)：能够迅速分析数据，在信息不完整和不清晰的情况下能确定主要议题，分析外部环境的约束，分析潜在影响和联系，在复杂的环境中和局势不明的情况下能提出创造性的解决方案。②成就力(Achievement)：给自己和他人有挑战性

的目标，出成果，百折不挠，能够权衡轻重缓急和不断变化的要求，有勇气处理不熟悉的问题。③关系力(Relation)：尊重不同背景的人提出的意见并主动寻求这种意见，表现诚实和正直，有能力感染和激励他人，坦率、直接和清晰地沟通，建立富有成效的工作关系。

IBM：高绩效

IBM需要“高绩效”的人才，在IBM的“高绩效”文化中，主要包括以下两个方面：“Win”——必胜的决心，“Team”——团队精神。

微软：雇用有潜质的人

比尔·盖茨说，在我的公司里，我愿意雇用有潜质的人，而不是那些有经验的人。因为从长远来看，潜质更有价值。如果雇员以加薪或者提升作为条件威胁要辞职，那么即使会造成短期的麻烦局面，我也让他们走，因为不受眼前因素左右的雇佣政策将有利于公司的长远发展。

GE：不拘一格

通用电气公司(GE)从不在意员工来自何方，毕业于哪个学校，出生在哪个国家。GE拥有的是知识界的精英人物，年轻人在GE可以获得很多机会，根本不需要论资排辈，GE有许多30岁刚出头的经理人。他们中的大部分则在美国以外的国家受教育，在提升为高级经理之前，他们至少在GE的两个分公司工作过。

（资料来源：中国水泥网，《著名企业的用人标准》，http://www.ccement.com）

三、核心职业素养

这里所说的核心职业素养，是指企业格外看重的职业素养，也是员工不可或缺的职业素养。

（一）专业素养

专业素养是指从事社会职业活动所必备的专业理论及相关知识以及运用这些理论知识解决实际问题的能力。简单地说，就是指专业知识和专业能力。

大学毕业生的专业理论知识主要有本学科理论知识、跨学科理论知识和综合交叉学科理论知识三大领域。专业能力是运用专业知识分析问题和解决问题的能力，包括阅读、资料查阅、写作、社会调查、观察、运算、实验、自学等方面的能力。大学毕业生的专业素养反映了他们在某种职业活动中运用专业知识、专业能力解决工作实际问题的水平。

在很多人眼里，大学是很轻松的时期，课程压力小，作业少，有很多课余时间，没有人天天管着，自己想干什么就干什么。其实不然，一个人若想获得成功，想在将来做出一番事业，大学应该是他最充实、最辛苦的时期，要充分利用这个时期有意识地培养自己的专业素养，为将来的发展打下基础。读大学，就像建一座房子，专业知识就是建造过程中所用的材料，能力就是建造过程中所用的手法以及学到的技能和经验，二者缺一不可。没有专业知识，则是巧妇难为无米之炊，建造房子无从谈起。没有能力，房子也无从建起，将来也没有能力去维修房子。专业知识是将来工作的基础，没有扎实的专业知识，工作寸步难行。

专业知识的学习，首先要学好课本，紧跟教师，先把课本知识吃透，然后以此为中心，广泛涉猎其他方面的知识。专业的学习模式应该是个金字塔形，塔底代表广泛的知识，塔尖代表专业知识中最核心的部分。塔底是对塔尖的支撑，只有基础广泛、牢靠，塔尖才能做得更高。专业的学习也是获得原材料的过程，既要处处撒网，也要有所选择。专业能力也是非常重要的，只有丰富的知识，却不知道如何运用，那是有货倒不出，只是个储存知识的仓库，不能解决实际问题。能力从哪儿来？能力的培养是一个漫长的过程，必须多参加各种活动，在活动中运用知识解决问题，不断积累。

（二）敬业精神

朱熹说，敬业者“专心致志，以事其业也”。意思是说，对待自己所从事的职业要尽心尽力，专心致志。敬业就是用一种极端负责的态度对待自己的工作，勤勤恳恳、兢兢业业、忠于职守、尽职尽责，其最高境界体现为精业。精业通过对职业工作的极端负责任、对技术的精益求精表现出来。敬业精业是爱岗乐业情感的进一步升华，是对职业责任、职业荣誉的深刻认识。

敬业精神是一种优秀的职业品质，是职场人士的基本价值观和信条。敬业精神是职业精神的首要内涵，是职业道德的集中体现。在经济社会中，一个人要想获得成功或得到他人的尊重，必须对职业、对工作保持敬仰之心，视职业、工作为天职。如果总是对工作抱怨、不满、吹毛求疵，就会使自己发展的道路越走越窄，甚至步入失业人员的行列。敬业不仅是一种精神，更是一种能力，所有的能力只有通过敬业才能体现出它的价值。一个人能力再强，如果他不愿意付出，他就不能为企业、为团队创造价值。而一个人愿意为企业、为团队全身心付出，即使能力稍逊一筹，也会发挥潜能，为团队增色。

搜狐总裁张朝阳说：“我们公司招聘人的标准是敬业精神。敬业精神是个比较感性的概念，但实行起来，就可以明显感受出来。因为，是否把工作当作自己生活中一件很重要的事情，是否为了干好工作与别人协作好、配合好，这些是很容易看出来的，我们需要的就是这种具备敬业精神的员工。”

【拓展阅读】

值得托付生命的人

华益慰2006年当选为感动中国的十大人物。他是著名医学专家，一生兢兢业业，被患者誉为“值得托付生命的人”。他做过数千例手术，挽救了许多患者的生命，没有出过一次医疗事故和差错。从医56年，华益慰只做着一件事，那就是对得起病人。妻子张燕容是他的同学、同行，共同相处了几十年，说到丈夫，她只是淡淡地说：“他也就是尽到了一个做医生的职责，做一个医生分内的事情，只不过他做得比较认真。”

（资料来源：新浪网，《2006感动中国年度人物：华益慰》）

要做到敬业，我们必须牢记以下两点。

1. 态度决定一切

态度是人们对某种现象或事情相对稳定的心理倾向。态度是内心的一种潜在意志，是个人的能力、意愿、想法、价值观等在工作中的外在表现。每个人都有自己的工作态度，有的勤勉进取，有的悠闲自在，有的得过且过。工作态度决定工作成绩。态度越主动积极，前程越光明美好。用什么样的态度面对人生，就会拥有什么样的人生。

很多时候，影响成败的不是事情本身，而是做事的态度。世界上没有卑微的工作，只有卑微的态度。无论你从事的工作多么琐碎，都不要轻视它。形形色色的工作岗位没有高低贵贱之分，只有所负责任的不同，每一件事都值得用心去做。只有不看轻自己工作的人，才会成就大事，才能在激烈的竞争中立于不败之地。

【拓展阅读】

小小洗车工

小王在一家汽车美容店里洗车，这家店开业已经3年有余，店里的工人换了一批又一批，只有小王一直留在店里。

小王来自偏远山区，家境贫寒，妹妹还靠他每月寄回的钱读书。他沉默寡言，总是埋头干活儿，从不多言多语。一些自以为聪明的同事把小王当傻子，他们总把最脏最累的活儿交给小王，而小王从不去找老板申诉。每次洗完车，其他洗车工都坐在一起休息，聊天，只有小王拿着抹布围着车前后转圈，发现有不干净的地方赶紧再去擦拭干净。

老板新开了一家分店，小王被任命为分店经理。其他洗车工很不服气：“他凭什么呀？傻乎乎的，我们每个人都比他强！”

2. 工作无小事

老子曾说：“天下难事，必作于易；天下大事，必作于细。”这句话精辟地指出了想成就一番事业，必须从简单的事情做起，从细微之处着手。每个人所做的工作都是由一件件小事构成的，所做的每一件看似琐碎的小事，往往起着关键作用。只有把小事做好，在小事中不断积累经验，培养踏实果断的工作作风，才能在小事中不断提高工作水平。如果眼高手低，不屑于细小工作，不把细小工作做好，是永远干不好工作的。

如果能将“把小事做到位”当作一种习惯、一种工作态度，成功就离你不远了。

（三）诚信意识

诚信就是诚实守信。诚实就是真实无欺，既不自欺，也不欺人。守信就是重诺言，讲信誉，守信用。诚实守信是中华民族的传统美德，在我国传统道德中，它被看作“立身之本”“举政之本”“敬德修业之本”。孔子甚至认为可以“去兵”“去食”，而不可以无信。

秦末汉初楚国人季布，楚汉战争中做过项羽的大将，后来归顺汉高祖刘邦，担任河东太守，一生特别讲信用，只要答应办的事情就一定要办到，从没有失信于人。他以侠义闻名，重守诺言，因此人们常说：“得黄金百两，不如得季布一诺。”

1. 诚信待人

诚实守信是一种社会公德，是做人的基本要求。商业讲诚信，价格实惠，品质过关，才能生意兴隆。政治讲诚信，言出必行，表里如一，才能得到人民的支持。学术讲诚信，严谨治学，不剽窃抄袭，才能得到大家的认可。诚信做人才能够为自己建立良好的信誉，有了良好的信誉方能立足职场，深得老板、同事和客户的信赖与支持。

海尔从一个濒临倒闭的小厂逐渐成长为年销售额超过 2 000 亿元的国际知名企业，诚信是其中一个重要原因。海尔创业的第二年，当时国内市场电冰箱供不应求，戏称“纸糊的冰箱都能卖出去”，而就在这一年海尔砸掉了 76 台冰箱。这些冰箱有缺陷，很多人建议低价处理掉，而厂长张瑞敏却果断砸毁了这些冰箱。当时一台冰箱的价格为 800 多元，相当于一名职工 2 年的收入。这个被不少人认为是“败家”的砸冰箱事件，却砸出了中国家电行业唯一入选“中国十大驰名商标”的品牌，把“零缺陷”的质量意识砸进了海尔全体员工的意识里，也把诚信的海尔形象砸进了消费者的心中。

【拓展阅读】

李嘉诚：诚信就是资本

李嘉诚 1940 年跟随父亲逃难到香港，只上到小学就被迫中断学业，养家糊口，但他白手起家，构建了一个庞大的商业帝国，最终成了香港首富。

李嘉诚成功的核心秘密只有一个字：诚。他是从生产塑胶花开始创业的。创业之初，一位急需大量塑胶花的订货商来到他的公司，为了证明李嘉诚有供货能力，这个外商要求他必须拿出担保人亲笔签字的信誉担保书。还没有实力的李嘉诚磨破了嘴皮子，根本找不到担保人。但他和设计师通宵达旦，连夜赶出 9 款样品，期望能以样品打动批发商。第二天，当 9 款样品摆在批发商面前时，李嘉诚直率地告诉批发商：“承蒙您对本公司样品的厚爱，我和我的设计师，花费的精力和时间总算没有白费。我想您一定知道我的内心想法，我非常希望能与先生做生意。可我又不得不坦诚地告诉您，我实在找不到殷实的厂商为我担保，十分抱歉。”

批发商的目光落在李嘉诚熬得通红的双眼上，猜想这个年轻人大概通宵未眠。他对这些样品很满意，更欣赏李嘉诚的办事作风及效率。他微笑道：“这个担保人就是你。你的真诚和信用，就是最好的担保。”没想到李嘉诚拒绝了对方的好意，他说：“先生，能受到如此信任，我不胜荣幸之至！可是，因为资金有限，一时无法完成您这么多的订货。所以，我还是很遗憾地不能与您签约。”这番话使外商大受震动，他决定不管冒再大的风险，也要与李嘉诚合作一回。于是预付货款，为李嘉诚扩大生产提供资金。外商的鼎力相助，使李嘉诚在塑胶花市场上站稳了脚跟，由此成为塑胶花大王。

李嘉诚曾说：“必须以诚待人，别人才会以诚相报。”

（资料来源：中国经济网《李嘉诚：用诚信赢得天下》）

2. 忠诚于企业

在一项对世界著名企业家的调查中，当问到员工最应该具备什么品质时，他们无一例外地选择了“忠诚”。忠诚于企业是最宝贵的职业道德之一。很多公司招聘员工时，第一看重的不是能力，而是职业道德，因为能力可以通过培养获得，而改变一个人的职业道德却十分困难。在职业道德中，尤为看重员工对企业的忠诚度。

在现代人力资源管理中，员工与公司被普遍认为是一对互利共生体：公司拥有忠诚和有能力的员工，业绩才会有保证；员工必须依赖公司的平台才能获得物质报酬和满足精神需求。在这种合作关系中，合作双方能否相互忠诚是决定双方能否共赢的关键。如果员工失去了对公司的忠诚，也就失去了成功的关键。

曾任微软全球副总裁的李开复特别强调：“管理经验和沟通能力是可以在日后工作中学习的，而一颗正直的心是无价的。”他举了一个例子，一位曾经来应聘的求职者，在技术、管理方面都非常出色。但是，在谈论时他表示，如果微软录取他，他甚至可以把在原来公司工作时的一项发明带过来。随后他似乎觉察到这样说有些不妥，又特别申明：那项发明是他下班之后做的，老板并不知道。李开复说：“这一番谈话之后，不论他的能力和工作水平怎样，我都肯定不会录用他。原因是他缺乏最基本的处事准则和最起码的职业道德——诚实和讲信用。如果雇用这样的人，谁能保证他不会在这里工作一段时间后，把在这里的成果也当作所谓‘业余之作’而变成向其他公司讨好的‘贡品’呢？”

忠诚于公司最基本的一点是绝对不做有损于公司的事，不背叛自己的公司，最直接的行为是融入公司，和公司成为一个共同体，接受公司既定的规则、惯例、人际关系等。忠诚的日本职员常以“我家”来称呼自己所在的公司，在称呼对方所在的公司时也从不说“你们公司”，而是称“府上”。很多日本职员都把公司看成自己社会生活的核心，感情色彩极为浓厚。即使一个人辞职了，也很少去做反戈一击的事情，甚至依然会关心原公司的发展情况。

（四）团队精神

俗话说：“一根筷子轻轻被折断，十双筷子牢牢抱成团。”团队精神的重要性对于任何组织来说都是无与伦比的，大到国家，小到公司，都需要每个成员具有团队精神。一个人没有团队意识将难成大事，一个公司没有团队意识将成为一盘散沙，一个民族没有团队意识也将难以强大。可以这样说，团队精神决定组织成败。

团队精神是一种大局意识、协作精神和服务态度的集中体现。它不仅包含了与人沟通、交流的能力，而且特别强调与人合作的能力。团队精神的基础是尊重个人，核心是协作，最高境界是全体成员的向心力、凝聚力，它反映的是个体利益与整体利益的统一，进而保证组织的高效运转。

团队是为了实现共同的目标而集合起来的群体，需要全体成员心往一处想，劲儿往一处使；需要分工协作，优势互补；需要团结友爱，关怀帮助；需要风雨同舟，甘苦与共。在这个世界上，任何一个人的力量都是渺小的，只有融入团队，与团队一起奋斗，才能实现个人价值的最大化，才能成就自己的卓越。

【拓展阅读】

团队合作比优秀成绩更宝贵

一家咨询公司招聘高层管理人员，9名优秀应聘者经过初试，从上百人中脱颖而出，闯进了由公司老总亲自把关的复试。老总看过这9个人详细的资料和初试成绩后相当满意。然而，此次招聘只能录取3个人，所以老总给大家出了最后一道试题。

老总把这9个人随机分为甲、乙、丙3组。指定甲组的3个人去调查本市婴儿用品市场，乙组的3个人调查妇女用品市场，丙组的3个人调查老年人用品市场。老总补充道："为了避免大家盲目开展调查，我已经叫秘书准备了一份相关行业的资料，走的时候自己到秘书那里去取。"

2天后，9个人都把自己的市场分析报告送到了老总那里。老总看完后，站起身来，走向丙组的3个人，分别与之一一握手，并祝贺道："恭喜3位，你们已经被本公司录取了！"

面对大家疑惑不解的表情，老总说："请大家打开那天我叫秘书给你们的资料，互相看看。"原来，每个人得到的资料都不一样，甲组的3个人得到的分别是本市婴儿用品市场过去、现在和将来的分析，其他2组的也类似。老总说："丙组的3个人很聪明，互相借用了对方的资料，补全了自己的分析报告。而甲、乙2组的6个人却各自行事，互不联系，自己做自己的，使报告内容很片面。"他最后说："我之所以出这样一个题目，其实最主要的目的，是想看看大家的团队合作意识。甲、乙两组失败的原因在于他们没有合作，忽视了队友的存在。要知道，团队合作精神在现代企业里比什么都重要。"

（资料来源：南方网，《招聘者说：有比优秀成绩更宝贵的》）

（五）沟通能力

沟通是为了达到设定的目标，把信息、思想和情感在个人或群体之间传递，并且达成共同协议（共识）的行为过程。因为沟通是在人与人之间进行的，所以也称为人际沟通。

沟通能力是一个人生存与发展的必备能力，也是决定一个人成功的必要条件。2005年，美国著名的克莱恩咨询公司进行了一项调查，在讨论世界500强企业家成功的因素时，300位较成功的企业管理者中，85%的人认为自己之所以成功，是因为他们沟通和人际关系的能力胜人一筹，他们善于沟通，善于协调，善于把自己的理念、思维传递给他人，从而寻求到相应的帮助。而只有15%的人将成功归功于他的专业知识与他的运作技巧。

美国普林斯顿大学对1万份人事档案进行分析，结果发现，"智慧""专业技术"和"经验"只占成功因素的25%，其余的75%取决于良好的人际沟通。哈佛大学就业指导小组早在1995年的调查结果就显示，在500名被解职的男女中，因人际沟通不良而导致工作不称职者占82%。

麦可思的调查也显示，各类用人单位对员工最需要的基本工作能力中，沟

通能力名列前茅(见表 5-1)。

表 5-1 各类用人单位最需要的基本工作能力

用人单位类型	最主要的 3 项工作能力		
民营企业/个体	积极学习	有效的口头沟通	说服他人
国有企业	积极学习	疑难排解	服务他人
中外合资/外资/独资	积极学习	有效的口头沟通	说服他人
政府机构/科研事业	有效的口头沟通	积极学习	服务他人
非政府或非营利组织	批判性思维	有效的口头沟通	说服他人

（资料来源：麦可思——中国 2010 届大学毕业生求职与工作能力调查）

扫一扫，测一测

因此，从业人员要努力提升自己的沟通能力。沟通既富有科学性，又含有艺术性。提升沟通能力，不只是提升口头表达能力，更要在沟通中善用方法与技巧，重视沟通对象，恰当地选择沟通方式，克服沟通障碍，积极主动地与人沟通。

【拓展阅读】

老板们不喜欢什么样的人

下面几种类型的人，都是由于缺乏责任心而不受老板欢迎的。

1. 傲慢稚气型

明明是完全不懂，也装出一副万事通的模样。

2. 将错就错型

听不得别人的批评，一旦做错事被发现，就开始找借口和抱怨，最后不忘加上一句："这是没办法的事，怪不得我。"

3. 自吹自擂型

面试时自称在校成绩优异，但录用后却发现所言夸大其词。

4. 回避责任型

认为"我是新人，做错了可以原谅"，且该做的事常会忘记去做，缺乏责任感，拖拖拉拉。

5. 取宠敷衍型

一味讨好上司，对工作能赖就赖。

6. 骑驴找马型

手头工作不好好干，心里却想着要找另一份工作。

7. 肆无忌惮型

摆着一副"死猪不怕开水烫"的架势，我干不好怎么啦？

（资料来源：智通佛山人才网，《老板最不喜欢哪种新人》）

第三节　职场礼仪形象

礼仪就是礼节和仪式，是人们在社会交往活动中应共同遵守的行为规范和准则，就是以最恰当的方式来表达对他人的尊重。

心理学家做过一个试验，分别让一位戴金丝眼镜、手持文件夹的青年学者，一位打扮入时的漂亮女郎，一位挎着菜篮子、脸色疲惫的中年妇女，一位留着怪异头发、穿着邋遢的男青年在公路边搭车。结果显示，漂亮女郎、青年学者搭车的成功率很高，中年妇女稍微困难一些，打扮怪异的男青年很难搭到车。这个试验说明，不同的礼仪形象会有不同的际遇。

【拓展阅读】

"栽"在镜头前的尼克松

1960年9月26日，在芝加哥哥伦比亚广播公司的一个电视直播间里，总统候选人理查德·尼克松和约翰·肯尼迪站在摄像机和聚光灯前，进行了美国总统竞选历史上第一次电视辩论。

尼克松当时是美国副总统，肯尼迪不过是马萨诸塞州一名资历尚浅的参议员，此前的历次民意测验中，尼克松都领先肯尼迪。许多人认为，这将是一场一边倒的竞选，经验老到的尼克松肯定会胜出。但当天的电视辩论使尼克松受到致命一击，也因此将肯尼迪送上总统宝座。如果在广播中收听这场辩论，听众会认为两个人旗鼓相当，不分高下。但电视观众看到的却是另一番情景：一脸憔悴的尼克松对阵阳光活力的肯尼迪。

尼克松并非其貌不扬、精神萎靡之人，但他刚动过膝盖手术，脸色苍白，身体消瘦。更失败的是，他抹了较深色的男用粉底霜，在强烈的灯光下，显得面色铁青，神情疲惫，正如历史学家罗杰·巴特菲尔德所形容的："在全世界面前，他看起来好像一个不爱刮胡子和出汗过多的人，忧郁地等待着电视广告告诉他怎样不要失礼。"而肯尼迪不仅在事前进行了练习和排练，还专门跑到海滩晒太阳，积极进行体育锻炼，在电视屏幕里显得身材匀称、健康结实、精神饱满、活力四射，加之服饰得体，看上去神采奕奕、风度翩翩。

最后，肯尼迪以49.9%对49.6%的得票率战胜了尼克松。有评论称，战胜尼克松的不是肯尼迪，而是肯尼迪的形象设计师。

（资料来源：搜狐文化频道，《揭秘：尼克松电视辩论竞选因形象输给肯尼迪》）

一、礼仪基本原则

（一）尊重

古人云："敬人者，人恒敬之。"尊重是交际礼仪的灵魂，在与人交往中既要自尊又要尊重他人，尊重他人才能赢得他人的尊重。与人交往，不论对方的地位高低、

身份如何、相貌怎样，都要尊重其人格、劳动、价值，尊重他人的情感、思维方式和生活习惯。人与人之间相互尊重，才会减少摩擦与纷争，创造和谐的交际氛围。

【拓展阅读】

推销大王的奥秘

推销大王乔·吉拉德在15年里共推销出13 001辆小汽车，平均每年推销出867辆。他总结自己的成功秘诀，认为最主要的一点是尊重别人。有一次，一位妇女来到了他的汽车展室，他热情地接待了她。聊天的时候他了解到，这位妇女只是进来打发时间的，因为那天是她55岁生日，她已经想好要买邻店的福特牌汽车，只是那个店的小伙子说有事要出去，让她1小时后再来。乔·吉拉德听了以后，没有因为她不买汽车就厌烦她，而是立刻出去买了一束鲜花送给她，祝贺她生日快乐。这位妇女深受感动，最后买下了乔·吉拉德的汽车。乔·吉拉德的成功就在于把每个人都当成最重要的人物看待。

（资料来源：世界工厂网，《销售小故事一：乔·吉拉德的故事》）

（二）适度

适度就是把握分寸，恰到好处，是指在施行礼仪过程中，按照礼仪准则和规范，把握好与特定环境相适应的人们彼此间的感情尺度、言语尺度和行为尺度，以建立和保持健康持久的人际关系。在与人交往的过程中，我们要彬彬有礼，不卑不亢，不能低三下四，傲慢无礼；要热情大方，坦率真诚，不能虚伪客套，言过其实；要注重礼貌，优雅得体，不能夸张做作，过于拘谨。

（三）宽容

海纳百川，有容乃大。宽待他人是一种礼仪风范，体现了人的宽厚、雅量和忍耐。宽待他人的人，易于博得他人的爱戴和尊重。在交际活动中，我们既要严于律己，又要宽以待人。宽容待人要做到将心比心，多理解他人，多体谅他人，多容忍他人，不要求全责备，斤斤计较。

【拓展阅读】

六 尺 巷

清朝宰相张英的邻居建房，因宅基地和张家发生了争执。张英家人飞书京城，希望相爷打个招呼“摆平”邻家。张英看完家书淡淡一笑，在家书上回复：“千里家书只为墙，让他三尺又何妨；万里长城今犹在，不见当年秦始皇。”家人看后甚感羞愧，便按相爷之意退让三尺宅基地，邻家见相爷家人如此豁达谦让，深受感动，亦退让三尺，遂成六尺巷。这条巷子现存于安徽省桐城市内，成为中华民族谦逊礼让传统美德的见证。

（资料来源：百度百科，《六尺巷》）

（四）从俗

从俗就是交往各方都应该尊重对方的风俗、习惯，了解并尊重各自的禁忌。由于国情、民族、文化背景的不同，地区之间、人与人之间的风俗习惯会有比较大的差异，在交往中要坚持入乡随俗，尊重他人的生活条件、文化背景和风俗习惯，切忌目中无人，自以为是，触犯他人的禁忌。

（五）自律

自律是礼仪的最高境界，是指人们在没有任何监管的情况下，能够自觉按照礼仪规范约束自我、控制自我、反省自我。礼仪是一个人内在修养的外在表现，具有良好修养的人，持有高尚的道德信念和行为准则，养成“非礼勿视、非礼勿听、非礼勿行”的自觉性，无论在什么场合都用严格的礼仪规范约束自己的言行，使自己成为一个高尚的人，一个受人欢迎的人。

二、个人形象礼仪

一个人的形象会给他人留下第一印象，影响着与他人沟通的效果。重视个人形象礼仪既是尊重自己，也是尊重他人的表现。良好的个人形象体现一个人的文化修养、个性气质，帮助个体在社会竞争中更加自信，更好地实现自身价值。

个人形象礼仪主要是指仪表方面的礼仪。仪表是指人的外表，包括人的容貌、服饰、姿态、风度等，是一个人精神面貌和内在素质的外在表现。

（一）仪容

仪容指人的容貌。一个人即使天生丽质，如果不加修饰，体味难闻，也会让人敬而远之。清洁是仪容美的关键，人的身体从头到脚都应保持干净整洁，避免散发难闻的气味。

1. 头发

头发位于人体的“制高点”，打量一个人，首先看到的就是头发。修饰头发最重要的是保持整洁，要勤于洗头，保持干爽。发型的选择要与自己的职业、年龄、性格、脸形相配，力求美观大方，体现个性。职场上，男性发型应体现潇洒稳重，阳刚之气，女士发型应体现庄重大方，不失柔美。一般情况下，男士前部的头发不能遮住眉毛，两鬓的头发不要挡住耳朵，后面的头发不要碰到衬衫的领口，否则既不雅观，也容易弄脏衣领。女士在重要的场合长头发不应披散，以不过肩为宜，必要时要束发或盘发。

2. 面容

面容是仪表之首，面容的修饰举足轻重。每日至少要早晚洗脸两次，清除附在面部的污垢、汗渍等。为了养护面容，要保持足够的睡眠，多吃蔬菜水果，多喝水，摄入足够的水分和维生素，防止皮肤粗糙、干燥。

眼部是被人注意最多的地方，要时刻注意眼部的清洁，避免眼屎遗留在眼角。要让眼睛有充足的休息，长时间面对计算机、看书、看电视等会使眼睛疲劳，导致眼睛干涩，甚至出现异物感、肿胀感及流眼泪等症状，显得两眼无光。戴眼镜的人，要考虑眼镜与脸形的搭配，以增添美感。

注意鼻子内外的清洁，不要让人看到“乌溜溜”的鼻孔或长出鼻孔的鼻毛。有鼻涕要及时用手帕或纸巾擦干净，不应当众用手擤鼻涕、挖鼻孔、揪拔鼻毛。

保持牙齿清洁，坚持每天早晚刷牙。如果牙齿上不易去除的牙垢很明显，或牙齿发黄，可以去医院或专业的洗牙机构洗牙，使之看起来洁白、健康。不吸烟、不喝浓茶是防止牙齿变黄的有效方法。此外，要保持口气清新，以免对方反感。口香糖可以缓解口腔异味，但在正式场合嚼口香糖是不礼貌的，与人交谈时也应避免。咳嗽、打哈欠、打喷嚏时尽量避开他人，实在忍不住，要用手绢或手捂住嘴，并向他人道歉。秋冬季节要防止嘴唇干燥破裂。

耳朵容易被忽视，在洗头、洗脸和洗澡时，不要忘记洗耳朵。要及时清洁耳垢，但要注意安全，防止伤及耳膜。

3. 化妆

得体的化妆可令面容焕发光彩。在正式场合，女性化妆还是尊重他人的表现。化妆要与时间和环境相适应，白天一般略施粉黛即可，浓妆一般晚上才用。工作场合的妆容以清新、自然、淡雅最为合适。出席悼唁、丧礼场合，不宜化浓妆，也不宜抹口红。不要在公众场合当众化妆或补妆，应该在洗手间或没有其他人的地方进行。

（二）服饰

孔子说："君子不可以不学，见人不可以不饰。不饰无貌，无貌不敬，不敬无礼，无礼不立。"这说明服饰的作用十分重要。服饰是一种文化现象，也是一种无声语言，一个人的穿着能透露出其个性、身份、涵养及心理状态等信息。

1. TPO 原则

TPO 原则是国际上公认的正式社交活动的着装原则。TPO 是英文 Time（时间）、Place（地点）和 Object（目的）三个单词的首字母缩写。

"T"是指着装要考虑时间因素。时间因素包括一天的早中晚三个时间段，一年春夏秋冬四个季节，以及人的不同年龄阶段。以季节为例，夏季应当以凉爽、简洁、轻柔为着装格调，不宜穿着层叠褶皱过多、色彩浓重的服装。就年龄来说，年轻人的着装体现青春气息，清新、活泼最好，而年长者款式不宜太新潮。

"P"是指着装应与地点、场合相协调。着装场合有三种。一是公务场合，着装基本要求为注重保守，宜穿套装、套裙或者制服，此外还可以考虑选择长裤、长裙和长袖衬衫。二是社交场合，即聚会、拜会、宴会、舞会、音乐会等场合，其着装的基本要求为典雅、时尚、个性，宜着礼服、时装、民族服装等，不适合选择制服、工作服、牛仔装、运动装、沙滩装、居家装等服装。三是休闲场合，居家、健身、旅游、娱乐、购物都属于休闲场合，着装的基本要求为舒适、自然、方便，适合选择的服装有居家装、运动装、休闲装、沙滩装等各种非正式的便装。

"O"是指着装打扮要考虑活动的目的，也就是通过着装留给别人什么印象。比如，出席正式的商务洽谈时选择正装，表明对活动的重视和对对方的尊重，而选择暴露、性感的服装会被视为对自身的重视远远超过对工作的重视。

2. 男士西装

西装是全世界最流行的正装，是职场男士必不可少的装备。西装面料应该挺括、坠性好，一般宜选择全毛料制作的西装。颜色上宜选用黑色、深蓝色、深灰色等深色调，这样对任何正式场合均适宜。

（1）西装的款式。按照上衣的纽扣数量来划分，西装有双排扣和单排扣两种。最常见的单排扣西装有1粒纽扣、2粒纽扣和3粒纽扣3种，在非正式场合可以不扣，以示洒脱。在正式场合，2粒纽扣的西装讲究“扣上不扣下”，3粒纽扣的，要么只扣中间那粒，要么扣上面两粒。双排扣西装上衣最常见的有2粒、4粒、6粒纽扣3种，穿着时应把扣子都扣好，在坐下时可以解开下面的扣子，以免坐久了弄皱衣服，但站起来时不要忘记扣好解开的扣子。

（2）衬衣的搭配。衬衣以浅颜色居多，白色衬衣可以配所有西装。花衬衣、条纹衬衣可以配单色西装，单色衬衣可以配条纹或方格西装。如配有色衬衣，颜色一般选择与西装同色系，如深灰色西装配浅灰色衬衣。衬衣大小以领口大小为准，一般衬衣穿好后，扣好扣子，领子的大小以能塞进一个手指头为好。衬衣领头要硬挺，切忌软塌塌。穿好后，衬衣领子应高出西装领子约1 cm，袖子应长出西装袖口1.5~2.5 cm。穿西装时，衬衣下摆应塞进裤腰里。打领带时，衬衣所有的扣子都要扣好，不打领带时，最上面的扣子不扣。

（3）领带的选择。领带是西装的灵魂。一般男士全身服饰的色彩不超过3种颜色，领带的颜色应与衬衣、西装相配，深色西服宜配深色领带，浅色西服宜配浅色领带，领带颜色与西服颜色相近，也可略深于西服。

（4）鞋袜。黑色皮鞋是“万能鞋”，它能配任何一种深色西装。灰色的鞋子绝不宜配深色西装，浅色的鞋也只可配浅色西装。穿西装忌穿旅游鞋、套鞋或布鞋。袜子最好与西裤颜色相同或与皮鞋颜色相同，切忌选配白色袜子或尼龙丝袜。袜筒不可过短，否则坐下来时露出小腿上的皮肤是很不雅观的。

（5）注意事项。西装穿上身前一定要拆除衣袖上的商标。西装口袋要少装或不装东西，以防走样或变形。外衣袋除了放用来装饰的真丝手帕外，不要再放其他任何东西。内侧衣袋可以放钢笔、钱夹或名片夹，外侧下方的两个大口袋原则上不放东西。

3. 女士套裙

西装套裙是职业女性的最佳选择。职业女性着西装套裙，显得精明、干练、优雅、成熟。套裙有两件套和三件套之分，两件套由上装和一条半截裙构成，三件套则在两件套基础上加一件背心。

（1）套裙颜色。套裙颜色力求淡雅，以深色、中性色为主，不宜选用过于鲜亮、刺眼的色彩。黑、白、灰、蓝、藏青等颜色，能给人稳重、端庄、高雅之感，都是格调雅致的配色。穿着同色套裙，可以采用不同色的衬衣、领花、丝巾、胸针、围巾等衣饰来点缀。

（2）套裙面料。套裙面料不一定要高档华贵，但要同质同色，而且一定要剪裁得体，做工精细，这样穿起来才能大方得体、精神焕发。做工粗糙，过大、过小、过肥或过瘦的套裙，都不要贸然穿着。粗呢、厚毛料、宽条绒等布料如使用不当，使胖人看上去更胖，会增加笨重的感觉。发亮的料子，如绸缎和化纤面料，使人看上去丰满，大花型的毛料有扩张感，小花型的面料使丰满的人看上去苗条。套群上下应选用同一种面料。

（3）配套衣物。穿着套裙，与其搭配的衬衣、内衣、皮鞋、丝袜一样不可少。衬衣要端正雅致，除了标准的白色衬衣外，只要颜色不过于鲜艳，且与套

裙颜色协调的衬衣，均可选用。穿套裙一定要穿内衣，且内衣不要外露或外透。穿套裙时，要穿配套的高跟、半高跟的船形皮鞋或盖式皮鞋，系带式皮鞋、丁字式皮鞋、皮凉鞋都不宜与套裙搭配，更不可穿布鞋、旅游鞋。此外，一定要穿高筒丝袜或连裤袜，袜子首选肉色，有时可选与衣服相配的黑色或灰色。

（三）表情

表情是人的无声语言，能真实反映人的思想、情感及其心理活动变化。心理学家认为，感情的表达=言语7%+声音38%+表情55%。可见表情在人与人的沟通过程中占有相当重要的位置。目光和微笑是最能够表达感情的两种表情。

1. 目光

目光就是眼神，也称为眼语，是面部表情的核心。印度诗人泰戈尔说："一旦学会了眼睛的语言，表情的变化将是无穷无尽的。"眼睛是心灵的窗口，因为心灵深处的想法都会自觉不自觉地从眼神中流露出来。

（1）目光的角度。在注视他人时，目光有平视、俯视、仰视、侧视等不同的角度。平视代表平等、友好、真诚、不卑不亢。俯视常给人高高在上、不易接近或傲慢冷漠的印象。仰视表示尊重、敬畏之意，适用于面对尊长，也可以表示胆怯、担忧，没有信心或谦卑。侧视即斜视对方，在任何时候都是失礼的。

（2）投注的范围。在人际交往中，目光注视的部位不仅反映双方的关系，也说明自己的交往态度。在公务活动中，目光宜投注在对方前额中部到双眼的正三角区域，表示公事公办、严肃郑重。一般社交场合，则可投注在对方两眼到嘴的倒三角区域，表示亲切温和，融洽和谐。如长时间谈话，除了不时与对方做必要的目光交流外，要把目光更多地投注在对方的嘴和脖子区域。与人相处时，一般不宜注视对方的头顶、大腿、脚部、手部，更不要"目中无人"，越过对方的肩头，看向他身后的远处。面对非亲昵关系的异性，通常不应注视对方肩部以下的部位。

（3）注视的时间。向人表示友好时，一般注视对方的时间约占全部相处时间的1/3，向对方表示关注、重视，注视对方的时间约占全部相处时间的2/3。如果注视的时间过短，目光常游离躲闪对方，意味着回避或轻视对方。如果始终盯着对方，会被认为有敌意，或有寻衅滋事的嫌疑。当然，恋人之间、亲人之间可以长久地凝视。

2. 笑容

（1）笑的种类。微笑，唇部向上移动，略呈弧形，但牙齿不外露，表示满意、友好、不卑不亢，适用范围最广。微笑是人际交往的润滑剂，是表情中最能赋予人好感、增加友善和沟通、愉悦心情的表现形式。它可以缩短人与人之间的距离，可以化解令人尴尬的僵局，是沟通彼此之间心灵的渠道，使人产生安全感、亲切感、愉快感。英国诗人雪莱说："微笑，实在是仁爱象征，快乐的源泉，亲近别人的媒介。有了笑，人类的感情就能够沟通了。"

含笑，是最浅的一种笑，不出声，不露齿，只是面带笑意，表示接受对方，待人友善，适用范围较广。

轻笑，嘴巴微微张开一些，上齿显露在外，不发出声响，表示欣喜、愉快，多用于会见客户、向熟人打招呼等。

浅笑。笑时抿嘴，下唇大多被含于牙齿之中，多见于年轻女性表示害羞之时，通常又称为抿嘴而笑。

大笑，表现得太过张扬，一般不宜在严肃的商务场合中使用。

【拓展阅读】

微笑拯救了自己

20世纪30年代，有一位犹太传教士，每天散步时，总是和擦肩而过的路人打招呼："早安！"但在当时，很多人对犹太传教士比较反感，对他的态度也不友好。其中有一位名叫米勒的年轻人，对他更是冷漠。但传教士并未因此而改变，他仍旧在每天见面时，向这位年轻人道一句"早安！"终于有一天，这个年轻人脱下帽子，向传教士回了一句"早安！"

几年后，纳粹上台了，传教士和很多犹太人一起被抓获，准备送往集中营。当他们走下火车时，有一位军官对着这帮人喊着："左！右！"被指向左边的都是死路一条。轮到传教士时，他浑身颤抖地走上前去，当他绝望地抬起头时，一下子认出了眼前这位军官，习惯性地脱口而出："早安！米勒先生！"米勒面无表情，但却仍用一句低得只有两人能听见的声音说："早安！"随后，传教士被指向右边，那是一条生还的路。

（资料来源：陶静，《微笑是成功的开始》，《焦作晚报》，2012年6月28日）

（2）笑的禁忌。假笑，即笑得虚假，皮笑肉不笑。

冷笑，是含有怒意、讽刺、不满、无可奈何、不屑一顾、不以为然等意味的笑。这种笑，非常容易使人产生敌意。

怪笑，即笑得怪里怪气，令人心里发麻，多含有恐吓、嘲讽之意，令人十分反感。

媚笑，即有意讨好别人的笑，亦非发自内心，而来自功利性目的。

怯笑，即害羞或怯场的笑。如笑时以手掌遮掩口部，不敢与他人交流视线，甚至还会面红耳赤，语无伦次。

窃笑，即偷偷地笑，多表示洋洋自得、幸灾乐祸。

狞笑，即笑时面容凶恶，多表示愤怒、恐吓。

（四）举止

举止就是人的肢体活动，以及在活动中各种身体姿势的总称。举止也是一种无声语言。

1. 站姿

站姿是人的静态造型动作，是其他人体形态的基础。古人主张"站如松"，要求站立时像青松一样挺拔。正确的站姿要求身体自然站直，目光平视前方，重心在双脚后部，挺胸直腰，收腹提臀，双臂自然下垂置于身体两侧。男士站立时双脚分开与肩同宽。女士则要求双腿并拢，双脚呈"V"字形或"丁字

步”，这种站姿优美自然。女士站成“丁字步”时，可采取前搭手姿势，即双手置于腹前，左手搭在右手手背上。男士可采取后搭手姿势，即两手在身后相搭，贴在臀部，具有权威和阳刚特质。无论男女，站立时忌东倒西歪，重心不稳，双手不可叉在腰间或抱在胸前，显得盛气凌人。

2. 坐姿

正式场合的坐姿首先是从椅子的左侧入座，左侧走出。入座应该无声无息和不慌不忙。正确的坐姿应该是上身挺直，两肩放松，双手自然放在腿上，不可弯腰驼背。男士就座时，双脚平踏于地，双膝略微分开，双手可以掌心向下叠放于膝盖之上。女士就座时，双腿并拢，以斜放一侧为宜，双脚稍微有前后差别。正规场合通常只坐椅子的2/3，挺拔身体，正襟危坐。非正式场合可以随意一些，但也不要过于随意，可以跷二郎腿，但不能把跷起的脚或者脚底对着别人，不要把一条小腿叠放在另一条大腿上呈“4”字形，这是很失礼的举止。

3. 走姿

走姿很能体现一个人的精神风貌。古人要求“行如风”，即要求行走时如风行水上，轻快自然。正确的走姿应该是目光平视，两肩平稳，上身挺直，收腹立腰，步幅为1~1.5个脚长，手臂自然摆动，摆动幅度以30°为宜。步速应均衡、平稳，每分钟100~120步为宜。外八或内八式走姿都显不雅。男士脚步应稳重、大方、有力。女士脚步应轻盈、敏捷、有韵律，穿裙子时要走成一条直线，使裙子的下摆与脚的动作显示出优美的韵律感。

4. 蹲姿

当在公众场合要捡起掉落在地上的物品时，应一脚在前，一脚在后，站在所取物品的旁边，屈膝蹲下去拿，不要低头，不要弓背，要慢慢把腰部低下，一条小腿基本垂直于地面，另一只脚脚跟提起，脚掌着地，两腿合力支撑身体，掌握好身体的重心。女士如穿裙子下蹲，要注意背后的上衣自然上提，防止露出腰臀部的皮肉和内衣。即使穿着长裤，两腿展开平衡下蹲，撅起臀部的姿态也不雅观。

三、职场交往礼仪

（一）见面礼仪

1. 介绍

介绍是人与人相互沟通的起点，分为以下两种。

（1）自我介绍。自我介绍的基本程序是先向对方点头致意，得到回应后再向对方介绍自己的姓名、身份和单位，同时递上自己的名片。可以采取主动式自我介绍：“您好！我叫×××，见到您很高兴！”以引起对方的呼应。也可以采取被动式自我介绍，先婉转地询问对方：“您好！请问我该怎么称呼您呢？”待对方作完自我介绍后，再顺势介绍自己。

（2）介绍他人。为他人作介绍，不要贸然行事，首先要确认双方是否有结识的愿望。介绍他人的顺序是“尊者居后”，即先介绍位卑者，后介绍位尊者，让尊者拥有优先知情权。介绍晚辈和长辈认识，先介绍晚辈。接待来访，先介绍主方人士。介绍年长者和年轻者认识，先介绍年轻者。介绍男士和女士认识，先介绍男士。如果分不出身份、地位或年龄，可以按照顺时针、逆时针或者由近而远的顺序介绍，不可采取跳跃式。

2. 握手

握手是在相见、离别、恭贺或致谢时，相互表示情谊、致意的一种礼节。双方往往是先打招呼，再握手致意。

（1）握手的次序。握手的次序是“尊者先伸手”，把握手的决定权留给尊者。上级与下级握手，上级先伸手。男士与女士握手，女士先伸手。已婚者与未婚者握手，已婚者先伸手。年长者和年轻者握手，年长者先伸手。社交场合的先至者和后来者握手，先至者先伸手。位尊者伸手后，位卑者方可接手相握。但在接待来访者时，一般应由主人先伸手与客人相握，欢迎客人到来。在客人告辞时，应由客人先伸手与主人相握。

（2）注意事项。握手时，只要有可能应该起身站立。一般以右手单手相握，亲朋故旧之间可以双手相握，即右手相握后，再用左手握住对方右手背。神情要专注、自然、热情、友好，应面含笑意，目视对方双眼，且口道问候，切忌东张西望或与第三者打招呼。要脱掉手套(女性在社交场合戴的薄纱手套除外)。握手时间不宜太久，一般应在3秒钟以内。握手应稍微用力，不可有气无力或拼命用力。握手时不要戴墨镜，除非有眼疾或眼部有缺陷。任何情况下都不要拒绝与人握手。

3. 名片

名片是自我的“介绍信”和交际的“联谊卡”，不讲尊卑，不分职业，男女老幼均可使用。

（1）印制。名片色彩宜选庄重朴素的白色、米色、浅蓝色、淡黄色、浅灰色等，一张名片以一色为好。一般采用简体汉字，在国内少数民族聚居区、外资企业以及境外使用的名片，则可酌情使用少数民族文字或外文。字体一般用宋体、仿宋、楷体、黑体等，不要采用行书、草书、篆书或花体字，更不要手写。版式有横式和竖式两种，一般认为，中外名片以横式为佳。名片一般铅印即可，若是胶印，则显得档次更高一些。

（2）递送。递送名片一般是尊者主动，如果尊者没有表示，而你又很想结识对方，可以说：“很高兴认识您，不知道能否交换一下名片？”或“希望以后还能见到您，不知道怎么跟您联络？”等话语，以索取对方名片。递送时，应起身站立，走上前去，面带微笑注视对方，使用双手或右手食指与拇指拿着名片，让文字正面朝向对方再交与对方，并说“请多关照”“请多指教”“多联络”等话语。如与多人交换名片，则采取由近及远或由尊而卑的顺序，不可跳跃进行。

（3）接受。接受者应停止手中的一切事情，起身站立，面带微笑，目视对方，以双手捧接或用右手接过。接到手上，要用一分钟左右的时间从头到尾默读一遍，有疑问可当场请教，以示重视对方，切勿立即装入衣袋，手头把玩，弃之桌上，或交与他人。接受时应口头道谢，或重复对方所使用的谦语敬辞。接受后应回敬名片，如没有、没带或用完了，则要致歉。

（4）存放。无论是自己的名片，还是接受的他人名片，最好存放在专用的名片夹、名片包里，也可放在上衣口袋内，不要放在裤袋、裙兜、钱包里。在公文包和办公室里应经常备有名片。在交际场合如需使用名片，应事先备好，不可使用时临时翻找。

4. 交谈

言为心声，交谈是人的知识、阅历、才智、教养的综合体现，没有交谈，人与人之间难有真正完全的沟通。

（1）交谈主题。交谈时适合选择五类主题。一是既定的主题，如求人帮助、征求意见、传递信息、讨论问题等。二是高雅的主题，如文学、艺术、哲学、历史、考古、地理、建筑等，但要对方感兴趣，不可不懂装懂或班门弄斧。三是轻松的主题，如流行时装、文艺演出、体育比赛、电影电视、休闲娱乐、旅游观光、风土人情、名人逸事、天气情况等。四是时尚的主题，即以当下正在流行的事物为谈论的中心。五是擅长的主题，即交谈双方，尤其是交谈对象感兴趣、有研究、有可谈之处的话题，如与医生宜谈健身祛病，与作家宜谈文学创作，与运动员宜谈体育竞技。交谈中，忌谈个人隐私，如年龄、收入、婚恋、家庭、健康、经历等，也不可非议他人，传播闲言碎语，搬弄是非，因为“来说是非者，必是是非人”。在交谈过程中，我们必须谨记“良言一句三冬暖，恶语伤人六月寒”，切不可捉弄对方，尖酸刻薄，乱开玩笑，调侃取笑对方。当然，更不能谈违背伦理道德、违法乱纪、思想反动之类的主题。

（2）交谈语言。交谈语言要求文明、礼貌、准确。交际场合多用“您好”“请”“谢谢”“对不起”“再见”等礼貌用语，忌说粗话、脏话、黄话（艳史、绯闻、色情语）、怪话、气话。语言发音要标准，语速要适中，内容要简明，少用方言土语，慎用外语。

（3）善于倾听。古人云：“愚者善说，智者善听。”在交谈过程中，各方都希望自己的见解为对方所接受，而善于倾听不仅体现对说话人的尊重，更能赢得他人的尊重。在倾听时，身体要稍稍倾向说话人，目视对方，神态专注。在听的过程中，不时以点头、微笑等动作表示支持、肯定，或以“嗯”“是的”等语言予以附和，也可恰当地提出问题。在说者需要理解、支持时，可以“对”“没错”“是这样的”“我有同感”等加以呼应，不要随意插话、抢话。

【温馨提示】

职场交谈禁忌

◆忌人云亦云。

◆忌当众炫耀。

◆忌喋喋不休，独霸“讲坛”。

◆忌一言不发，任人独白。

◆忌说瞧不起他人的话。

◆忌以自己的不幸和痛苦为题。

◆忌把与人交谈当成辩论比赛。

◆忌打探秘密和传播小道消息。

◆忌谈论涉及隐私的内容。

◆忌在公开场合质问他人意见的可靠性。

（二）办公礼仪

1. 同事相处

我们和同事朝夕相处，只有关系和睦和谐，才有助于工作顺利开展。处理好与同事的关系，要注意以下四点。

（1）平等虚心。对待同事应当一视同仁，不偏不倚，不可拉帮结派，搞小团伙。同时，要善于向同事取长补短，尤其要敬重上司，对上司的批评要虚心接受，切忌自以为是，自高自大，盛气凌人，简单粗暴。

（2）真诚相待。苏轼曾说："服人以诚，不以言。"同事关系应当是君子之交，彼此豁达大度，以诚相待。如果虚情假意，必然失去同事的信任和支持。在工作中要维护上级的威信，不能在背后非议、指责上司。对下属则要充分信任，放手让其大胆工作。

（3）团结互助。帮助别人就是帮助自己，要主动关心、帮助同事，在其遇到困难或深陷困境时，要挺身而出，鼎力相助。要服从上司领导，兢兢业业做好本职工作，为上司分忧，切忌阳奉阴违，大唱反调。对下属要给予力所能及的帮助，为下属排忧解难。

（4）距离适度。两只刺猬由于寒冷而拥在一起，可各自身上长着刺扎得对方难受，于是拉开了一段距离，但又感受不到对方的温暖，几经折腾，终于找到一个合适的距离，既能互相获得对方的温暖而又不至于被扎。这就是人际交往中的"心理距离效应"，也称为"刺猬法则"。处理同事关系要遵循这条法则，把握分寸，防止热情过度，强人所难，干涉对方的私生活。

2. 参加会议

参加会议要做到有备而来，衣着得体，仪表大方，准时到会，按规定落座，遵守会议纪律。

（1）会议主持。主持人应衣着整洁，大方庄重，精神饱满，切忌不修边幅，邋里邋遢。入席后，如果是站立主持，应双腿并拢，腰背挺直。持稿时，右手持稿的底中部，左手五指并拢自然下垂。双手持稿时，应与胸齐高。坐姿主持时，应身体挺直，双臂前伸，两手轻按于桌沿。主持过程中，切忌出现搔头、揉眼、抓腿、搔背等不雅动作。主持人言谈应口齿清晰，思维敏捷，简明扼要。

（2）会议发言。会议发言有正式发言和自由发言两种。正式发言者应衣冠整齐，走上主席台应步态自然、刚劲有力，体现成竹在胸、自信自强的风度与气质。发言时应口齿清晰，逻辑严密，简明扼要。如果是书面发言，要时常抬头扫视一下会场，不能一味低头读稿，旁若无人。发言完毕，应对听众的倾听表示感谢。自由发言虽较随意，但要注意：发言应讲究顺序和秩序，不能争抢发言；发言应简短，观点应明确；与他人有分歧，应以理服人，态度平和，听从主持人指挥，不能只顾自己。

（3）会议听众。会议参加者要遵守会议纪律。一是遵守时间，不得迟到或中途退场。二是各就各位，正式会议往往需要确定座次的高低，确定座次高低的基本规则是"面门为上，居中为上，以右为上，前排为上"。与会者应在指定位置就座，不要自由择座，争座抢座。三是保持安静，除正常的会议讨论、鼓掌发言外，严禁出现任何噪声。四是专心听会，除适当做笔记外，应注视发言

者，并在必要时以点头、微笑或掌声表达支持。五是遵守规定，对有关禁止录音、录像、拍照、吸烟以及使用移动电话等会议的具体规定，应严格遵守。

3. 来访接待

（1）迎接。对前来访问、洽谈业务、参加会议的外国、外地客人，应首先了解对方的车次、航班、到达时间等，安排与客人身份、职务相当的人前去机场或车站迎接。迎接客人应提前到达。接到客人，首先要问候对方，然后作自我介绍。迎接客人要提前准备好交通工具，并为客人安排好住宿的酒店。

（2）乘车。乘坐双排小轿车时，如有专职司机驾驶，一般后排高于前排，右侧高于左侧，两边高于中间。如双排五座轿车，排座自高而低次序为：后排右侧、后排左侧、后排中间、前排右侧。如主人亲自驾车，排座自高而低次序为：前排右侧、后排右侧、后排左侧、后排中间。三排九座小轿车，如有专职司机驾驶，排座自高而低次序为：中排右座、中排中座、中排左座、后排右座、后排中座、后排左座、前排右座、前排中座。如主人亲自驾车，则排座自高而低次序为：前排右座、前排中座、中排右座、中排中座、中排左座、后排右座、后排中座、后排左座。如是吉普车，无论是主人驾驶还是司机驾驶，都应以前排右侧为尊，后排右侧次之，后排左侧为末席。如是大巴车接待团体客人，则以司机座后第一排为尊，后排依次递减，且每排从右侧往左侧递减。

（3）引导。接待人员应正确引导客人到达目的地。在走廊时，接待人员在客人两三步之前，让客人走在内侧。引导客人乘坐电梯时，如进入有人管理的电梯，引导者应后进后出，如进入无人管理的电梯，引导者应先进后出。如走步行梯，引导人员应走在前面。进入接待室，应引导客人在上座就座，一般面门为上。

（4）饮料。提供饮料的顺序规则有四条。一是先宾后主。二是先高后低，即以职务的高低决定先后顺序。三是先近后远，在不了解服务对象的具体身份时，由距离自己最近者开始。四是先女后男，在涉外交往中讲究“女士优先”。此外，还要注意，如给客人斟茶，只斟“七分茶”，约到杯深的2/3处为宜，要勤斟茶，不要等到茶叶见底后再续水。

（5）送客。当客人告辞时，接待人员要起身相送。当客人有较多或较重物品时，应帮客人代提物品。客人离开时，让客人先出门，与客人握手告别。客人需要乘车的，要为其开启和关闭车门，并挥手道别。与客人在门口、电梯口或汽车旁告别时，要面带微笑目送客人离去，待客人移出视线后才结束告别仪式。

（三）电话礼仪

电话被现代人公认为最便利的通信工具，在工作和生活中扮演着重要的角色。信息产业部的统计数据显示，截至2016年年底，全国电话用户达到15. 3亿户，其中包括固定电话用户2. 07亿户，移动电话用户13. 2亿户。

接打电话看似简单，其实大有讲究。要正确地利用电话，不仅要熟练地掌握使用电话的技巧，更重要的是自觉维护自己的“电话形象”。“电话形象”是电话礼仪的主旨所在，主要由电话使用的时间、地点、语言、内容、态度、表情、举止等几个方面构成，是个人形象的重要组成部分。

1. 通话基本要求

（1）礼貌。通话时要面带微笑，声音要亲切、自然、婉转，语调要愉悦。不要把话筒或手机夹在脖子下，也不要趴着、仰着、躺着、坐在桌子上，或高架双腿与人通话，更不要边打电话边吃东西。

（2）简洁。使用电话时，除非亲人、恋人之间“煲电话粥”，或有很重要的事情需要细致地沟通交流，一般要遵循“通话 3 分钟”原则，即每次通话的时间限定在 3 分钟之内。发音吐字要清晰，让对方能够听明白你要表达的意思。

2. 拨打电话

（1）择时通话。公务电话应当在周一至周五的上班时间拨打，不宜在下班之后或例行的节假日拨打，更不能在凌晨、深夜、午休或用餐时间“骚扰”他人。如确有急事不得不打扰别人休息时，务必在接通电话后向对方致歉。

（2）准备内容。通话前应对自己所要传达的信息和阐述的要点了然于心。最佳办法是事先把这些内容写在便笺上，预备一个条理清晰的提纲，通话时一一道来。

（3）表现文明。接通电话，首先说“您（你）好”，声音清晰、明快。公务电话只有在确认信号好坏的情况下，才能开口喊“喂”，其他场合均为禁例。问候对方后，要自报单位、姓名和职务。请人转接电话，要向对方致谢。公务电话原则上由打来电话的一方先挂断电话。放下话筒前先说一声“再见”。

（4）解释差错。如果拨错了电话，应当诚恳地向对方致歉。如因线路问题或其他客观原因导致通话中断，发话人应迅速重拨，并向受话人解释、致歉，不可让对方久等，也不宜等对方打来电话。

3. 接听电话

（1）及时接听。接电话的最佳时机是铃响 2~3 遍后，因为此时双方都已做好通话准备。

（2）礼貌接听。接通电话，在礼貌问候对方之后，如果是在职场上，应主动报出公司或部门名称以及自己的姓名，否则只需报姓名即可。切忌拿起电话劈头就问：“喂，找谁？”在会晤重要客人或举行会议期间有人打来电话，可向来电者说明原因，表示歉意，并承诺稍后联系。特殊情况可以不予接听，之后回拨并致歉。休息时间如果有电话打进来，既要耐心接听，也不要大声喧哗。

（3）做好记录。为了避免因记不住或记不清发话人所传递的信息而一再要求其重述，受话人可以进行要点记录。记录应完整准确，机密内容要妥善保管。如有必要，必须给有关领导传阅或批示，有的还要存档备查。

（4）代接电话。为他人代接、代转电话，要殷勤转接，传达及时，记录准确，尊重隐私。代接电话时，不要充当“包打听”，不要询问对方与所找之人的关系。

（四）网络社交礼仪

通过微信、QQ 等网络工具进行社交的人越来越多，那么人们在进行网络社交时要注意哪些礼仪呢？

1. 聊天时的礼仪

（1）尽量及时回复他人的信息。如果别人给你发了消息，而你又有空，那

么你最好及时回复别人。如果你对他发的内容完全没有兴趣，也要适当地、礼貌地回复。不要故意不理别人，可以通过减少回复的积极程度来表示出你不太想聊的意愿，给对方一个台阶下。

（2）不要在聊天时随意刷屏。在群里聊天时，你可以扮演话题引导者和气氛活跃者的角色，但要把握好度，不要一天 24 小时不停的“狂轰滥炸”，发一些“垃圾信息”，浪费大家的时间。

（3）不要发或者转发没有根据和有伤风化的内容。不造谣、不传谣、不信谣，不要发引起不适的内容。

（4）发消息的形式要注意场合，能打字的尽量不发语音。有时对方很忙，需要处理复杂的事情或者与他人正在沟通，如果对方在开会或者在上课，很可能不方便听语音，而文字总是一目了然，也节省阅读时间。

（5）善用表情符号。聊天时适当加个表情符号，会让人产生亲近感，更直观地表达自己的情绪，也能通过符号释放出你的善意和愿意与对方沟通互动的心意，活跃聊天气氛。当然，发表情也要适度。

（6）懂得网络专属用语。网络上的有些词是带有网络专属意义的。比如：噢噢>哦哦>哦；嗯嗯>嗯；呵呵=敷衍地回应。如果与他人聊天时，对方总回复“哦”或者“嗯”，表明对方很可能有其他事，没有专注和你聊天，或者对方不想继续和你聊下去了，要懂得适可而止。

（7）注意发消息的时间。不要在深更半夜或者一大早发一些一般的无关紧要的消息，在别人休息时，提示消息会打扰别人休息，同时别人在这个时候也不一定会及时回复你。如果对方不回，不要连续发。

2. 朋友圈的礼仪

（1）不要把朋友圈当作营销平台

朋友圈是情感交流的地方，不是营销平台。所以，不要发太多的商业广告或帮别人发广告。把朋友圈当成了营销平台，可能会引起有些朋友的反感。

（2）巧用点赞评论

看到朋友发的一些内容，你觉得很好，可以适当点赞或评论，但是点赞要注意内容，当别人发一条悲伤的消息你也点赞，那就不太好，此时，评论安慰即可。

（3）不要刷屏式发朋友圈

发朋友圈时尽量不要刷屏，不要让朋友打开朋友圈看时，几乎都是你发的内容，朋友受不了的话，可能会含泪设置为“不看你的照片”。

3. 微信红包的礼仪

（1）不要轻易向别人索要红包

微信里面有时会出现这类消息，多年不联系的朋友，突然发消息给你：“给我发 10 元红包吧，试试我们友情值多少钱……”等等之类的，请记住，我们是朋友，不是乞丐，不要到处向别人要红包，虽然钱不多，但令人反感。

（2）必须写清楚红包祝福语

如果是给别人发的份子红包（礼钱），一定要在红包上面写上祝福的话，这个是礼貌，包括还别人钱，上面也要写上感谢的话。发红包时，一定要写清楚红包的用途，不然别人不知道你为什么会发这个红包。

(3) 不要只抢不发

抢群红包是一件很开心的事，但群里面总有一些人只抢不发，一毛不拔。其实群成员都看在眼里，大家都心知肚明，久而久之也就看出一个人的品行。你总是只抢不发，别人就不再愿意与你交往了。

(五) 宴会礼仪

在各类宴请中，宴会是最正式、最隆重的一种，多在重大活动或招待重要客人时举行。

1. 席位

(1) 席次。席次又称为桌次，指赴宴者需分桌就座时，各桌顺序的高低。席次的礼仪规则有四条。一是以右为上，当宴会厅餐桌有左右之分时，一般以面对正门的右侧一桌为上桌。二是内侧为上，当餐桌距离宴会厅正门有远近之分时，距离较远者为上。三是中央为上，当多张餐桌一起排列时，中央高于两侧。四是近高远低，当主桌确定后，一般距离主桌近者席次较高。

(2) 座次。在排列每张餐桌上的座次时，一般遵循四条规则。一是主人面门，即餐桌上面对宴会厅正门且居中之位应由主人就座。二是主宾居右，根据“右高左低”的国际惯例，主人右侧之座请主宾就座。三是主桌为重，当宴会的餐桌数量较多时，排列座次的重点应为主桌，其余各桌的座次可以排列，也可以由大家自由就座。四是身份相仿，即将身份、地位相近者安排在一起。

2. 菜肴

菜肴是宴会的主角，要精心安排。

(1) 适量。菜肴一般要少而精，不过分追求菜肴的档次和数量，关键是确保质量和分量，并量力而行，避免大吃大喝，铺张浪费。

(2) 可口。要认真了解参加宴会者的口味偏好和禁忌，使菜肴安排适合与会者的胃口，不要触犯个人禁忌、健康禁忌、职业禁忌、民族禁忌、宗教禁忌等。

(3) 特色。宴请讲究吃特色，涉外宴请讲究国家特色，国内宴请讲究地方特色，跨民族宴请讲究民族特色，不同的酒店也有自身的特色。

3. 用餐

(1) 筷子。用筷子就餐时，要注意以下几方面。第一，筷子上不能残留着食物。第二，和人交谈时要暂时放下筷子，不能一边说话，一边挥舞筷了。第三，不要用筷子指向别人。第四，不要把筷子竖插在食物上。第五，不可将筷子含在嘴里吮吸并发出声响。第六，忌在菜盘里不停地扒拉以寻找自己爱吃的食物。第七，忌用自己进了嘴的筷子在汤中取食，要取则用公筷。第八，筷子只能用来夹取食物，不能用来挠痒、剔牙或夹取食物之外的东西。

(2) 餐巾。中餐就餐时一定要等主人展开餐巾后其他宾客方可展开就座。首先从餐桌上拿起餐巾，先对折，再将褶线朝向自己，摊在腿上。餐巾放在椅子上意味着客人中途暂时离席，放在桌子上则意味着用餐完毕，一般要等主人先放表示结束。

(3) 文明。中餐进餐伊始，置于桌上或由服务员送来的第一道湿毛巾是擦手的，不要用它擦脸。入席后不要立即动手取菜，应由主人举杯示意宴会开始时，方能开始进餐。夹菜时不要碰到邻桌，也不要把菜掉到桌上，掉在桌子上

的菜不要再吃。一次夹菜不要过多，要细嚼慢咽。用牙签剔牙时，要用手或餐巾掩住嘴。口内含有食物要避免说话。不要反复劝菜，一般也不要为别人夹菜。在主人没示意结束时，无特殊情况客人不可先离席。

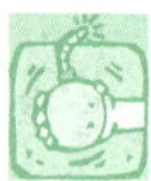

【拓展训练】

一、情景模拟

你的朋友一念之差在宿舍偷了同学的东西，被人发现，他从此抬不起头来，情绪低落，郁郁寡欢。请问你将如何开导他？

二、传话游戏

分小组每 10 个同学排成一排，将事先写好的一句话发到第一位同学手中，然后收起字条，由第一位同学将信息传递出去，最后一名同学收到信息后，到讲台上复述。找一名同学对照字条进行核对，看哪个团队的信息传递既快速又准确。

三、体验活动

每 3 人为一组，选出一名志愿者，在地上画一道横线，同时在线的前方 5~6 步远的地方放一双拖鞋，志愿者的任务就是在被蒙上双眼的情况下，将拖鞋穿上。另 2 人给予志愿者指导，引导他穿鞋。活动结束后，参与者交流感受。

四、案例分析

1. 有一次，元世祖忽必烈召见应聘官员，应聘者中有一位学士叫胡石塘。此人生性粗心，不拘小节，歪戴着帽子就进去面见忽必烈。忽必烈看见他，问道：“你有什么本事啊？说来我听听。”胡学士回答说：“我有治国平天下的学识。”忽必烈听了哈哈大笑：“你连自己头上的帽子都戴不正，还能平天下吗？”胡学士因为歪戴帽子，不拘小节而葬送了前程。你如何理解“小处不可随便”？

2. 1962 年，周恩来总理到西郊机场为西哈努克和夫人送行。亲王的飞机刚一起飞，我国参加欢送的人群便自行散开，准备返回，而周总理这时却依然笔直地站在原地未动，并要工作人员立即把那些离去的同志请回来。这次总理发了脾气，他严厉起来了，狠狠地批评道：“你们怎么搞的，没有一点礼貌！各国外交使节站在那里，飞机还没有飞远，你们倒先走了。大国这样对小国客人不是搞大国主义吗？”当天下午，周总理就把外交部礼宾司和国务院机关事务管理局的负责同志找来，要他们立即在《礼宾工作条例》上加上一条，即今后到机场为贵宾送行，必须等到飞机起飞，绕场一周，双翼摆动三次表示谢意后，送行者方可离开。请分析周总理为什么发火？工作人员违反了什么送客礼仪规范？

扫一扫，测一测

3. 一天傍晚，巴黎的一家餐馆迎来了一群外国人，老板特地派了一名该国侍者去为他们服务。侍者向他们介绍了一些法国菜，他们却不问菜的贵贱，一下子点了几十道。点完菜，他们开始四处拍照留念。用餐时嘴里还不时发出咀嚼食物的声音，而且还弄得桌子、地毯上到处是油渍和污秽。邻座的客人实在看不下去了，对他们提出了抗议。请指出这群客人的失礼之处。

4. 某航空公司要面向社会招一批空姐，前来报名的人络绎不绝。其中有几个女孩心想：空姐是多么时髦的职业，招的都是那些漂亮的女孩儿。于是，几个姑娘到美容院将自己浓墨重彩地打扮了一番，活像电视剧里的韩日明星。她们高高兴兴地来到报名地点，谁知工作人员连报名的机会都不给，就让她们走。看着别的姑娘一个个报上了名，她们几个很纳闷：“这是为什么呢？”请问：工作人员为什么不给这几个姑娘报名？空姐的漂亮究竟有什么样的含义？如果你要去应聘，应该怎样打扮自己？

第六章　职场人际关系

案例导入

真金不怕火炼

某国际连锁酒店客房部主管在例行检查时，发现826房间的浴缸里有一根头发，台面和镜子上有几滴水珠。主管把做卫生的实习生小芳叫过来，让她自己看。小芳默不吭声，拿起抹布进行擦拭。擦完后，主管再次检查，却说："水珠怎么还没擦干净？浴缸里也还有水印。"小芳噘着嘴，拿起抹布再次擦起来。擦完后，主管又来了，身后还跟着一群服务员。主管细细查看后呵斥道："小芳，酒杯上有手印，怎么连这点活儿都干不好！你的培训课怎么上的？如果总是这样，趁早回家！"小芳泪眼婆娑，心想：主管如此吹毛求疵，还当着其他服务员的面训斥自己，一点面子也不给，这工作以后怎么做。她恨不得立马卷铺盖离开酒店。

想一想

如果你是小芳，如何和这样的主管相处？

第一节　职场人际关系概述

在学校，也许你学习刻苦，成绩骄人，或者你做过学生干部，能力很强，或者你经常打工实习，经历丰富。但毕业之后，签约成为职场正式一员的时候，大家就都站在了同一起跑线上，面临许多新的挑战，其中职场人际关系是每个职场新人都必须用心经营的。

职场是人与人组成的特定的社会组织环境。在职场拥有良好的人际关系是一种职业能力。

社会学将人际关系定义为人们在生产或生活过程中所建立的一种社会关系。社会心理学所说的人际关系是指人们在人际交往过程中结成的心理关系。我们习惯上把人与人交往的关系总称为人际关系或"人际交往"，包括亲属关系、朋友关系、同学关系、师生关系、雇佣关系、同事关系等，职场人际关系是诸多人际关系中的一种，是指在职工作人员之间各类关系的总汇。

扫一扫，看视频

职场人际关系的特点

一、职场人际关系的特点

人际关系客观存在于相互联系的两人之间，虽然我们看不见摸不着，但却能从心理层面感受到它。

（一）无可选择

职场人际关系是一种工作关系。当我们选择某家单位，被分配到某个部门，与某些人一起工作时，我们的职场人际关系就产生了。与其他人际关系相比，职场人际关系略有不同。在社会中，我们可以有选择地与人交往，而在职场中我们却没有选择，不管你喜欢不喜欢，愿意不愿意与某个人共事，想不想与他交流，与他接近，工作关系依然存在。这种工作关系呈纵横交错的网状，纵向的是上下级关系，横向的是同事关系。在工作中，每个人都要和上司、下属、同事相处。

【职场故事】

频频跳槽为哪般

小李是A公司的一名职员，和他处于同一个办公室有一只“爱开屏的孔雀”——同事小胡，小胡自我感觉良好，只要有新人或陌生人在，就不厌其烦地介绍自己的经历，与谁共过事，被什么人接见过，领导怎样高度评价了自己，等等，直到对方肃然起敬为止。小李刚来时还为自己有这样的同事感到骄傲，时间长了，发现他翻来覆去总是那一套“演说词”。小李不胜其烦，辞职而去。

接着，小李成功应聘到了B公司，可他的部门主任爱占小便宜，一起外出，总是揩小李的油。最让小李气愤的是，有一次小李代表公司去一家合作单位开联欢会，会上幸运地抽到了大奖——一台冰箱。小李深知这个奖应该属于公司，就请示主任如何处理。主任以最快的速度赶到现场，径直将冰箱抬回了自己家。小李心想，在这样的领导手下，怎么会有好的发展？便又辞职了。

小李跳槽到了C公司，又碰到了一个非常孤傲的同事小王。小王不太理睬他人，午餐总是独坐一隅。一天，公司副总裁亲临餐厅和大家共进午餐，没想到小王眼疾腿快，泥鳅似地挤到副总裁身边，大肆吹捧副总裁年轻有为。小李实在不屑与“马屁精”为伍，辞职的念头再次萌发。

小李频频跳槽为哪般？到底是同事有问题，还是自己的心态要调整？

（二）竞争合作

职场人际关系是一种竞争合作的关系。一如竞技体育中没有纯粹的合作与竞争一样，在职场，同一公司、同一部门、同一团队的人们相互之间的关系应该是在竞争中合作，在合作下竞争。

美国普林斯顿大学教授、数学家纳什因著名的“纳什均衡”理论获得了1994年度诺贝尔经济学奖，他所创立的“非合作博弈理论”认为，各方的利己行为导致的最终结局是一个“纳什均衡”——仅仅是“双不亏”，并不能实现各方利益的最大化。由于在解决世界上各类资源共享问题和避免冲突方面有独到的方法，“合作博弈”近年来在经济学中的地位与日俱增。“合作博弈”强调的是集体主义、团体理性。故而“合作博弈”也称为“联盟博弈”，这个联盟形成后能够使博弈双方的利益都有所增加，实现共赢。2012年诺贝尔经济学奖得主沙普利使用“合作博弈”的方法来研究现实中的利益分配难题，设计有效地匹配资源的方案。

在社会资源有限的情况下，职场竞争是不可避免的，何况竞争会带来更多的活力和创造力，促进个人和企业的成长。但是一味地竞争一定会导致个人和团队的能量耗竭，不利于个人和团队的长远发展。

职场新人刚走出校园，不可能独自承担一个项目，特别是在程序化、标准化极强的行业里，每个人只能完成一部分工作，团队合作在很大程度上关系着企业发展的命脉。无法想象，一个只会自己工作，平时独来独往的人能给企业带来什么。有一位人事经理曾直截了当地说："我从不录用不积极参加集体活动的毕业生。"

【自我测试】

把自己当作团队的一员

我是一名优秀的团队成员吗？我能成为一名优秀的团队成员吗？回答这两个问题，请你先认真阅读下面的每一项，并根据自己的实际情况在每道题目后面的相应空白处打"√"。

题　目	非常符合	一般符合	不符合
1. 我能够接受其他团队成员在某个领域比我更优秀			
2. 无论面对何种组织形式（团队组织形式、传统组织形式或其他），我都能保持积极的态度			
3. 当与他人发生争执时，我会尽快想办法解决彼此的问题			
4. 即使他人在工作中获得的回报更多，我也会积极地与他合作			
5. 当我的工作伙伴效率很低时，我仍然会耐心地与他合作			
6. 即使我的提议没有被团队所采纳，我也会积极执行团队最后通过的决议			
7. 我能与不同价值观的同事友好相处并保持高效			
8. 即使同事和我的某个观点不一致，我也会尊重他的观点和选择			
9. 我认为团队领导鼓励团队成员参与决策和管理是件好事			
10. 我会努力避免做出任何有损于团队利益的事情			
总　分			

统计你在本练习中的得分。其中，"非常符合"为5分，"一般符合"为3分，"不符合"为1分。如果你的总分在40分以上，表明你是（将来是）一名机敏、高效的团队成员，并且你非常喜欢团队组织形式。总分为30~40分，表明你能够适应团队组织形式。总分低于30分，表明你更适合在传统的组织形式中工作，或者你更适合单独工作。但是鉴于合作精神在现代社会的重要性，你需要积极提升自己的团队合作技能。

（三）常变常新

职场人际关系是一种心理关系，它是人们在职场活动中形成的，它的建立和巩固需要一个过程。最初我们是通过自己的外部特征吸引他人的注意，初入职场的第一印象发挥重要作用，人际交流处在比较浅表的层面上。随着工作的开展，同事之间从各个方面逐渐加深了解，彼此投入一定的情感，人际关系进入一个新的阶段。一般来说，和所有的同事都建立均衡或良好的关系比较困难，而且，职场人际关系也不是一成不变的，可能起先一个你看不顺眼的人日后会成为你的最佳搭档或好朋友，也可能一个你很喜欢的人会与你渐行渐远。同时，上司也不可能和所有的下属都维持同等强度的关系（虽然越接近这个目标，对企业的发展越有利）。在职场中，个体的纵向职场人际关系可能好于其他同事，也可能不如其他同事，或者一个不被看好的下属会逐渐得到上司的器重。

【职场故事】

他们成了忘年交

小刘是某公司的新员工，他所在部门的同事老李是个一丝不苟的人。早上谁迟到了5分钟，谁的办公桌没有擦干净，他都一清二楚。小刘把写好的材料给老李看，老李说："小刘，你写的这份宣传材料我看了，你看看，标点符号用错了多少？这样的东西如果拿给总经理看，他对我们会是什么印象？标点符号我们从小到大都在用，这都用不好？"他觉得老李太过较真，不好相处。

后来，小刘慢慢地被老李严谨细致的风格所感染，自己做事也分外细心，写每一份资料都仔细斟酌，力求做到最好。久而久之，老李对小刘特别欣赏，经常在业务上指导他，小至一份合同的撰写，大到和客户打交道的技巧。除此之外，老李还将公司的一些人际关系"隐情"透露给他，教他如何与不同的人打交道。小刘在公司里如鱼得水，不久就获得了晋升。

在老李的退休欢送会上，小刘向老李表达了深深的感激之情，两人成为忘年交，一直保持着真挚的友谊。

二、职场人际关系的重要性

职场人际关系可以成就你，也可以阻碍你。卡耐基曾说过："专业知识在一个人成功中的作用只占15%，其余的85%取决于人际关系。"哈佛大学商学院的调查发现，在事业有成的人士中，26%靠工作能力，5%靠家庭背景，而人际关系则占69%。美国盖洛普公司一项覆盖全球100万工作者的调查显示，"处理不好与同事的关系"是导致离职最重要的原因。根据广东省被解雇的4 000份员工样本，人际关系不好者占90%，工作不力者占10%。大学毕业生中，人际关系处理得好的人，平均年薪比优等生高15%，比普通生高出33%。

（一）职场人际关系影响职业成功

良好的职场人际关系是职业生涯发展顺利的保证。相对于专业知识的竞争力，一个人在人际关系、人脉网络上的优势，就是人脉竞争力。哈佛大学为了了解人际能力在一个人成功中所扮演的角色，曾经针对贝尔实验室的顶尖研究员做过调查。他们发现，被大家认同的专业人才，专业能力往往不是重点，关键在于“顶尖人才会采取不同的人脉策略，这些人会多花时间与那些在关键时刻可能对自己有帮助的人培养良好关系，在面临问题或危机时便容易化险为夷”。他们还发现，当一名表现平平的实验员遇到棘手问题时，会去请教专家，但却往往因为没有回音而白白浪费时间。顶尖人才则很少碰到这种问题，因为他们在平时就建立了丰富的人际关系资源网，一旦前往请教，立刻便能得到答案。

可见，具有良好职场人际关系的人，能多渠道地获得信息和机会，能从前辈那里学得更多的知识、更多的经验，从而使自身的专业技能迅速增值，不仅如此，也更容易获得升职的机会，因为在良好的人际关系中，各方都能从中获益，可以大大提高团队的工作绩效。因此，出于团队合作的需要，现代企业不仅关注员工的工作绩效，同时也会关注员工的人际关系。所以，从某种意义上说，人际关系是一个人通往财富、荣誉、成功之路的门票，拥有了这张门票，你的专业知识才能发挥作用。

扫一扫，看视频

职场人际关系影响职业成功

【职场故事】

能力强≠能升职

春红大学毕业后进入一家公司工作，她执着地认为只要自己努力工作，展现出超人的工作能力，必然能够做出一番事业，获得重用并步步高升。可是一年过去了，春红虽然表现出了出色的工作能力，但薪水并不比那些表现一般的同事高，职位也没有得到晋升。春红很不服气，于是工作起来更加努力。她认为只要自己足够优秀，总有一天上司会看到她的能力与才华，从而给她加薪晋职，把她当作公司的骨干。

但是，又一年过去了，春红还是在原地停留。相反，与她同时进公司的同事已经是独当一面的主管了，薪水也比春红高出许多。春红终于忍不住，向公司里唯一与她要好的同事抱怨自己的怀才不遇。没想到的是，同事却很直接地告诉她一个令她震惊的原因。原来，虽然春红工作非常出色，但由于她恃才傲物，认为自己比别人都要优秀，不把同事放在眼里，平时也就缺少了对同事的尊重，与同事的关系没处好。上司虽然知道她工作出色，但担心如果让她当主管的话，同事们会不配合，这样会不利于工作的开展，所以一直不敢重用她。

（二）职场人际关系影响身心健康

职场人际关系与身心健康有着十分密切的关系。良好的人际关系能够增进交往双方的相互了解，有助于形成相互帮助、相互支持的工作氛围。这种友爱互助的环境氛围，会使人工作得顺心、舒心，工作效率大为提高，反过来，又促进了人际关系的良性发展。

不良的人际关系使人倍感压力。研究显示，长期承受过度压力的人，胃病、心血管病以及抑郁症等身心疾病的罹患率比较高。压力会影响人的理解、记忆、注意力等认知能力，僵化人的思维，降低人的智力水平，容易导致行为失控或形成强迫行为。不仅如此，身处压力之中，我们会感受到忧郁、愤怒、沮丧、难过等负性情绪，这些负性情绪会干扰人际交往过程，影响人际交往能力，使

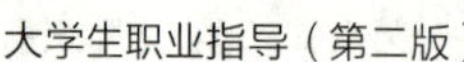

我们变得更为冷漠、疏远，甚至敌对，从而使人际关系更加恶化。

【温馨提示】

职场人际关系与心理健康的四句箴言

心理专家根据职场人际关系的特点，总结出四句箴言，对职场人调整人际关系与心理健康保健十分有用。

一是“把自己当成别人”，即用平常心看待自己的得失荣辱，把自己的得失荣辱看做发生在别人身上，不因自己情绪的变化而影响人际关系。

二是“把别人当成自己”，一个人只有设身处地通过角色互换，才能善解人意地去急别人之所急，痛别人之所痛。

三是“把别人当成别人”，即尊重别人，不干涉对方的隐私，做到内外有别、男女有别，不冒犯对方的心理边界。

四是“把自己当成自己”，这意味着在自知的基础上建立起自尊和自信，扬长避短，更成熟地与别人相处。

（资料来源：河北人才网，《职场人际关系与心理健康的四句箴言》）

三、职场人际交往的重要准则

作为社会性的人，人们相互交往，建立某种人际关系是为了满足各自不同的物质和精神的需要。因此，人际关系的本质是人的需要，借由需要而衍生出各种利益关系，利益交换成为人际交往的核心，在职场尤为如此。建立和维护良好的职场人际关系，除了遵循平等、尊重、真诚、友爱等人际交往的一般原则之外，共同获益、承担责任和交往有界也极为重要。

（一）共同获益

共同获益是互惠原则的具体体现。“互惠”是人类社会普遍存在的现象，所谓“投桃报李”，说的就是人们总是尽量以相同的方式回报他人。这是因为，当人们给予他人好处后，他人心中会有负债感，并且希望能够通过类似的行为还这份人情，以重新获得内心的平衡。

在职场中，我们若想与某人保持长期稳定的关系，就需要保证双方在这种关系中都能获益。双方互惠性越高，关系就越稳定。当其中一方总是付出与收益不成比例时，这种关系就会迅速弱化。所以，在职场，同事对你有帮助，你就要适时予以反馈和回报。

【拓展阅读】

互 惠 原 理

埃塞俄比亚是个多灾多难、非常贫困的国家。1985 年，它的经济崩溃了，上一年的干旱和内战将食物供应破坏殆尽，人民因疾病和饥饿成百上千地死去。在这种情况下，如果有 5 000 美元的救灾款从墨西哥送到这个正处于水深火热的国家，人们一点也不会感到奇怪。但捐款人与受惠者正好相反。在墨西哥城发生地震之后，埃塞俄比亚红十字会的官员决定向墨西哥捐款 5 000 美元，用来帮助当年墨西哥城地震中的受难者。因为在 1935 年，当埃塞俄比亚受到意大利的侵略时，墨西哥曾经给埃塞俄比亚提供过援助。

我们应该尽量以相同的方式报答他人为我们所做的一切——这就是人类交往过程中的互惠原理。在对这一原理做深入研究之后，社会学家阿尔文断言：在这个世界上几乎找不到一个不认同这条原理的社会组织。而且这一原理在每一个社会组织中都运用得非常普遍，几乎遍布每一种交换形式之中。

互惠原理深深植根于人类社会化进程中。受互惠原理影响，我们感到自己有责任在将来某个时候回报我们曾经接受过的恩惠、礼物和邀请，等等。由于接受往往意味着有责任去偿还，一个源于互惠原理的、发达的“偿还体系”成为了人类文明所独有的特性。著名考古学家查理德认为，人类之所以成为人类，完全要归功于互惠系统。他说：“我们能够成为人类，是因为我们的祖先学会了在一个公平的偿还网络中分享他们的食物和技能。”社会人类学家莱昂内尔和罗宾把这种“偿还网”视为人类一种独特的适应机制。正是由于有了这样一张网，才有了劳动的分工，不同商品的交换以及不同服务的交换(使人们得以发展自己在某一方面的技能)，同时也使许多互相信赖的个体结成了一个高效的社会单元。

毋庸置疑，人类社会从互惠原理中获得了重要的竞争优势。

(资料来源：百度文库，《互惠原理》)

(二) 承担责任

所谓责任，就是一个人分内的事情。责任的一个重要特点就是客观存在，不能依照个人的意愿而进行更改。责任是一个人的立身之本，职场中每一个人都扮演着自己的角色，都有自己的责任和使命，只有那些勇于承担责任的人才有可能被赋予更多的使命，获得更多的荣誉。

每个进入职场的人都被赋予两大责任：完成分内的工作；与同事友好相处，共同提高团队的工作效率。社会分工越细，越需要合作。团队合作是现代企业组织运行的基本形式。职场人际交往中的互惠更多地体现为团队合作。扮演好自己的角色，承担相应的责任，做好分内的事，在职场人际交往中，合作才有基础。

每个人都应该对所担负的任务充满责任感。一个人责任感的强弱决定了他对待工作的态度。有责任感的人会努力、认真地工作，圆满完成自己的任务。职场责任感体现在三个阶段。第一个阶段：做事之前，要想到后果。第二个阶段：做事过程中，尽量让事情向好的方向发展。第三个阶段：事情做完之后，出了问题敢于承担责任。

【职场故事】

这是对工作负责的态度吗

小杨是某公司的一名职员，公司主要提供广告策划服务，为企业提供产品宣传。

最近，小杨有一个有意向的合作业务，总是谈不好，先后交了3份广告宣传方案建议书，客户仍不满意。项目费用不高，而客户又有太多要求，小杨有点不耐烦了，准备放弃这位客户。当他找到经理时，经理看了方案建议书后问小杨："是否和客户进行过详细地交流？"小杨说因为要跟其他客户谈业务，所以就没时间交流了。经理又问："是否对该企业的需求进行过调研？"小杨说广告宣传基本上就是这个框架，没有调查。经理听后，很生气地说："你这是对工作负责的态度吗？没有经过调研，没有和客户交流，随便做个方案，有哪位客户会接受？"

（三）交往有界

人与人交往过程中的心理距离被称为边界，心理边界是一堵"心理围墙"，为我们确立了一个心理范围，我们可以在这个范围内探索内部和外部世界，也保证我们不被侵犯。人的个性不同，扮演的角色不同，心理边界也不同。

职场中，在个人与集体、公事与私事、上级与下级、平级之间有着不同的边界距离。不同性格、不同职业、不同成长背景的人，边界意识都不一样。在职场上，始终有一条看不见的"一米线"，让你与同事保持着舒服、安全的心理距离。所以，职场交往要培养角色感和边界感，准确地自我定位，在情绪、信息、关系上的表达都要有所节制，"知分寸，懂进退"。只有保持恰当的行为界线，才能尊重他人、保护自己。边界感如果不恰当，人与人之间的和谐关系就会被打破，职场人际冲突大都与边界模糊有关。

扫一扫，测一测

【职场故事】

距离领导该多远

吴娜刚参加工作时，抱着走"群众路线"的想法，尽量远离领导，和同事打成一片。她认为只要认真做事，就能在公司立足，可是3个月试用期还没到，就被炒鱿鱼了，因为领导觉得她"表现平平"。不久吴娜又找到另一份工作，吸取上次的教训，她频频在领导眼前晃悠：开会时总抢着坐在领导的旁边，隔三岔五主动汇报工作。同事们渐渐地远离她，认为她太爱出风头，领导也认为她好表现，不踏实。

其实领导分很多种，性格有亲和的、严肃的、冷漠的，管理风格有民主的、放任的、专制的。不同的性格和风格，决定了领导与你之间的"距离"。

第二节　职场人际交往的策略

没有人能逃离人际关系，职场新人要适应环境，展开事业宏图，努力提高自己的人际交往能力，用心经营职场人际关系，学会与上司、同事、下属的相处之道是非常必要的。所谓相处之道，简单地讲就是要懂得人心，顺乎人情。

一、知彼知己

扫一扫，看视频

知己知彼

“知彼知己，百战不殆”，攻城略地如此，人际交往亦如此。在职场纵向和横向关系中，交往的双方或多方都是关系的主体。作为主体的存在，每个人都有自己的个性特点、需要、感受，都有自己的角色分工。职场中的知彼知己，就是要了解自己、同事、上级的个性差异、价值取向和工作职守，把握和尊重彼此的心理边界。知彼知己，应该从以下几个方面做起。

（一）了解自我并正确定位

知己，首先要了解自己的性格、兴趣、能力和需要。其次，要了解基本工作常识和自己的岗位职责，正确定位自我角色，认真做好自己分内的事。职场人际关系是工作关系，有的职场新人常常把自己的情感需求或期许带到工作中，如有人以为上司会像老师那样包容自己的缺点和失误，同事会像好朋友那样帮助自己解决困难，这些非职场情感往往会给人际关系带来伤害。究其原因，是不能够准确地定位自己在职场中的角色所致。

（二）了解他人和职场规则

知彼，一是要了解人的差异性。人与人之间的差异性表现在许多方面，如性格、气质、兴趣、能力、文化背景等。在职场中，不同的人无可选择地组成工作团队，同事、上下级之间要尽可能地相互了解，尊重各自的差异性，尊重彼此的心理边界，这样职场人际关系才能和谐。

二是要认真了解企业文化，包括那些成文的和不成文的规则。企业文化是企业所形成的具有自身个性的经营宗旨、价值观念和道德行为准则的综合，是企业的精髓与灵魂。“国有国法，家有家规”，企业也有企业的规章制度，不论你是谁，是什么身份，都要遵守规则。有的规则不一定是明文规定，它也有可能“潜在水下”，职场新人要用心留意此类职场潜规则。

（三）换位思考

正因为每一个人都是不同的，所以在职场交往中要特别注意换位思考。换位思考就是换个角度看问题，设身处地地站在别人的角度为别人着想。例如，基层主管的基本工作主要有两项，一是领导本部门员工完成本部门的工作任务，二是培养新人。站在上司的角度考虑，要把公司的业绩搞好，我们就得多花时间，多付出精力(当然公司也会因此发现你的价值)。同时，对上司指导和监督下属工作的行为，也会有更多的理解和体谅。

换位思考，不仅要“己所不欲，勿施于人”，有时“己所欲，亦勿施于人”。将自己的好恶、价值观强加给别人的行为，不仅令人生厌，而且也会破坏人际关系的和谐。

【体验活动】

知己知彼

为了更好地了解自己和他人，请完成下面的句子。

1. 当我加入一个新团队时，我比较认同的是________（团队目标、人际氛围、领导者风格）。
2. 当我来到一个新环境时，如果________，我会感到特别舒服。
3. 当人们第一次看到我时，他们________。
4. 当人们保持沉默时，我感到________。
5. 当上司________，我感到很恼怒（高兴、难过、自豪、悲哀）。
6. 当同事________，我感到很恼怒（高兴、难过、自豪、悲哀）。
7. 在一个团队中，我最害怕________。
8. 在一个团队中，我最喜欢________。
9. 那些真正了解我的人认为我是________。
10. ________的时候，我感到与他人非常亲近。
11. ________情况下，我最容易与同事发生冲突。
12. 最近让我感到非常困扰的人际问题是________。

二、态度积极

要树立并表达积极的态度。积极的态度有助于个体保持活力，充满工作热情，提高工作效率。而消极的态度则会浪费个体精力，阻碍个人职业发展。态度积极的人，周围的同事收到的是“热情”的信号，更愿意主动接近。态度消极的人发出的是“不友好”的信号，同事自然会刻意疏远。同时，积极的态度还会给周围的同事带来正面影响，促进同事提高工作效率。消极的态度像烂苹果一样，给周围同事的正常工作造成负面影响。因此，可以说，积极的态度是无价之宝，它将助你事业成功。

（一）主动交往

初入职场的人，因为羞怯、自卑而不好意思或不敢主动与同事、上司交往，等待别人来跟自己“打招呼”，这种把交往的主动权交给别人的做法，不利于人际关系的建立。

“往而不来，非礼也；来而不往，亦非礼也”，人际关系是在一来一往中建立和发展起来的。主动的人给人自信、热情、尊重他人的印象，容易令人产生好感。主动对人友好，能够使人产生受重视的感觉，从而使他人更愿意与你交往，也更容易得到他人的帮助。

【拓展阅读】

请主动打招呼

打招呼是联络感情的手段、沟通心灵的方式和增进友谊的纽带，主动跟别人打招呼，是积极主动交往的表现。

主动打招呼所传递的信息是“我眼里有你”。谁不喜欢自己被别人尊重和注意呢？见了领导主动打招呼，说明你心中敬重领导。见了同事主动打招呼，说明你眼里有同事。见了下属主动打招呼，说明你体恤下属。要永远记住，你眼里有别人，别人才会心中有你。如果见了领导躲着走，见了同事装作没看见，给同事和领导留下的印象是没有礼貌、不合群。

主动打招呼所传递的信息是“我自信”。每个人都希望别人看到自己的自信，那么我们就应该首先养成主动跟别人打招呼的习惯。从今天开始，见到单位的同事和领导，主动跟他们打招呼：“您好，小王!”“您好，李总!”很快，你就会给别人留下自信热情的印象。

所以，请主动与人打招呼。

（二）与人为善

在利益交织、竞争激烈的职场，一个有积极心态的人能与人为善。美国著名成功学家戴尔·卡耐基在他的《关爱人》一书中写道：“一个能够从细微处体谅和善待他人的人，一定是一个与人为善的人，必定有很好的人缘，这种人缘就是他成功的基石。”

身在职场，我们免不了要与各种各样的人打交道，每个人都有着不同于他人的生活规律与习惯个性，对此我们要抱有开放的态度，对他人友善。

身在职场，竞争是不可避免的，但不要把每个人都当作自己的竞争对手。职场中的竞争应该是良性竞争，在竞争中合作，在合作中竞争，才能达到共赢。很多事情不是凭一己之力就可以顺利完成的。

善良真诚地对待他人是建立良好人际关系的必要条件。在职场中与人交往时，只要我们能够多一份爱心，多一份理解，多一份善良，多一份同情，我们就能够为自己编织出圆融的人际网络，使自己的职场生涯平坦且顺畅许多，也会因此而更容易走向成功。与人为善的同时，也成就了自己良好的人际关系，你的职场天空会变得更加灿烂明媚，你的人生道路也会更加平坦笔直。

【职场故事】

一块面包救了命

在第一次世界大战中，一个德国士兵正在执行一项任务——抓获敌军士兵带回来审讯。因为当时打的是堑壕战，大队人马要想穿过两军对垒的前沿无人区是相当困难的，但一个士兵悄悄地爬过去溜进敌军的战壕相对来说容易得多。大战时期，参战双方都有这方面的特种兵，他们会按照要求，爬到敌军战壕里抓获一个士兵带回来审讯。

这个德国士兵曾经多次完成这样的任务，现在他又出发了。他再一次熟练地穿过两军阵地前的区域，出人意料地出现在敌军战壕中一个落单士兵面前。这个士兵当时正在吃东西，由于毫无防备，一下子就被缴了械。这个吓破了胆

的士兵手中只剩下一块面包。就在这时，他做了一件可能是他这一生中最重要的事情：他分了一些面包给面前的德国士兵。这个德国士兵被他的举动深深地感动了，以至于不忍心将他抓走。虽然他知道上司会大发雷霆，但还是转身离开战壕，穿过无人区，两手空空地回到了自己的营地。

（资料来源：百度文库，《互惠原理》）

（三）拓展人脉

人脉是经由人际关系而形成的人际脉络，其实质是一种利益共同体。职场人脉可以提供更多的信息、机会和助力。比尔·盖茨在20岁的时候从哈佛大学退学创办了自己的公司，他的第一份合约是跟当时世界第一的计算机公司IBM签的。一个年轻的无名小卒，如何能钓到这么大的“鲸鱼”？原来比尔·盖茨的母亲是IBM董事会的董事，董事妈妈把儿子介绍给董事长，真是太正常不过的事了！

好莱坞流行着一句话：“一个人能否成功，不在于你知道什么，而在于你认识谁。”人脉是战略资源，不是每一个人都有比尔·盖茨那样的好身世、好运气，所以，在职场要通过自己的努力来建立、发展、储备有价值的人际关系，拓展自己的人脉。

罗马不是一天建成的，职场人脉的形成有一个渐进的过程，这个过程中我们也会碰到困难，但是只要我们保持乐观的心态，积极主动、与人为善，就会建立属于我们自己的人际网络，它会引领着我们走向成功！

【拓展阅读】

人脉经营之道

拓展人脉并不意味着漫无边际地建立无数关系。成功建立关系网的关键是选择适合的人，建立稳固的关系。

所谓适合，首先是指适合自己，要与那些和自己的生活工作领域有关的人打交道。其次，就数量而言，关系网并不是越大越好，太大就会因疲于应付而叫苦连天。

所谓稳固，就是要在“适合”的前提下，尽可能地让关系网的结构少些动荡，网上的节点少些变化。因为编织关系网需要投入，变化频繁不仅是对关系网的破坏，也会增加投入。同时，相互关系维持得越持久，网才会越牢固，越有价值。

那么，怎样保持稳固的人际关系呢？首先，要经常保持联系。关系就像一把刀，常磨才不会生锈。若是半年以上不联系，你就可能失去这位朋友。其次，要进行必要的“感情投资”。记下与关系网中的人有关的一些重要日子，比如生日，在这些特别的日子里，哪怕只给他们打个电话，他们也会高兴万分。此外，要不断地提升自我，增加个人魅力。素质高而有魅力的人容易得到别人的接纳，这是人之常情。因为人的潜意识里都渴望与比自己优秀的人建立关系。

【温馨提示】

如何保持积极的心态

1. 善于发现同事和上级的优点。世界上没有完美的人，但每一个人必定有自己的优点。一个懂得欣赏人、尊重人的人会过得很愉快，同时别人也会同样地欣赏和尊重他。

2. 善于发现企业的积极因素。世界上没有完美的岗位，所有的工作或职业都含有积极和消极的因素，对积极因素关注越多，就越容易保持积极的态度。

3. 警惕态度消极的同事。情绪是会传染的，经常和消极的人在一起，自己也会不知不觉地变得消极。

4. 及时修复受损的心态。如果有人有意或无意地伤害了你的积极态度，你必须在第一时间采取所有可能的措施修复受损的态度，避免让伤害升级。如果你不马上采取行动，那么你的积极态度将被他人“偷走”。

5. 经常评估自己的态度。常常调整你的态度，就会让它朝着积极的方向发展。

三、有效沟通

扫一扫，看视频

有效沟通

一对老夫妇，结婚50年来相敬如宾。金婚纪念日这天，在吃早餐时，老太太想：50年来，我每一天都为丈夫着想，早餐吃面包时，我都把最好吃的面包头让给他吃，今天我该享受这个美味了。于是，她切下了带奶油的面包卷的头给自己，把剩下的部分给了丈夫。不料丈夫很高兴，吻了吻她的手说：“亲爱的，今天你给了我最大的享受。50年来，我从没吃过面包卷的底部，那可是我最爱吃的，但我一直想，你一定也是喜欢吃面包卷的底部。”这个故事深刻说明了沟通的重要性。

善于表达，勤于沟通，良好的语言表达和沟通能力，是现代职场上必不可少的核心技能，任何工作都少不了。当上司需要物色管理人员时，他选择的通常会是那些善于与他人沟通的人，而不是那些“闷葫芦”。因为善于沟通的人，更能够领会上司的意图，更善于调节实际工作中的各种矛盾。能否与同事、上司、客户进行有效的沟通，越来越成为企业注重的核心技能。

有效沟通是指通过有效的交谈、倾听和同理心来了解自己的真实面目和别人对自己言行的真实反应，准确地理解和评价别人所表现出来的真实的思想、情绪状态和行为，并对别人做出恰当而又为社会所接受的反应。所以，要想与人有效地沟通，需要学会表达、聆听，并具有同理心。

（一）表达

用尊重、真诚的态度，真实准确地表达自己的思想和情感，哪怕是对别人的意见和批评，往往也易于被人接受。情感交流在沟通中发挥着黏合剂的作用，情感交流成熟的人更容易得到别人的信任和爱，更能成为好的伙伴和合作者。比语言表达更能影响对方的是非语言的表达。研究表明，高达93%的沟通是非语言的，一个人表达自己的全部意思=7%的言词+38%的声音+55%的表情。

表达还要选择合适的沟通渠道。出行要选择路线和交通工具，沟通亦然，

要根据沟通的内容、需要及沟通渠道的性质，采取不同的沟通方式。从沟通的速度方面考虑，利用口头和非正式的沟通方法，就比书面的和正式的沟通好。从反馈性能来看，面对面交谈，可以获得立即的反应，而书面沟通，有时则得不到反馈。从可控性来看，在公开场合宣布某一消息，对于其沟通范围及信息接收对象毫无控制。反之，选择少数可以信赖的人，利用口头传达某种信息则能有效地控制信息。从接收效果来看，同样的信息，可能由于渠道的不同，被接收的效果也不同。以正式书面通知，可能使接收者十分重视。反之，在公共场合所提出的意见，往往会被对方认为讲过就算了，并不会加以重视。

【温馨提示】

职场成功的10个万能谈话技巧

牢记以下10个句型，在适当的时刻派上用场，能够达到良好的沟通效果。

1. 以最婉约的方式传递坏消息的句型：“我们似乎碰到一些状况……”得知一件非常重要的案子出了问题，如果立刻冲到上司的办公室里报告这个坏消息，就算不关你的事，也只会让上司质疑你处理危机的能力。此时应该以不带情绪起伏的声调，从容不迫地说出本句型，要让上司觉得事情并非无法解决，听起来像是你将与上司站在同一阵线，并肩作战。

2. 上司传唤时责无旁贷的句型：“我马上处理！”冷静、迅速地作出这样的回答，会令上司感觉你是有效率、听话的好下属。犹豫不决的态度会惹得上司不快。

3. 表现出团队精神的句型：“安琪的主意真不错！”安琪想出了一条连上司都赞赏的良策，你不妨趁着上司听得到的时候说出本句型。在充满竞争的职场，一个不妒忌同事的部属，会让上司觉得此人本性纯良，富有团队精神，因而另眼相看。

4. 说服同事帮忙的句型：“这个项目没有你不行啊！”你无法独立完成某件棘手的工作，便请求那个对这方面工作最拿手的同事帮忙。赞许、欣赏、仰仗他的能力，他为了不负自己的名声，通常会心甘情愿答应你的请求。

5. 巧妙闪避你不知道的事情的句型：“让我再认真地想一想，3点以前给您答复好吗？”上司问了你某个与业务有关的问题，而你不知该如何作答，千万不能说不知道。本句型不仅暂时为你解围，也让上司认为你处事沉稳，一时竟不知如何启齿。不过，事后得做足功课，按时交出你的答复。

6. 智退扰人的句型：“这种话好像不太适合在办公室里讲。”如果有同事在你面前搬弄是非，或者一口黄腔令你无法忍受，这句话保证让他们闭嘴。

7. 不着痕迹地减轻工作量的句型：“我了解这件事很重要，我们能不能先查一查手头上的工作，把最重要的排出个优先顺序。”你手头的任务原本很重，上司又分派新的任务时，切不可立马推辞。首先，强调你明白这件任务的重要性，然后请求上司的指示，为新任务与原有工作排出优先顺序，不着痕迹地让上司理解你的难处，若不是非你不可，他就会转交他人或延后处理。

8. 恰如其分地讨好上司的句型：“我很想知道您对某件事情的看法……”

与上司面对面时，是一个赢得其青睐的绝佳时机。每天的例行公事绝不适合在这个时候搬出来讲，最恰当的莫过于就他关心又熟知的问题向他请教，在他滔滔不绝地谈论时，你不仅获益良多，也会让他认同你的求知上进之心。

9. 承认过失但不引起不满的句型："是我一时失误，不过幸好……"犯错在所难免，推卸责任只会让你看起来不堪重用，勇于承认过失非常重要。但这并不表示你需要深刻检讨，关键在于别让所有的矛头都对准你，坦承却淡化你的过失，将众人的注意力转移到错误的纠正上。

10. 面对批评表现出冷静的句型："谢谢你告诉我，我会仔细考虑你的建议。"遭人批评的确是令人苦恼的事，但不要将不满写在脸上，应该让批评者知道，你已接收到他传递的信息，你并非刚愎自用或经不起挫折的人。

（资料来源：中国创业视频培训网）

（二）倾听

倾听是一种通过积极的听来完整地获取信息的方法，它是一种重要的沟通技能。有450名商业专业的大学毕业生接受了"在工作中需要什么沟通技能"的问卷调查，他们回答说，倾听是获得成功的最重要技能。

科学研究发现，在我们为沟通花费的时间中，有45%用于倾听，30%用于说话，16%用于阅读，9%用于写作。我们花在倾听上面的时间远远多于说、读、写3种沟通形式。虽然我们花在"听"上的时间最多，但在沟通中却往往忽略它，而专注于"说"，以为会说、多说就是沟通能力强。

"倾"听是有层次之分的。真正的倾听要做到"五到"，不仅要"耳到"，更要"口到"（声调）、"手到"（用肢体表达）、"眼到"（观察肢体）、"心到"（用心灵体会）。当我们能用心去倾听别人说话时，才有可能真正理解对方的思想和感受，对方也会感到被尊重、被理解，从而提高沟通的有效性。

【温馨提示】

教你四招，学会倾听

1. 要集中精神地听

首先要保持视线接触，听人讲话要注视对方，微微含笑，但也不要死盯着对方，一动不动。一般来说，双方保持视线接触的时间要占到谈话时间的60%左右。其次，尽量不要接打电话，不要看公文或电视。

2. 用体态语言进行反馈

倾听时借助得体的体态语，主动而及时地做出反应，表达对说话人的肯定和欣赏，这对说话人是极大的鼓舞。如果你对他的话表示欣赏和赞同，就可以不时地点头微笑，或者跷起拇指。当对方发现你在热情注视他时，会更加乐意与你交谈，就会努力地把自己最好的想法说出来与你分享。如果你想让对方继续讲下去，进行更深入的交谈，可以把椅子移近些，缩短空间距离，或将身体前倾，也可以给他倒杯茶，鼓励他继续讲。

3. 适时提出自己的见解

对方说话时，你可以不失时机地重复他说话的某一部分，如“正如你指出的意见一样，我认为……”“我完全赞成你的看法……”也可以适时提问，凭借你提的问题，让对方知晓你在认真听他说话。

4. 切忌打断对方的话

无论你多么想把话题转到别的事情上去，也要等对方讲完以后，再岔开话题。切勿随意插嘴，这不只是个人修养的体现，更是为了让对方诉说的需要得到满足，从而赢得对方的好感。

（三）同理心

同理心是一个心理学概念，又被翻译成同感、共情等，最早由人本主义大师卡尔·罗杰斯提出。它指的是在人际交往过程中，能够体会他人的情绪和想法，理解他人的立场和感受，并站在他人的角度思考和处理问题，其意与我们平常说的“善解人意”“感同身受”相近。

同理心是一种高水平的认知能力，它能让人想象到别人的感受，或自己在他人的处境下会有怎样的感受。拥有同理心的人不仅能设身处地地从别人的角度去体会并理解别人的情绪、需要与意图，还能把这种理解以关切、温暖、尊重的方式表达出来。

同理心还涉及情感因素：我，作为另一个个体，仅仅是想象到你的感受还不够，我还要跟你一起感同身受。

无论是在工作还是在日常生活中，一个有同理心的人会先把自己的意见放到一旁，认真倾听他人的想法，体察他人的意愿，当别人表达意见时，不仅理解他的立场和情感，还会设法使对方明白你已经完全了解他的想法。这么做，除了表达尊重和诚意外，还能获得对方充分的信任——就像一个善解人意的医生可以靠悉心倾听来获得病人的彻底信任一样。

【温馨提示】

培养同理心的四步曲

1. 摆脱自我中心，学会换位思考。
2. 增强对他人的需要和情绪反应的敏感度。
3. 倾听并增强对他人的理解力。
4. 反馈，表达你对他人的理解与感受。

四、化解冲突

冲突是一种对立的状态，表现为两个或两个以上相互关联的主体之间的紧张、不和谐、敌视，甚至争斗关系。人与人之间存在着个性、价值观、行为方式、利益的不同，在互动过程中，冲突在所难免。

对于人际关系来说，冲突可以带来挑战，也可以带来机遇。冲突的负面功能主要表现在：由于心存芥蒂，使得双方沟通不良，情感隔膜，甚至相互诋毁，相互拆台；或者由于互不相让、恶意攻击导致双方关系破裂。但是，冲突也可以有很强的正面功能，这类似于俗话说的“不打不相识”。正面功能主要有两方面：一方面，双方把隐藏的不满、误解公开表达出来，可以通过辩论而得以澄清、化解，从而消除隔阂，增进理解，加深关系；另一方面，双方把各自的看法及其理由摆出来，通过建设性的争论，可以形成“头脑风暴”，彼此激发新思想，最后找到解决问题的更好方案。所以如何对待和处理冲突，显得尤为重要。

（一）预计和控制

预计冲突是正确了解冲突，并建设性地处理冲突，避免在冲突中付出不必要的更大代价的最有效途径。一般情况下，如果一个人在毫无准备的情况下被直接卷入冲突，那么要在冲突过程中保持冷静和理性是十分困难的。人是情绪化的动物，在过于激动的时候，思维会受到明显的干扰，很难保持对事情的正确判断。在激情之中做出对人际关系有害乃至犯罪行为的事是很有可能的。面对职场冲突，要了解自己的情绪，控制情绪，避免过激行为。

（二）同理和对话

“人同此心，心同此理”，学会用同理的方式去体验别人为什么会做出像他所想的那种言行，可以有效地帮助我们正确理解别人，避免判断的错误，有效地避免人际冲突。

理性地与冲突对方作深度对话，表达自己的观点和感受。真诚适切地表达自己的感受，比起指责对方更易化解冲突。

（三）回避或合作

回避是指在冲突的情况下采取退缩或中立的倾向。采取回避态度并不能解决问题，甚至可能给今后的发展带来不利影响。但在以下两种情况下，回避可能是比较明智的。

一是冲突的内容或争论的问题微不足道，或只是暂时性的，不值得耗费时间和精力来面对这些冲突。

二是冲突的对方是上司，作为下属，如果不顾上司的权威，公开顶撞上司，让上司下不了台，就会破坏团队的运作。

合作是指冲突双方愿意共同了解冲突的内在原因，分享双方的信息，共同寻求对双方都有利的方案，采用这一管理方式可以使相关人员公开地面对冲突和认识冲突，讨论冲突的原因和寻求各种有效的解决途径。

（四）重建和修复

人际冲突如果处理得当，就事论事，一般不会给人际关系带来太大危害。但如果处理不当，伤害就发生了。当我们感到自身或关系受到伤害时，要及时采取措施，重建我们的积极态度和自信，并修复关系，避免让伤害进一步升级。当人际关系紧张时，只要双方或多方都做出一些重建和修复的努力，其关系就可能回到原来的轨道，并且有希望变得更好。虽然人际关系紧张并不完全是你的责任，但是要弄清楚你该对它负哪些责任，并承认这一点。人往往只会修复他所承认的那部分责任，并为此做出改变。因此，百分之百承担自己的那部分责任并努力修复，可以再次构建良好的关系。

【职场故事】

老板的“考验”

美华的老板常常嘲讽她，并且安排一些“吃力不讨好”的事情，这让美华感到很受伤。于是，美华鼓起勇气，主动要求与老板进行一次对话。在谈话中，她问老板：“我做错了什么事？为什么您总是看我不顺眼？”老板回答道：“我只是想考验一下你，既然你已经通过了考验，以后我们就好好相处吧！”

扫一扫，测一测

第三节 职场新人的人际关系

入职后的1~3年通常被称为“新人期”，是每个职场人士必经的阶段。这个阶段的主要任务是将在学校学得的相关知识与技能转化为实际的工作能力，建立职场人际关系，积累职场经验。职场人际关系的建立和维护对我们实现职业目标与顺利开展工作极为重要。

职场新人需要处理的主要人际关系有与上司的关系、与同事的关系以及与客户的关系。

扫一扫，看视频

理解上司

一、与上司相处

最重要、最难处的职场人际关系就是与顶头上司的关系。这是因为，职场人际关系从某种意义上说是一种利益关系。上司作为部门的负责人，对下属的利益拥有直接决定权。处理好与上司的关系，有利于融入团队，顺利开展工作。

职场新人在与上司相处的时候，往往会陷入两个“误区”。一个是对上司敬而远之，把与上司发展关系的行为都看作巴结谄媚，以为只要自己努力工作，上司就一定会知道、会肯定。另一个是对上司超乎寻常的热情，竭力讨好，一有机会就在上司面前表现自己。与上司相处，最佳的做法是服从的行为和热情的态度。

（一）理解上司

什么是上司？首先他是一个领导者。在职场中，职位与责任、权力是相应的，职位越高，权力越大，责任也越大。作为领导者，他要统领所在的部门或组织完成既定的目标任务，以保障我们的事业长足发展。其次，他是一个顾问，他的工作之一是评估你的潜力是否得到了发挥。有时他可能需要纠正你犯的一些错误，给你提一些工作建议。有时他也会与你进行心与心的对话。最后，他还是一名教师，不仅会教你如何安排工作，也影响着你对工作、公司的态度。

对上司的认识不要因情绪而片面化。上司也是人，肯定优点缺点都有。有的上司很挑剔但勇于承担责任，有的上司脾气不好但能力却很强。无论上司是一个什么样的人，你是否喜欢，他能走到今天的这个位置一定有他的过人之处，值得新入职的我们敬佩、尊重、学习。在工作中，“讲上司坏话”的员工通常被认为是缺乏职业道德与职业忠诚的。

扫一扫，看视频

适应上司

（二）适应上司

不同的上司有不同的领导风格，但大体可以分为专制型、放任型和民主型3

种。这3种不同的管理风格会形成不同的团队氛围。

专制型领导通常比较严厉，重视通过约束和控制等方式建立一个严密的团队。这类领导希望下属能够做到准时、有秩序、有效率。尽管专制型领导看起来冷酷、无法接近，但他们也可能非常关注下属，并经常帮助下属。事实上，那些对安全性、技术性和效率要求很高的工作，常常迫使上司成为专制型领导。作为专制型领导的下属，可能会对上司心存畏惧，但是，只要具有较强的服从意识和执行力，工作能力会得到较快提升，工作满意度和工作绩效反而比较高。

放任型领导完全不同于专制型领导，他们主张营造轻松自由的团队氛围，很少在工作中干涉、约束和控制下属，既不监督工作，也不检查结果，一切都有赖于下属的自制力。因此，在这样的团队里，除非团队成员的自主能力和自律能力超强，否则团队成员往往不能合理安排时间，缺乏目标，容易意志消沉而致使职业生涯陷入危险的境地。这一点对初入职场的人来说尤为如此。

民主型领导一般有较强的专业能力和洞察力，他们把自己当作团队中的一员，不凌驾于其他团队成员之上，又能保持领导的权威地位。现代企业提倡民主型管理，但是，能真正地始终做到民主管理的领导并不太多，很多领导游走在专制和放任之间。

作为下属，赞同不赞同上司的领导风格并不重要，重要的是要适应他的领导风格和管理方式，用实际行动表明你希望成为他(她)的支持者，这样才能对自己的职业发展大有裨益。

（三）高效工作

与上司有效地沟通，要多聆听，多记录。与上司沟通的目的是了解上司的意图，获得支持，把握自己未来的工作方向，统一步调，达到良好的工作效果。同时，也是为了使上司更多地了解你。特别是当你和顶头上司之间出现问题时，更要和他开诚布公地沟通交流，以增进相互理解，达成谅解，修复关系。

执行上司的指令，要根据指示制订出相应的方案，迅速行动，随时汇报，及时总结。在上司布置任务时，要避免问“为什么要这样做?”面对上司的批评甚至指责，辩解、理由一般都会被解释为“顶撞”，职场新人应切记这一点。

【温馨提示】

如何构筑与上司的信赖关系

在工作中处理好与上司的关系是你的责任，也是一门学问。如何构筑与上司的信赖关系？这里为你提供10条建议。

1. 不要戴着有色眼镜看上司

在生活中，有些人对权威人物怀有偏见而不自知。如果将这种偏见带到和上司的关系中来，是非常危险的，对上司也是不公平的。我们要摘掉自己的有色眼镜，公平地看待新上司。这样他不仅会感受到你的尊重，你也会获得他的尊重。

2. 以平常心面对上司

每个人都会有状态不好的时候，你的上司也不例外。在他易怒的时候，努力避免激惹他。有时上司的某些行为可能会让你费解，你要泰然处之。

3. 不要畏惧上司

畏惧是一种可怕的情绪，在它的作用下，你将很难专心愉快地工作，而且上司也不会重用你。若如此，你就要考虑向人力资源部门提出调换部门，或者必要的话，选择辞职。

4. 适时主动地接近上司

选择在上司事情不多、压力不大的时候跟他谈论你的抱怨或你的工作想法很重要。但在他忙于工作或情绪糟糕的时候不要去找他。如果你的事情很紧急、很重要，相信他会给你发言的机会。

5. 不要妄图和上司成为“密友”

任何时候都要提醒自己：你和上司之间终究是一种商业关系，在拉近你们距离的同时，与他的交往不要变得过于亲密。

6. 让上司成为你的“良师”

努力让上司认可你、关注你、成为你的良师，这非常重要。如果你积极与他建立良好的关系，他可能会成为你的职业发展顾问。

7. 在第一时间向上司承认错误

人无完人，孰能无过？如果你犯了错误，应该马上向上司坦承，不要让别人来告诉他你犯的错误。然后告诉他你将采取什么样的补救措施，或者征求他的补救意见，这会赢得上司的信任和宽恕。

8. 不要越级汇报工作

破坏你与顶头上司良好关系最快捷的方式，就是越过他向更高层领导汇报你的工作。任何时候你都应该首先向顶头上司汇报。

9. 不要姑息抱怨

抱怨上司可能会酿成你与上司间的误会和冲突，破坏你们的关系。因此，当你的抱怨合情合理时，主动跟上司倾诉才是明智的做法。

10. 上司可能并不喜欢做领导

相当一部分管理者自身并不喜欢担任“上司”这一角色，他们从事管理工作可能迫于外部压力。作为下属，你应该充分考虑这种可能性，更加全面地理解“上司”这一角色。

扫一扫，看视频

与同事相处

二、与同事相处

同事，顾名思义，就是“一同共事的人”，大家朝夕相处，一起度过的时间甚至比和父母亲人还要多。与同事相处得法，不仅可以使自己做一个受人喜爱的同事，还可以使同事成为职业人生的最大财富。

（一）保持均衡

把握平衡，保持和谐关照的近邻关系是处理同事关系的要点。有的职场新人只注重与上司建立良好的关系，而忽视与周围同事建立和谐的工作关系。职场上，聪明的上司不会因为与你保持超乎寻常的亲密关系而疏远其他下属，因为这会导致部门内其他成员的不满。即便你与顶头上司有着亲密关系也不见得是件好事，因为它也许会影响你与周围同事的关系。

有的职场新人只注重与一两位同事保持良好的工作关系，而忽视与其他同事建立良好的工作关系，以个人好恶为标准，与同事交往，喜欢的就抱成一团，不喜欢的就置之不理。如果只重视与一两个同事之间的横向工作关系，那么，与其他同事的工作关系必然恶化，影响整体效率，而与上司的纵向工作关系也会受到影响。

要保持自己的个性和交往风格。虽然我们需要不断地修炼，完善自身个性，但如果待人接物的方式一以贯之，形成自己的风格，也能赢得他人的理解和尊重。

与他人交往时，必要的让步、妥协是应该的，但不要过分牺牲自己去讨好别人，讨好一切人是根本不可能的。不要盲目地被资深员工牵着鼻子走，在工作中一定要有自己的主见。

（二）珍惜友情

由于职场竞争的存在，同事的友情有时会被人们忽略、猜疑、伤害，乃至背叛。但其实每个人都渴望广交朋友，并得到朋友的友情，我们的许多朋友是由同事发展而来的，要加强交流，增进友谊。可于繁忙的工作之余，寻找和创造机会，主动交往，相互了解，发展友谊。

在职场上交友要分清公与私。作为同事，谈工作时，公事公办。作为朋友，谈交情时，互谅互让。所有与工作有关的事情都是公事，只要是公事就有原则、纪律和程序，要按章办事，如果在工作中将私人情感掺和进去，往往会影响同事(朋友)的友谊。

（三）情绪自律

身处职场，人们会因各种因素而产生焦虑、恐惧、愤怒等情绪，情绪具有横向蔓延性和垂直传递性，负面情绪会彼此感染，影响我们的人际关系，进而影响团队效率，应当采取有效的预防措施，有效地管理自己的情绪。

不要把公事以外的个人情绪带进工作中，并少把个人情绪宣泄给别人。

气愤时要平息愤怒。美国心理学家欧廉·尤里斯教授提出了能使人平心静气的三项法则：首先降低声调，继而放慢语速，最后胸部挺直。降低声调、放慢语速都可以缓解情绪冲动，而胸部向前挺直，就会淡化冲动紧张的气氛，因为情绪激动、语调激烈的人通常都是胸部前倾的，当身体前倾时，就会使自己的脸接近对方，这种讲话姿态能人为地造成紧张局面。

避免陷入牢骚中无法自拔。负面情绪久而久之会演变为抱怨和牢骚。根据无线网络广告公司 Cloud Nine Media 对 1 060 名成年员工的最新调查，约 70% 的美国人说，同事中有人总是发牢骚。其中 67% 的人承认他人不停地抱怨会影响自己的工作效率。抱怨具有传染性，如果你发现自己陷入和周围人相同的负面思维惯性，赶快在自己的脑海里重构积极的想法。如果某人说：“我恨星期一，周末太短暂了。”不妨试着反向思考：“我很高兴在周末得到了休息，我准备好对付那个大项目了。”

学会放松，经常运动，缓解焦虑情绪。可通过学习腹式深呼吸，或有系统地绷紧与放松身体各部分的肌肉而达到松弛。研究显示，松弛训练比用药物(如酒精、大麻、镇静剂等)来放松自己更有益处。其他的松弛方法包括音乐、电视、阅读、祈祷、冥想和散步等。当一个人在沉思、冥想或从事缓慢的松弛活动时，

如肌肉松弛训练、瑜伽、打坐等，在体内会产生一种宁静气息，使心跳、血压及肺部氧气的消耗降低，而使身体各器官得到休息。运动也可以舒解每天积攒的压力与紧张情绪，并使人保持身心健康。

【温馨提示】

职场“菜鸟”的快速合群法

1. 品行优良

品质比技术更重要。对于职场新人来说，在学校里学的理论知识永远无法替代实践工作经验，刚入职场的你要想凭借专业知识获得企业青睐几乎不可能。企业向你抛出橄榄枝的原因首先是对你品质和修养的肯定，其次才是你的学识和专业。

2. 责任心

遇到大事，我们都会认真处理，谨慎对待，但很多时候责任心却体现在琐碎的工作小事上。很多新人忽略了这一点。实际上，你做每件工作、每一件事情，都是在向上司或同事展示自己的学识和价值，只有做好每件事，才能真正赢得信任。

3. 踏实勤奋

80后、90后的职场新人，太多的优越感容易让他们忽略自己的缺陷和不足，有的人眼高手低、嘴到手不到而且懒惰，因此，踏实勤奋就变得尤为可贵。

4. 谦虚谨慎

孤芳自赏、恃才傲物只会让自己失去很多学习机会，作为职场新人，不管你曾经获得多少奖学金和有多大的能耐，从走出校门的那一刻开始，一切从零开始，本着谦虚谨慎的态度“多干活儿少说话”准没错。刚参加工作，有想法、有创意、有抱负是好事，切忌锋芒毕露、自作主张。

5. 沟通协作

沟通协作有助于新手更快地融入团队。想要得到别人尊重，首先得去尊重别人。想让同事亲近你，首先要主动友善地亲近身边的同事，态度积极地询问和请教问题，总会得到对方同样友善的回应，使双方更快更友好地熟悉起来，不仅有利于自身的成长，也有利于工作沟通和协作。

（资料来源：新华网，http://news.xinhuanet.com）

三、与客户相处

狭义地讲，客户就是购买我们产品、方案以及服务，能够使我们企业获得利润或利益的个人和组织。各个岗位上的工作者都有自己服务的对象，其中某些岗位所要服务的对象非常明确，比如餐厅服务员、银行出纳员、医生以及销售人员等。当然也有些岗位所要服务的对象并不那么明确，例如机械师、软件工程师、营养师等。

企业的利益来自客户资源的保持以及不断地拓展，赢得客户是企业发展必备的基础，职场新人必须学会与客户和谐相处。

（一）提供服务

树立解决问题，优质服务的观念是第一要务。即使没有明确服务对象的工作者，也需要培养积极的客户服务态度。当人们在工作中树立了积极的客户服务观念时，无论从事何种职业，处在何种岗位，其中所有的人都会受益。

解决问题是提供优质服务的核心。我们与客户合作的目标及责任就是协助其解决问题，应尽己所能帮助客户解决困难，甚至一些与工作无关的私事。在不损害公司利益的前提下，制度与流程只是我们内部应履行的手续，不应成为我们无法为客户解决问题或拖延解决的理由和借口。尤其当客户提出合理的要求时，不要认为这是在给我们或公司增添麻烦。

了解客户需求是提供优质服务的前提，尊重、热情、周到、及时是提供优质服务的准则。灵活掌握、粗中有细是提供优质服务的技巧之一。“粗”，是说跟客户相处不要每件事都那么较真，比如客户犯了什么错，就不必那么针锋相对了，对人宽容，人家也就不会太在细节上为难你。“细”，是对关键的环节一定要仔细把握，不能有丝毫差错。另外就是有据可查，对客户所提的需求，都需要有记载，比如邮件、微信、QQ 等。

（二）建立信誉

人无信不立。获得客户信任至关重要。唯有相互信任，关系才会不断升华。这样，即使发生难以避免的意见不一致，也可以使我们有充分的进退余地，便于做好服务工作。

一要诚信守约。不向客户提供伪劣产品，不向客户承诺无法兑现的服务等，遵守并按时兑现向客户的承诺。

二要换位思考。如果我们能时时处处站在客户的角度考虑问题，并与客户同舟共济，那么客户的信任也一定会日益增长。

三要树立口碑。口碑是最好的广告。把自己过去的成绩和他人的评价引荐通报给客户，有助于建立良好的信誉。

（三）守住底线

富兰克林说：“保留他人的面子和自尊，是人际交往的底线。”坚决不做违反原则和损害己方利益的事——这是我们与客户交往的底线。

在以下情况下，可以考虑放弃客户或要求客户按我方的原则来办理：客户存在诈骗及恶性欠款的可能；客户要求的价格、付款条件、服务等损害了己方利益，而且在将来，己方的长期利益也无法弥补眼下的损失；客户坚持要求我们冒法律风险，或违反我们的基本财务纪律。

不反对业务之外的交往，如闲暇时间与客户一起打球、吃饭、旅游等，通过此类交往，可以增进私人感情，有助于发展和巩固与客户的关系，但是务必要谨记“吃人嘴软，拿人手短”这句至理名言。

扫一扫，测一测

【职场故事】

徐毅和王宁的故事

徐毅和王宁是某个金融公司的软件设计师。他们在工作中都很专业、敬业，所不同的是他们的客户服务意识。

徐毅每一次设计软件之前都会和上司进行商讨，听取他的想法和意见，但从不向客户和一线工作人员进行调查，更不与他们交流。徐毅经常得到上司的赞扬，因为他的设计方案总能比较顺利地获得通过，提前完成任务。

王宁则不然，他在设计之前常常花大量的时间了解终端客户对产品的要求，然后根据收集上来的资料设计软件。他这样做当然费时费力，而且不能很快得到上司的赞扬。但是，稍后的事实证明，他设计的软件更能得到客户的青睐，给企业赢得更多的效益，因为他的产品里包含了他的客户服务理念。

后来，公司要提拔项目部经理，王宁榜上有名，徐毅则名落孙山。

【拓展训练】

一、优化我的职场人际关系

<table>
<tr><td colspan="2">虽然所有的工作关系对于一个人来说都是很重要的，但是有些人际关系对一个人的职业发展具有更加重要的作用。本练习旨在帮助你检查自己是否低估或忽略了某些重要的人际关系(即与重要的他人的关系)。正如一位电话安装公司的职员写的：“对我而言，这是一个非常有益的练习，因为从中我发现自己曾经忽略了对我个人发展很重要的人际关系。”</td></tr>
<tr><td colspan="2">在表格中列出 5~10 种对你目前工作最为重要的人际关系(按重要性由大到小排列)。分析你的作答结果，从中找出那些被你忽视的重要的人际关系。如果尚未参加工作，你可以以你的个人关系(朋友、家庭成员或者重要的他人)为基础，填写该表格。</td></tr>
<tr><td>1.

2.

3.

4.

5.</td><td>6.

7.

8.

9.

10.</td></tr>
<tr><td colspan="2">所有的职场人际关系都很重要，只重视某些人际关系而忽视另一些人际关系对于你的职业发展非常不利。</td></tr>
</table>

二、向上司提问

玛丽是文峰仪器(天津)公司行政部的实习生。她3个月的试用期已满，按合同规定她早就该转为正式工了。她多次暗示上司希望能给她办相关手续，可是上司总是说自己太忙，而且这事也不急，所以，这件事一拖再拖。这天一上班，她就决定一定要找上司谈谈，把这个问题解决。但是，如何正式向上司提出这个问题，玛丽开始在心里琢磨。

1. 任务要求

在教室里演练。3人一组，其中1人扮演玛丽，1人扮演上司，1人给予监督和评价。每个人都要轮流扮演玛丽。

2. 任务实施

根据实际情况练习向上司提问。

3. 任务评价

自我评价	同学互评	教师评价

三、职场支招

秦女士年初被提升，干上了她非常喜欢的工作。她的上司王先生是一位良师益友，对她的工作给予了很大的支持，王先生的上司吴先生对她也很认同，所以秦女士在工作上如鱼得水。但是，上个月，她的上司王先生因故离开了公司，经王先生推荐，公司从外面引进了一位李先生作为秦女士新的上司。

李先生的到来使秦女士的情况完全改变了。用秦女士的话来说："简直要崩溃了。"事情是这样的：李先生来之后，总是对秦女士的决定做事后诸葛亮。有时候，甚至让秦女士将她做过的工作再按李先生自己的方式重新做一次。最不能让秦女士容忍的是，李先生不止一次在秦女士的下属面前对秦女士的工作方法表示怀疑。秦女士很苦恼，她想跳过李先生，和李先生的上司吴先生反映一下情况，又觉得可能会把问题搞僵。她想和李先生谈谈，又担心控制不住情绪，反而更糟。想和老上司王先生沟通一下，又担心让王先生为难。

现在秦女士该怎么办?

1. 任务要求

采用头脑风暴法，为秦女士出谋划策，寻找解决方案。

2. 任务实施

5人一组进行讨论，形成可行的解决方案。

第七章　就业政策法规

案例导入

在工作过程中因违章操作而受伤是工伤吗？

2011 年 9 月 1 日，赵某应聘成为武汉某五金制品厂的一名工人，双方约定试用期 3 个月，试用期满办理各项社会保险。11 月 19 日上午，赵某在工作中右手小拇指被冲床压断。工厂立即派人将其送到医院治疗，并垫付医疗费 2 万余元。厂方经过仔细的事故调查，确定事故原因是赵某在带班师傅离开之际擅自开动冲床，从而导致事故发生。这种做法违反了工厂《车间操作规定》中关于工人试用阶段必须由带班师傅现场指导方可开动压力车床，禁止独自操作的规定。

想一想

像赵某这种违章操作而受伤属于工伤吗？工厂应该赔偿吗？

第一节　国家就业政策

就业政策是党和国家在一定的历史阶段和历史条件下，为了促进经济发展和社会进步，为劳动者创造就业条件、扩大就业机会所制定的行为准则。大学毕业生就业政策是国家就业政策的重要组成部分，对大学毕业生的就业具有重要意义。

为了使大学毕业生具有宽松的就业环境和更多的就业机会，国家进行了一系列大学毕业生就业制度改革，及时制定并调整了适应新形势的大学毕业生就业政策。

一、一般政策

（一）现行就业方针

我国现行大学毕业生就业工作的方针、政策是：贯彻统筹安排、合理使用、加强重点、兼顾一般和面向基层，充实生产、教学、科研第一线的方针，坚持“公开、公平、择优、自愿”原则，实行“市场导向、政府调控、学校推荐、毕业生和用人单位双向选择”的就业模式。大学毕业生在国家就业方针政策的指导下，通过供需见面，双向选择，自主择业。已落实工作单位的大学毕业生，国家负责为其办理就业手续。在规定的时间内未落实工作单位的大学毕业生，学校将其档案、户口转回原户籍所在地，由当地毕业生就业指导服务机构推荐就业。

（二）结业生的就业政策

结业生是指具有正式学籍的学生，学完教学计划规定的全部课程，其中有一门主要课程（包括毕业论文、毕业设计）不及格者。结业生由学校发给“结业证书”。对于修业期满，未取得毕业资格的结业生，可由学校向用人单位推荐或自荐，找到工作单位的，可以办理有关就业手续，但必须在《全国普通高等学校本专科毕业生就业报到证》（以下简称《就业报到证》）上注明“结业生”字样。在规定时间内无接收单位的，学校将其档案和户口关系转回原户籍所在地，自谋职业。按照国务院有关文件规定，被国家财政拨款单位录取的结业生，其工资标准比普通高校同等学力毕业生低一级。

（三）肄业生的就业政策

肄业生是指具有正式学籍的学生未完成教学计划规定的课程而中途退学者（被开除学籍者除外）。肄业生由学校颁发“肄业证书”或学习证明，不签发《就业报到证》。国家对肄业生不负责办理就业手续。

（四）患病毕业生的就业政策

毕业生毕业前进行身体检查，因身体原因不能正常工作者暂不办理就业手续，让其回家休养。一年内治愈的（必须由学校指定的县级以上医院出具证明），可以随下一届毕业生就业。一年后仍未治愈或无用人单位接收的，户口关系和档案关系转至原户籍所在地，按社会待业人员对待。因患病等原因短期内无法工作且没有生活来源的，可到民政部门申请低保。毕业生在报到后发生疾病而不能坚持工作的，应按在职人员有关规定处理。

（五）残疾毕业生的就业政策

教育部《普通高等学校毕业生就业工作暂行规定》中明确规定：对残疾毕业生学校应该帮助其就业，确有困难的，按有关规定由生源所在地民政部门安置。必要时，学校可与民政部门联系安排残疾毕业生的工作单位。

（六）毕业生自费出国留学政策

毕业生可以申请自费出国留学。申请自费出国留学的毕业生凭国（境）外大学的录取通知书，在学校规定的期限内提出申请，经学校教务处和毕业生就业管理部门审核同意后，不列入就业计划。毕业生集中办理离校手续时，留学手续未办妥的，原则上将其户口转至原户籍所在地，继续办理出国（境）手续。

（七）定向生的就业政策

定向生原则上按入学时的合同就业。如确因特殊情况不能回原定就业单位的毕业生，必须征得原单位同意并出具相关证明，报就业主管部门批准，并交纳相应的违约金和培养费后，可调整就业单位。

（八）来自边远省区毕业生的就业政策

生源地位于边远省区的本、专科毕业生，只要是边远省区急需的，原则上应回生源地就业。边远省区特指 10 个省、自治区：黑龙江省、甘肃省、青海省、贵州省、云南省、内蒙古自治区、新疆维吾尔自治区、宁夏回族自治区、西藏自治区、广西壮族自治区。

（九）享受专业奖学金和定向奖学金的毕业生就业政策

享受师范、农林、民族、体育、航运等国家专业奖学金，及享受艰苦行业、

地区或特殊岗位定向奖学金的毕业生，原则上按国家计划就业。对不服从就业计划自谋职业的，必须补交在校期间普通专业的学费并返还定向奖学金和专业奖学金。

（十）专升本的就业政策

普通专升本大学生的就业按普通全日制本科毕业生的政策执行。

二、优惠政策

（一）选调生计划

选调生是组织部门有计划地从高等院校选调品学兼优的应届大学本科以上毕业生到基层工作，作为党政领导干部后备人选和县级以上党政机关高素质的工作人员人选予以重点培养，这样的毕业生被称为“选调生”。20 世纪 80 年代，选调生工作在全国展开。2000 年，中共中央组织部发布了《关于进一步做好选调应届优秀大学毕业生到基层培养锻炼工作的通知》，对进一步做好选调生工作提出了明确要求。2008 年，中央组织部下发《选调优秀高校毕业生到基层培养锻炼工作暂行规定》，成为地方选调招录的宏观指导文件。据不完全统计，2004 年之后，每年稳定增长将近 1 万名选调生。2011 年共有 21 个省、市、区招收选调生 12 664 人。

（二）志愿服务西部计划

“大学生志愿服务西部计划”又称为“西部计划”，是由共青团中央、教育部、财政部、人力资源和社会保障部根据国务院有关要求共同组织实施的。该计划从 2003 年开始，按照公开招募、自愿报名、组织选拔、集中派遣的方式，每年招募一定数量的普通高等院校应届毕业生，以志愿服务的方式到西部贫困县的乡镇从事为期 1~3 年的教育、卫生、农技、扶贫以及青年中心建设和管理等方面的工作。参加这项计划的大学生一般被称为“西部计划志愿者”。

为了鼓励和支持大学生参与“西部计划”，国家有关部委出台了一系列政策和保障措施。

（1）志愿者服务期间中央财政给予一定的补贴。生活补贴为每人每月 880 元，同时根据所在服务地享受艰苦边远地区津贴（按照人力资源和社会保障部、财政部《完善艰苦边远地区津贴制度实施方案》，全国有 984 个县、市、区纳入实施艰苦边远地区津贴范围，每月津贴标准分别为：一类区 65 元，二类区 120 元，三类区 215 元，四类区 515 元，五类区 900 元，六类区 1 490 元），按月发放。服务单位为志愿者提供住宿等必要的生活条件。

（2）为了加强对志愿者的管理，志愿者服务期间，户口、档案保留在学校。服务期满后志愿者通过双向选择落实工作单位后，学校再向其发放《就业报到证》。

（3）志愿者服务期至少满 1 年且考核合格的，可以应届高校毕业生身份报考公务员。报考中央机关和东、中部地区公务员的，在同等条件下优先录取。报考西部地区公务员的，笔试总分加 5 分。志愿者服务期未满 1 年的，可以社会在职人员身份报考公务员，但不享受相关优惠政策。

（4）志愿者服务期满 2 年且考核合格的，3 年内报考研究生，初试总分加

10 分，在同等条件下优先录取。

（5）在服务期间，志愿者的保险由大学生志愿服务西部计划全国项目管理办公室统一办理，保费为每人 200 元，险种为大学生志愿服务西部计划志愿者综合保障险。

（三）“三支一扶”计划

“三支一扶”计划是中共中央组织部、人事部、教育部、财政部、农业部、卫生部、国务院扶贫办、共青团中央等八部委联合组织开展的高校毕业生到农村基层从事支教、支农、支医和扶贫工作。该计划从 2006 年开始连续 5 年，按照“公开招募、自愿报名、组织选拔、统一派遣”的方式，每年招募 2 万名高校毕业生，主要安排到乡镇从事支教、支农、支医和扶贫工作，招募对象主要为全国普通高校应届毕业生。2011 年，八部委又联合下发了《关于继续做好高校毕业生三支一扶计划实施工作的通知》，决定继续开展这项计划。从 2011 年起，每年选拔 2 万名，5 年内选拔 10 万名高校毕业生到基层从事“三支一扶”服务。招募的高校应届毕业生服务期间的身份是“三支一扶”志愿者。

“三支一扶”志愿者享受以下政策保障：

（1）志愿者服务期限一般为 2～3 年，工作期间给予一定的生活、交通补贴，统一办理人身意外伤害保险和住院医疗保险。其工作、生活补贴标准参照本地事业单位从高校毕业生中新聘用工作人员试用期满后的工资收入水平确定。根据当地经济发展和物价水平变化以及同岗位人员待遇水平等情况，适当调整其工作生活补贴标准。志愿者在服务期间，按照当地规定，参加相应社会保险，参加社会保险的相关费用，纳入财政给予的工作、生活补贴范围。

（2）“三支一扶”大学生原服务单位有职位空缺需补充人员时，优先考虑接收服务期满考核合格的志愿者。县、乡各类事业单位，有职位空缺需补充人员时，拿出一定的职位专门吸纳志愿者。服务期满自主创业的，可享受行政事业性收费减免、小额贷款担保和贴息等有关政策。应届大学毕业生自愿到国家需要的艰苦地区、艰苦行业基层工作，服务达到国家规定年限，并符合相应条件的，可享受国家助学贷款代偿政策。

（3）服务期满考核合格的志愿者，报考党政机关公务员的，可以通过适当增加分数以及其他优惠政策，优先录用。到西部地区和艰苦边远地区服务 2 年以上，服务期满后 3 年内报考硕士研究生的，初试总分加 10 分，在同等条件下优先录取。对于已被录取为研究生的应届高校毕业生参加“三支一扶”项目的，学校为其保留学籍。

（4）各级人事、教育、农业、卫生、扶贫等部门要积极吸纳志愿者进入本系统工作。各级人事部门要为志愿者建立专门的人才库，广泛收集各类用人单位的岗位需求信息，动员各类用人单位接收志愿者，有针对性地提供就业指导和推荐，帮助其落实就业单位。

（5）服务期满考核合格的志愿者，根据本人意愿可以回到原籍或其他地区工作。凡落实了接收单位的，接收单位所在地区应准予落户。进入国有企事业单位的，由接收单位按照所任职务，比照同等条件人员确定其职务工资标准，其服务期年限计算为工龄。在今后晋升中高级职称时，在同等条件下优先评定。

（四）大学生村官计划

2008年，中共中央组织部、教育部、财政部、人力资源和社会保障部联合发出《关于选聘高校毕业生到村任职工作的意见(试行)》的通知，开展选聘高校毕业生到村任职工作，俗称“大学生村干部计划”。从当年开始，每年选聘2万名，连续选聘5年共10万名，由各地结合实际提出选聘计划，报中共中央组织部统筹研究后具体下达。

“大学生村干部计划”的选聘对象为30岁以下应届和往届毕业的全日制普通高校专科以上学历的毕业生，重点是应届毕业和毕业1~2年的本科生、研究生，原则上为中共党员(含预备党员)，非中共党员的优秀团干部、优秀学生干部也可以选聘。参加“志愿服务西部计划”“三支一扶”计划等活动期满的高校毕业生，本人自愿且具备选聘条件的，经组织推荐可作为选聘对象。选聘的高校毕业生在村工作期限一般为2~3年。工作期满后，经组织考核合格、本人自愿的，可继续聘任。不再续聘的，引导和鼓励其就业、创业。

选聘到村任职的高校毕业生，享受以下政策待遇：

（1）比照本地乡镇从高校毕业生中新录用公务员试用期满后的工资水平确定工作、生活补贴标准。在艰苦边远地区工作的，按规定发放艰苦边远地区津贴，补贴、津贴按月发放。参加养老社会保险。对选聘到村任职的高校毕业生，中央财政按人均2 000元的标准发放一次性安置费。

（2）在村任职期间，办理医疗、人身意外伤害商业保险。

（3）符合国家助学贷款代偿政策规定、聘期考核合格的，其在校期间的国家助学贷款本息由国家代为偿还。

（4）在村任职2年以上，具备选调生条件和资格的，经组织推荐，可参加选调生统一招考。

（5）在村任职2年后报考党政机关公务员的，享受放宽报名条件、增加分数等优惠政策，在同等条件下优先录用。县乡机关公务员应重点从选聘到村任职的高校毕业生中招录。

（6）聘期工作表现良好、考核合格的，报考研究生享受增加分数等优惠政策，在同等条件下优先录取。

（7）被党政机关或企事业单位正式录用(聘用)后，在村任职时间可计算工龄、社会保险缴费年限。

（8）到西部和艰苦地区农村任职的，户口可留在现户籍所在地。

【拓展阅读】

女大学生村官当牛倌

2006年7月，从河南科技学院毕业的徐科科，通过了安阳市招收大学生“村干部”的考试，被安排到龙安区具有饲养传统的郭里西村担任党支部副书记。郭里西村是个传统的饲养专业村，村里十多位饲养专业户聚集在一起形成了一个饲养小区。可由于缺乏技术，管理粗放，限制了饲养业的进一步发展。摸清情况后，徐科科开始忙活起来。她多方收集信息，积极向畜牧专家

请教，结合村里的实际情况，撰写了《肉牛饲养项目可行性论证报告》，并提出创办肉牛饲养场的计划。很快，村里采纳了她的意见。项目选好了，资金怎么办？徐科科又提出了建立股份制饲养场的办法。可村民们不知前景如何，没人愿意入股。她只好先做通自己家人的工作，率先拿出5万元作为项目启动资金。在她的带领下，十多户村民共拿出35万元参股养牛场。龙安区政府了解情况后，也给予他们30万元的贴息贷款。2007年10月，一座占地6 000多平方米、可存栏100余头肉牛的饲养场终于建成了。11月，第一批70头“架子牛”被拉了回来。

从此，徐科科又担当起了“牛倌”的重任。她整天待在养牛场，调整饲料配方、消毒、防疫，甚至打扫牛舍、清除牛粪，什么脏活、累活都干。半年后，150多公斤的“架子牛”长成了500多公斤的膘牛。出栏那一天，村民们都来了，看到半年时间就赚回12万元的纯利润，村民们非常欢喜。养牛场饲养规模也就不断扩大。接着，徐科科将养牛场注册为安阳市三奔牧业有限责任公司，继续扩建场房，为群众提供更多的养牛场所和牛苗，并提供统一的饲料、防疫、销售等服务，把饲养户集中起来，走“公司+农户”的经营路子。

（五）毕业生应征入伍

国家鼓励普通高等学校毕业生应征入伍服义务兵役，提高兵员征集质量，推进国防和军队现代化建设。应征入伍的高校毕业生享有以下政策保障：

（1）从2009年起，国家对应征入伍服义务兵役的高校毕业生在校期间缴纳的学费实行补偿。这里的“高校毕业生”指中央部门和地方所属全日制公办普通高等学校、民办普通高等学校和独立学院的全日制普通本专科生（含高职）、研究生、第二学士学位应届毕业生，不包括往届毕业生及成人高等教育、高等教育自学考试类学生、各类非学历教育的学生。在校期间，已享受免除全部学费政策的学生、定向生、委培生、国防生、部队招收的大学毕业生干部，以及从高等学校毕业生中直接招收的士官等其他形式到部队参军的高校毕业生，均不享受学费补偿政策。国家对每名高校毕业生每学年补偿学费或代偿国家助学贷款本息的金额，最高不超过6 000元。在校期间获得国家助学贷款的，学费补偿款首先用于偿还助学贷款本金及全部偿还之前产生的利息。高校毕业生因本人思想原因、故意隐瞒病史或违法犯罪等行为被部队退回的，取消其补偿学费和代偿国家助学贷款的资格，已获补偿或代偿资金由毕业生户籍所在地县（市、区）教育行政部门会同同级征兵办公室收回，并逐级汇总上缴至全国学生资助管理中心。

（2）高校毕业生在每年五六月份参加预征，身体初检和政治初审合格，填写《应届毕业生预征对象登记表》，将户口迁回入学前户籍所在地，档案可转到入学前户籍所在地人才交流中心存放。对应征入伍的高校毕业生优先选拔使用。在同等条件下，高校毕业生士兵在选拔士官、考军校、安排到技术岗位等方面优先。具有普通高等学校本科以上学历并取得相应学位的士兵，表现优秀、符合总政治部有关规定的可以直接选拔为军官。

（3）军队接收的地方大学生在首次评授军衔、评聘专业技术职务、确定专

业技术等级以及住房分配等方面，与同期入伍的军队院校毕业生同等对待。本科毕业生（获得学士学位）授予中尉军衔，定为副连职（技术 13 级）；研究生获得硕士学位，授予上尉军衔，定为正连职（技术 12 级）；获得博士学位，授予少校军衔，定为正营职（技术 10 级）。

扫一扫，测一测

（4）具有高等教育学历的士兵退役后，享受一系列升学考学优惠政策：参加政法院校为基层公检法定向岗位招生时，优先录取；退役后 3 年内参加硕士研究生考试初试总分加 10 分；立二等功及以上的，退役后免试推荐入读硕士研究生；具有高职（高专）学历的，退役后免试入读成人本科或经过一定考核入读普通本科。

第二节 国家就业制度

就业制度是指关于人们合法获取就业机会、维护社会就业行为的根本规定。与大学生密切相关的就业制度主要有就业准入制度、职业资格证书制度、劳动合同制度和人事代理制度。

一、就业准入制度

所谓就业准入制度，是指根据《中华人民共和国劳动法》和《中华人民共和国职业教育法》有关规定，对从事技术复杂，通用性广，涉及国家财产、人民生命安全和消费者利益的职业（工种）的劳动者，必须经过培训并取得职业资格证书后方可就业上岗的制度。

2000 年 3 月 16 日，我国劳动和社会保障部（现人力资源和社会保障部）发布了《招用技术工种从业人员规定》，对 90 个工种实行就业准入。对技术工种（职业）从业人员实行就业准入制度，其根本目的是提高劳动者的技能水平，增强其就业能力和适应职业变化的能力，实现高质量就业和稳定就业。从事就业准入职业的新生劳动力，就业前必须经过技能鉴定所专业理论学习和专业技能操作的职业培训，并取得职业资格证书。对招收未取得职业资格证书人员的用人单位，劳动监察机构应依法查处，并责令其改正。对从事个体工商经营的人员，要取得职业资格证书后工商部门才能办理开业手续。

【拓展阅读】

我国实行就业准入的 90 个工种

1. 生产、运输设备操作人员

车工、铣工、磨工、镗工、组合机床操作工、加工中心操作工、铸造工、锻造工、焊工、金属热处理工、冷作钣金工、涂装工、装配钳工、工具钳工、锅炉设备装配工、电机装配工、高低压电器装配工、电子仪器仪表装配工、电工仪器仪表装配工、机修钳工、汽车修理工、摩托车维修工、精密仪器仪表修理工、锅炉设备安装工、变电设备安装工、维修电工、计算机维修工、手工木工、精细木工、音响调音员、贵金属首饰手工制作工、土石方机械操

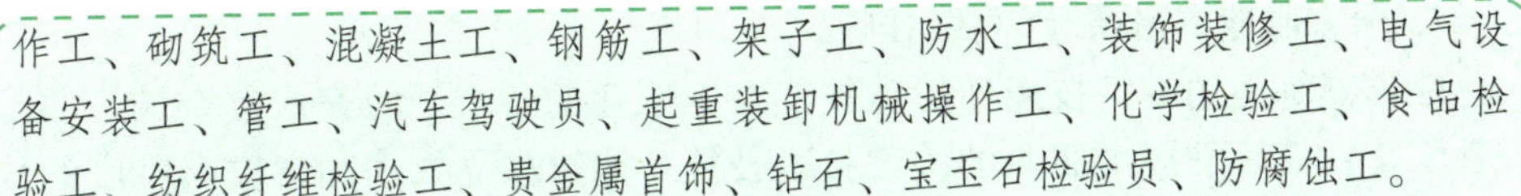

作工、砌筑工、混凝土工、钢筋工、架子工、防水工、装饰装修工、电气设备安装工、管工、汽车驾驶员、起重装卸机械操作工、化学检验工、食品检验工、纺织纤维检验工、贵金属首饰、钻石、宝玉石检验员、防腐蚀工。

2. 农林牧渔水利业生产人员

动物疫病防治员、动物检疫检验员、沼气生产工。

3. 商业、服务业人员

营业员、推销员、出版物发行员、中药购销员、鉴定估价师、医药商品购销员、中药调剂员、冷藏工、中式烹调师、中式面点师、西式烹调师、西式面点师、调酒师、营养配餐员、餐厅服务员、前厅服务员、客房服务员、保健按摩师、职业指导员、物业管理员、锅炉操作员、美容师、美发师、摄影师、眼镜验光员、眼镜定配工、家用电子产品维修工、家用电器维修工、照相器材维修工、钟表维修工、办公设备维修工、保育员、家政服务员、养老护理员。

4. 办事人员和有关人员

秘书、公关员、计算机操作员、制图员、话务员、用户通信终端维修员。

二、职业资格证书制度

国家职业资格证书制度是劳动就业制度的一项重要内容，也是一种特殊形式的国家考试制度，它是指按照国家制定的职业技能标准或任职资格条件，通过政府认定的考核鉴定机构，对劳动者的技能水平或职业资格进行客观公正、科学规范的评价和鉴定，对合格者授予相应的国家职业资格证书。

《中华人民共和国职业教育法》明确规定：“实施职业教育应当根据实际需要，同国家制定的职业分类和职业等级标准相适应，实行学历文凭、培训证书和职业资格证书制度。”

（一）国家职业标准

国家职业标准是指在职业分类基础上，根据职业活动内容，对从业人员工作能力水平的规范性要求。根据人力资源和社会保障部的规定，国家职业标准分为五级：

1. 国家职业资格五级（初级）

能够运用基本技能独立完成本职业的常规工作。

2. 国家职业资格四级（中级）

能够熟练运用基本技能独立完成本职业的常规工作；在特定情况下，能运用专门技能完成技术较为复杂的工作；能够与他人合作。

3. 国家职业资格三级（高级）

能够熟练运用基本技能和专门技能完成较为复杂的工作，包括完成部分非常规性工作；能够独立处理工作中出现的问题；能指导和培训初、中级人员。

4. 国家职业资格二级（技师）

能够熟练运用专门技能和特殊技能完成复杂的、非常规性的工作；掌握本职业的关键技术技能，能够独立处理和解决技术或工艺难题；在技能技术方面有创新；能指导和培训初、中、高级人员；具有一定的技术管理能力。

5. 国家职业资格一级（高级技师）

能够熟练运用专门技能和特殊技能在本职业的各个领域完成复杂的、非常规性工作；熟练掌握本职业的关键技术技能，能够独立处理和解决高难度的技术问题或工艺难题；在技术攻关和工艺革新方面有创新；能组织开展技术改造、技术革新活动；能组织开展系统的专业技术培训；具有技术管理能力。

（二）职业资格证书

职业资格证书是反映劳动者具备某种职业所必备的专门知识和技能的证明。它是劳动者求职、任职、开业的资格凭证，是用人单位招聘、录用劳动者的主要依据，也是境外就业、对外劳务合作人员办理技能水平公证的有效证件。与学历文凭不同，职业资格证书与职业劳动的具体要求密切结合，更多地反映了特定职业的实际工作标准和规范，以及劳动者从事这种职业所达到的实际能力水平。

职业资格由人力资源和社会保障部门及其委托的机构，通过学历认定、资格考试、专家评定、职业技能鉴定等方式进行评价，对合格者授予国家职业资格证书。其中资格考试一般分为笔试和口试，同时还有多种多样的实际操作考核。职业技能鉴定的主要内容包括本工种和相关工种的职业技能、相关知识和职业道德三个方面。

职业资格分为从业资格和执业资格：

1. 从业资格是政府规定专业技术人员从事某种专业技术性工作的学识、技术和能力的起点标准，通过学历认定或考试取得，供用人单位参考。取得资格后颁发从业资格证书，如会计从业资格证书、教师从业资格证书、证券从业资格证书、航空从业资格证书、期货从业资格证书、保险从业资格证书、拍卖从业资格证书、房地产从业资格证书、统计从业资格证书、人力资源从业资格证书、基金从业资格证书、外销员从业资格证书。

2. 执业资格是政府对某些责任较大、社会通用性强、关系公共利益的专业技术工作实行的准入控制，是专业技术人员依法独立开业或从事某种专业技术工作学识、技术和能力的必备标准，必须通过国家定期考试取得。注册会计师、注册律师、注册资产评估师、监理工程师、注册建筑师、房地产评估师、注册税务师、造价工程师、注册结构工程师、注册拍卖师、珠宝玉石质量检验师、执业药师、执业中药师、假肢与矫形器制作师、企业与法律顾问等都属于取得执业资格的人员。

（三）双证书制度

双证书制度是指对毕业生既颁发学历文凭证书，又颁发职业资格证书两种不同证书的制度，是我国目前高等职业教育的一种理想培养模式。《中共中央国务院关于深化教育改革全面推进素质教育的决定》强调：“在全社会实行学业证书和职业资格证书并重的制度。”

学历文凭证书是学习经历的毕业证书，是证明持有者曾经学习过某种专业，更多地反映了证书持有者的知识和文化水平。职业资格证书则是劳动者具备某种职业所需要的专门知识和技能的证明。与学历文凭证书不同，职业资格证书与某一职业的能力要求密切结合，反映特定职业的实际工作标准和规范以及劳动者从事这种职业所达到的实际能力水平。

实施双证书制度是高职院校提高毕业生就业能力的有效途径，它为用人单位录用人才提供一个客观评价职业技能的依据。随着市场经济的发展，人才市场对从业人员素质的要求越来越高，用人单位对从业人员的要求更讲究适用、效率和效益的标准与规格，这就需要大学毕业生职业技能强，综合素质高，上岗适应快。毕业生拿到学历证书只是完成上岗就业的一部分，只有在校期间就具备从事某种职业岗位的能力资格，才能在社会上得到认可，在人才市场上具有竞争力。高职院校开展职业技能培训和鉴定，在一定程度上降低了企业员工就职后培训的成本，缩短了大学毕业生的岗位适应期，使其能更快更好地进入职业角色和状态。

三、劳动合同制度

国务院于 1986 年 7 月发布了《国有企业实行劳动合同制暂行规定》，规定企业在国家劳动工资计划指标内招用常年性工作岗位上的工人，除国家另有规定外，统一实行劳动合同制度。国家机关、事业单位和社会团体在常年性岗位上招用的工人，应当比照该规定执行。

1994 年 7 月，第八届全国人民代表大会常务委员会第八次会议审议通过了《中华人民共和国劳动法》(以下简称《劳动法》)，自 1995 年 1 月 1 日起实施，这是国家为了保护劳动者的合法权益，调整劳动关系，建立和维护适应社会主义市场经济的劳动制度，促进经济发展和社会进步，根据宪法颁布法律。《劳动法》对劳动合同制度的适用范围、劳动合同的订立、内容、解除等作了详细规定。

为了完善劳动合同制度，明确劳动合同双方当事人的权利和义务，保护劳动者的合法权益，构建和发展和谐稳定的劳动关系，2007 年 6 月 29 日，第十届全国人民代表大会常务委员会第二十八次会议审议通过了《中华人民共和国劳动合同法》(以下简称《劳动合同法》)，自 2008 年 1 月 1 日起施行。

目前，中国已基本实现全员劳动合同制。全员劳动合同制度的主要内容如下：

第一，企业全体职工包括经营管理人员、技术人员和生产操作人员都要在平等、自愿、协商一致的基础上，与企业签订劳动合同，明确双方的责、权、利。

第二，在企业内部取消不同身份界限，企业全体人员统称企业职工或企业员工，取消工人和干部的身份界限，对干部实行聘任制，能上能下。

第三，实行双向选择，合同期满后，企业与职工可以续签合同，职工也可以离开企业，另谋职业。

四、人事代理制度

毕业生人事代理是指政府人事部门所属的人才服务机构，接受毕业生或毕业生的就业单位委托，在国家人事政策法规指导下，运用规范和科学的社会化管理服务方式与手段，为委托方管理档案关系的人事管理形式，是一种人事管理与人员使用分离的新型人事管理方式。

（一）人事代理的服务项目

人才服务机构为代理单位或个人提供以下服务：

（1）人事政策咨询。向委托代理单位提供国家人事工作方面的法律、法规和政策规定咨询服务。

（2）档案管理。按照有关规定管理各类流动人员的人事档案，为流动人员保留原有身份，工龄计算，调整档案工资，人事档案接转、整理、保存，人事关系的转移。

（3）毕业生事务。办理大中专毕业生人事关系接转、转正定级以及推荐进入人才市场自主择业。

（4）落户当地。根据当地有关政策，以最快捷的方式为已就业的应届大中专毕业生办理集体户口落户手续。

（5）职称申报。为代理单位和个人办理各类专业职称申报评审手续。

（6）其他服务。包括党组织关系挂靠、预备党员转正、发展新党员、干部身份保留、档案工资调整、出具考研报名、出国政审、婚姻及计划生育状况等以档案为依据的各种证明材料。

（二）申请人事代理的对象

可实行人事代理的对象为：通过双向选择，已同外资企业、股份企业、乡镇企业、区街企业、私营企业、民办科技教育与医疗机构以及各种中介机构等非国有单位和实行聘用制的国有企、事业单位签订就业协议的毕业生，择业期内暂未落实就业单位、目前正在择业的毕业生，准备复习考研或自费出国留学的各类毕业生等。有人事接收权的单位（实行人事代理的事业单位除外），毕业生可直接凭《就业报到证》到用人单位报到，不需做人事代理。

无人事接收权的单位（如民营企业、私营企业、外资企业、合资企业等），毕业生最好将户口档案在单位所在地的人事代理机构做人事代理，也可要求将户口档案转回生源地（要在就业协议书上说明并签字）。原则是便于自己今后办社保、办理身份证、出具结婚证明、办理子女出生证明等。

已落实用人单位的毕业生，本人不愿意将自己的人事关系转到单位或单位所在地的人才代理机构，并且取得了用人单位同意的，其人事关系可以转回生源地。

（三）办理人事代理的程序

毕业生的情况不同，其人事代理手续的办理程序也有所区别。

（1）择业期内已联系到接收单位的毕业生，把有接收单位签章的《就业协议书》交到学校就业部门，由学校集中统一到有关部门办理《就业报到证》并将毕业生档案转交人才服务中心后，毕业生持《就业报到证》到接收单位办理户口迁入手续。

（2）择业期内暂未联系到接收单位、出国或准备复习考研的大专以上毕业生，将《就业协议书》交到就业部门，由学校统一到有关部门办理《就业报到证》，并将其档案转交人才服务中心后，毕业生持《就业报到证》、毕业证等材料到人才服务中心报到，并签订人事代理协议。

【拓展阅读】

人事代理八问

1. 毕业生办理人事代理手续后享受哪些待遇？

毕业生办理人事代理手续后，可以放心地到所在省、自治区、直辖市内外一切用人单位工作。毕业生可以享受与国有企事业单位工作人员相同的人事政策待遇，如办理转正定级、职称考评、保留干部身份、计算工龄、调整档案工资、出国政审、代办社会保险、出具以档案材料为依据的相关人事证明等。

2. 人事代理毕业生可以初定职称吗？

国家规定，全日制普通院校毕业生，见习 1 年期满后，经考核合格，即可在转正定级的同时办理初定专业技术职务手续，不需要评审。具体规定是：中专毕业见习 1 年期满，定为“员”级职务；大专毕业见习 1 年期满，再从事本专业技术工作 2 年，定为“助理”级职务；大学本科毕业见习 1 年期满，定为“助理”级职务；硕士学位获得者从事本专业技术工作 3 年，定为“师级”职务，博士学位获得者定为“师级”职务。实行人事代理的毕业生可于见习期满后，向有关人才中心申请办理相应的职称(职务)初定手续。

3. 人事代理的毕业生 1 年见习期满后，转正定级如何办理？

委托人事代理的毕业生见习 1 年期满后，人才服务中心按国家规定办理转正定级。转正定级后意味着干部身份的正式确定，如果变动工作调入国有企事业单位或考取研究生后，转正定级将作为享受有关待遇的主要依据。

4. 人事代理毕业生可以调整档案工资吗？

根据国家规定，国家机关、事业单位调整工资时，凡在人才服务中心托管人事档案并保留干部身份的人员，本人符合国家规定升级条件的，可按照国家规定的调资政策核定其档案工资，记入本人档案。据市场调查，许多单位招聘人员核定工资，是以档案工资为依据的。

5. 人事代理毕业生的工龄如何计算？

毕业生凭《就业报到证》到人才服务中心报到后办理人事代理的，从报到之日起计算工龄。工龄可以说明资历，是毕业生享受工资晋升、职务变动、退休、保险等待遇的依据之一。

6. 人事代理毕业生怎样参加养老等社会保险？

接收单位统一参保的，可在单位办理新增投保手续。接收单位没办养老、医疗、工伤、生育、失业保险或暂没有联系到接收单位的，本人可持身份证、人事档案管理合同等到人才服务中心办理开户缴费手续，缴费标准按当地社会劳动保险统筹办公室核定的当年标准，在最低与最高标准之间由个人选择确定。

7. 人事代理毕业生可以考研吗？

在研究生招生报名阶段，人才服务中心可以为其出具考研证明。在录取阶段，凭录取学校的调档函或录取通知书，办理人事关系、工资关系及档案转接手续。

8. 人事代理毕业生在择业期内联系到国有单位的，可否办理改派手续？

凡联系到国有单位工作的毕业生，可持接收单位或其主管部门出具的接收函和原《就业报到证》到毕业生主管部门办理改派手续，尔后凭新的《就业报到证》到人才服务中心将人事档案转往接收单位。

第三节 就业工作程序

高等学校毕业生的就业工作，都是由各高校有关部门按照教育部统一部署开展的。毕业生就业工作程序分为就业指导，搜集发布信息，供需见面及双向选择，编制就业方案，毕业生资格审查、派遣、调整、报到等阶段。

一、高校就业工作流程

每个年度，各高等学校一般按照以下流程开展毕业生的就业工作：

（1）国家有关部门制定毕业生就业政策，确定就业工作实施意见。

（2）教育部门和高校对毕业生资格进行审查、统计、汇总和公布毕业生资源信息，向地区、用人单位提供毕业生需求信息，了解社会需求情况。

（3）高等学校和各级毕业生就业指导机构对应届毕业生进行就业指导与教育，帮助毕业生根据自身特点和社会需求选择职业，落实就业单位，或者自主创业。

（4）组织“供需见面，双向选择”活动。按教育部和省级毕业生就业主管部门规定，每年 11 月末至下一年的 5 月中旬，各级就业主管部门将通过毕业生就业市场，采取多种形式举办毕业生和用人单位参加的“供需见面，双向选择”的洽谈活动，为毕业生求职择业创造条件、提供服务。供需双方意见一致即可签订《毕业生就业协议书》。

（5）制定毕业生就业方案。毕业生与用人单位“双向选择”，签订《毕业生就业协议书》报就业主管部门审核，纳入毕业生就业方案。随着高校毕业生就业制度改革的不断深化，就业方案的编制方式也将随之不断地变化。

（6）毕业生就业派遣工作。每年 6 月底至 7 月中旬，由省级毕业生就业主管部门按照毕业生就业方案办理省内各高校毕业生《就业报到证》和有关派遣手续。各高校在完成全部教学计划后，按照国家要求，根据就业方案从 7 月 1 日开始为毕业生办理离校派遣手续。在派遣过程中如出现特殊情况需要调整改派的，经学校同意后由省毕业生就业主管部门审核批准方可办理。

（7）毕业生报到与接收。已落实就业单位的毕业生，在规定时间内持《就业报到证》到工作单位报到，用人单位凭《就业报到证》并按当地有关要求和规定办理接收手续和户口关系。回家庭所在地二次就业的毕业生继续通过就业市场落实就业单位。在此期间，在本地区找到单位的，由当地就业主管部门办理派遣手续。毕业生如在其生源地之外的地区找到就业单位的，经生源地毕业生就业主管部门签署意见后仍可经毕业院校所在地区的省级毕业生就业主管部门办理改派手续。

【拓展阅读】

毕业生资格审查

毕业生资格审查，就是审查毕业生是否具备毕业生的资格。高校就业部门将详细核实毕业生的姓名、性别、民族、生源地、所学专业、培养方式、学籍变动情况等。毕业生资格审查结束后，将形成全校的毕业生数据库，上报省级教育主管部门和教育部，作为证明毕业生身份的唯一依据。学校方面也将根据该数据库发放毕业生就业协议书和推荐表等材料。毕业生对资格审查的结果有异议的，需及时向学校就业部门反映，以妥善解决。

二、毕业生就业流程

与高校就业工作相适应，毕业生的就业也有相应的流程(见图 7-1)。

在就业流程中，要特别注意以下事项：

1. 办理《就业报到证》

毕业生的《就业报到证》由中华人民共和国教育部及省、自治区、直辖市高校毕业生调配部门签发，毕业生凭《就业报到证》到工作单位报到，其他证件无效。

《就业报到证》由原派遣证转化而来，是毕业生到就业单位报到的凭证，也是毕业生参加工作时间的初始记载和凭证。毕业生到就业单位报到时，必须持《就业报到证》。学校相关部门依据《就业报到证》为毕业生办理档案投递、组织关系转移和户籍迁移等手续，就业单位所在地公安部门凭《就业报到证》为毕业生办理落户手续，就业单位凭《就业报到证》为毕业生办理相关工作手续。

《就业报到证》只能在全日制本专科大学生毕业时规定的时限内获得，一旦错过就不能补办。《就业报到证》必须妥善保管，不论什么原因，凡自行涂改、撕毁的《就业报到证》一律作废。如《就业报到证》遗失，应由毕业生本人提出申请，经学校上报省级毕业生就业主管部门批准并予以补发。有的毕业生未与单位签约，自认为没有《就业报到证》，实际上这部分学生按国家规定已被派往生源地省级毕业生就业指导中心。

对于一部分毕业生，有关部门是不发《就业报到证》的，如继续升学的毕业生(如专升本)、申请出国留学不参加就业的毕业生和办理暂缓就业的毕业生等。

2. 到用人单位报到

毕业生到用人单位报到需要的材料包括就业报到证、毕业证、户口迁移证、党(团)关系介绍信、毕业生个人档案等。持以上证件到单位报到后，还要及时办理落户手续(由个人或用人单位办理)，查询个人档案并和用人单位签订劳动合同。

3. 档案转递程序

毕业生档案是学生毕业前家庭情况、学校成绩、政治思想表现、身体状况等情况的文字记载材料，是用人单位选拔、聘用毕业生的重要依据。用人单位往往根据毕业生人事档案中反映的品德、才能和专业特长，将其安排到适当的

毕业生做好就业准备，接受就业指导教育 → 在学校就业部门领取省级教育主管部门统一印制的推荐表和协议书，每人一份，编号登记，妥善保管 → 推荐表由毕业生所在系鉴定并报送学校就业部门审核盖章

→ 毕业生准备自荐材料，多渠道搜集筛选就业信息 → 毕业生参加各类人才市场招聘活动，持推荐表复印件及自荐材料与用人单位洽谈 → 经双向选择后与用人单位签订就业协议，协议书上必须盖齐两个公章

→ 毕业生本人签字 / 用人单位盖章 / 报用人单位主管部门或用人单位所在地的毕业生就业主管部门（各级人才交流中心）审核、盖章 → 将就业协议或相关就业证明材料按学校规定的时间交所在系，各系交学校就业部门

→ 由学校就业部门到省级教育主管部门办理《就业报到证》 → 凭《就业报到证》到学校保卫处办理户口迁移手续 → 凭《就业报到证》到用人单位报到，办理人事代理的毕业生到当地人才中心登记

→ 凭《就业报到证》、户口迁移证到单位所在地或原户籍所在地报到落户 → 档案由学校寄送签发《就业报到证》的单位或各级人才交流中心

图 7-1　某高校毕业生的就业流程

工作岗位。因此，学生毕业后，其档案能否正确、及时、安全地到达用人单位是非常重要的。为了保证转寄学生档案的安全性，档案被密封后，均通过学校所在省、自治区、直辖市机要通信局转寄，机要通信是比普通邮政更为保密、安全、准确的档案转递渠道。

毕业后的档案去向有以下几种情况：

（1）办理了暂缓就业的毕业生，档案由学校移交省级高校毕业生就业指导中心集中保管，期限 2 年。

（2）在国企、事业、公务员单位落实就业的，将档案直接寄送到单位的人事部门。

（3）在其他单位就业并在人才市场或人才交流中心办理了挂靠手续的，将档案寄到相关的人才市场或人才交流中心。

(4) 申请出国的毕业生，将档案寄送到生源地人事局。

(5) 考研、专升本的毕业生，将档案寄送到录取学校。

(6) 回生源地人事局报到的毕业生，将档案寄送到当地人事局。

(7) 延长学年的毕业生，将档案保留在学校学生档案室，在学生完成学业时再根据具体情况寄出。

4. 毕业生改派

毕业生改派是指学校向主管部门上报就业计划之后，毕业生领取《就业报到证》后，因各种原因无法到派遣单位就业，而申请改签就业协议并重新办理《就业报到证》的行为。

就业是一项严肃的工作。派遣计划的形成是由学校在毕业生和用人单位供需见面、双向选择之后报经主管部门批准的，毕业生的派遣需按计划进行，计划一经下达，毕业生不得随意变动。但遇下列情况时，可以申请改派。

(1) 错派，没有这个用人单位，比如用人单位已经撤销或其隶属关系发生了变化。

(2) 调配不当，院校在按单位委托，代选毕业生调配过程中，所选的毕业生所学专业与用人单位要求不一致。

(3) 毕业生本人遭受无可抗力因素或其他特殊原因。

改派的程序如下：

(1) 毕业生向原分配单位提出改派申请，说明改派原因。

(2) 原单位同意改派后，出具将毕业生退回学校或同意将毕业生改派到其他单位工作的公函。

(3) 属于调配不当的毕业生，由学校为其重新联系接收单位，或经学校同意由毕业生自行联系接收单位。

凡在原派遣单位所在省(自治区、直辖市)内用人单位之间调整的，由学校就业部门审核同意后，报上级毕业生主管部门审批并办理改派手续。省(自治区、直辖市)外调动按相关省(自治区、直辖市)毕业生主管部门的相关规定办理。毕业生调整改派手续必须在毕业后2年内办理，逾期则不再办理有关调整改派手续。

扫一扫，测一测

第四节 就业协议与劳动合同

就业协议与劳动合同都是用人单位录用毕业生时所订立的书面协议，二者分别处于两个相互联系的不同阶段。

扫一扫，看视频

就业协议

一、就业协议

《全国普通高等学校毕业生就业协议书》是明确毕业生、用人单位在毕业生就业工作中的权利和义务的书面表现形式，一般由国家教育部或各省、自治区、直辖市就业主管部门统一制表。其作用有以下几方面：

第一，保障毕业生在寻找工作阶段的权利与义务，约束签订劳动合同的时间和劳动合同的内容等。当发现所要签订的劳动合同与就业协议不一致，特别是出现对维护毕业生权益不利的情况时，毕业生应该要求用人单位按照已经签

订生效的就业协议，制定新的劳动合同，使其内容符合就业协议。

第二，保障用人单位能方便地直接从学校方面调出该毕业生的原始档案、资料，使用人单位能够方便、清楚地了解毕业生的真实情况。

就业协议每人一份，经毕业生与用人单位双方签字后即生效。就业协议一旦签订就要履行，违者要承担法律后果。在毕业生与用人单位签订劳动合同之后，就业协议自行终止。学校负责对就业协议进行登记，并列入就业方案。

（一）就业协议的订立原则

订立原则是指双方在订立就业协议时必须遵循的基本准则，包括以下两条：

1. 主体合法原则

签订就业协议的当事人必须具备合法的主体资格。对毕业生而言，就是必须取得毕业资格，如果学生在被派遣时未取得毕业资格，用人单位可以不予接收而无须承担法律责任。对用人单位而言，用人单位必须具有从事各项经营或管理活动的能力，单位应有录用毕业生计划和录用自主权，否则毕业生可解除协议而无须承担违约责任。高校是毕业生就业协议的重要组成部分，要根据用人单位的要求，如实介绍毕业生的在校表现，如实将所掌握的用人单位的信息发布给毕业生。

2. 平等协商原则

就业协议的双方在签订就业协议时的法律地位是平等的，一方不得将自己的意志强加给另一方。学校也不得采用行政手段要求毕业生到指定单位就业（不包括有特殊情况的毕业生），用人单位亦不应在签订就业协议时要求毕业生交纳过高数额的风险金、保证金。毕业生与用人单位的权利和义务应是一致的。

【温馨提示】

湖北《高校毕业生就业协议书》说明

从2011年起，湖北省使用全省统一的《高校毕业生就业协议书》，使用时要注意以下3点：

1.《高校毕业生就业协议书》一式四联，由湖北省高校毕业生就业指导中心统一印发。签完协议的协议书第一联（白色）交用人单位，第二联（红色）由学生自己保存，第三联（黄色）由学校留存，第四联（蓝色）由用人单位上级主管部门留存。

2.《高校毕业生就业协议书》按编号发放，每人一份（一式四联），各系将每一位学生的协议书编号登记，并将电子版交就业办公室存档。毕业生与用人单位签订协议后，应在15日内到本人所在系和学校就业部门办理完签约手续，作为上报就业方案的依据。

3.《高校毕业生就业协议书》签订的主体是高校毕业生和用人单位，协议书双方（毕业生和用人单位）一旦签字即生效，具有法律效力，对签约双方形成法律约束。

（资料来源：武汉软件工程职业学院就业信息网，http：//www.whvcse.com）

（二）就业协议的签订程序

（1）通过双向选择，毕业生与用人单位达成就业意向。

（2）毕业生认真如实填写基本情况及应聘意见栏内容，并签名。

（3）用人单位要认真、如实填写用人单位情况、接收意见栏内容及档案详细专寄地址，并加盖单位公章。

（4）毕业生将就业协议交到本人所属的系，由系签字盖章。

（5）学校就业部门签署意见，加盖公章，并将就业协议反馈给用人单位和毕业生。

（三）就业协议的签订要求

签订就业协议需要注意以下事项：

（1）毕业生应按国家法规就业，向用人单位如实介绍自己的情况，了解用人单位的使用意图，表明自己的就业意见，在规定的时间内到用人单位报到。若遇特殊情况不能按时报到，需征得用人单位的同意。

（2）用人单位要如实介绍本单位的情况，明确对毕业生的要求及使用意图，做好各项接收工作。

（3）要约定好规定条款，如工作地点、工作岗位、劳动报酬、毕业生到用人单位初次服务的期限、双方商定解决争议的办法等。

（4）各方应严格履行协议，任何一方若违反协议，应承担违约责任。

【温馨提示】

专升本的毕业生，在与用人单位签订协议时要说明情况，如用人单位在知情后同意签约，毕业生在升入本科后不承担违约责任。没有签约的专升本毕业生将就业协议统一交到学校就业部门。

（四）毕业生办理解约手续

已签订就业协议的毕业生，如需办理解约手续，具体步骤如下：

（1）到原签订就业协议的单位办理书面同意解约的函（盖单位公章）。

（2）向学校就业部门提出书面申请（阐明解约理由），并附上单位及上级人事主管部门审核同意的解约函，交学校就业部门。

（3）就业部门根据有关规定审批换发新的就业协议。

（五）补办就业协议

毕业生应妥善保管就业协议，确因不慎丢失或损坏者，一般需由本人提交书面申请，说明情况，由其所在的系审核签字后，到学校就业部门复核、盖章，然后到学校所在的省（市）大学生就业服务中心办理补领手续。各地、各校对补办就业协议的规定会略有差别，如有的高校规定当事人必须在指定的报刊上刊登遗失声明，对需要补办的予以网上公示，具体补办程序以本校规定为准。

（六）毕业生违约的后果

就业协议一经毕业生、用人单位、学校签署，即具有法律效力，任何一方不得擅自解除，否则违约方应向权利受损方支付协议条款所规定的违约金。从

执行情况来看，就业违约多为毕业生违约。

毕业生违约，除本人应承担违约责任，支付违约金外，往往还会造成其他不良后果，主要表现在以下几方面：

（1）对用人单位而言，用人单位往往为录用毕业生做了大量的工作，有的甚至对毕业生将要从事的具体工作也有所安排。同时，毕业生就业工作时间相对比较集中，一旦毕业生违约，势必使用人单位的录用工作付诸东流，用人单位若另起炉灶，重新选择其他毕业生，在时间上也不允许，这就给用人单位造成工作上的被动。

（2）对学校而言，用人单位往往将毕业生违约行为视作学校行为，从而影响学校和用人单位的长期合作关系。用人单位由于毕业生存在违约现象，而对学校的推荐工作表示怀疑。从历年情况来看，一旦毕业生违约，该用人单位在几年之内就不愿意到学校来挑选毕业生。面对激烈的就业竞争，用人单位的需求是毕业生择业成功的前提，如此必定影响今后学校的毕业生就业工作，同时影响学校就业计划方案的制定和上报，并影响学校的正常派遣工作。

（3）对其他毕业生而言，用人单位到学校挑选毕业生，一旦与某毕业生签订就业协议，就不可能再录用其他毕业生。若日后该毕业生违约，有些当初希望到该用人单位工作的其他毕业生因已错过录用时间而无法补缺，造成就业信息的浪费，影响其他毕业生就业。因此，毕业生在就业过程中应慎重选择，认真履约。

【拓展阅读】

大学毕业生因违约而成被告

2011 年 11 月，某报社派人到某高校选聘记者，小孙参加了招聘考试，当天就签了约，一份是《全国普通高等学校毕业生就业协议书》，另一份是《聘用协议》。然而，直到 2012 年 6 月中旬，高校毕业生就业工作基本结束时，小孙仍未到签约报社报到，也没有任何音信。原来他已经到另外一家报社上班去了。7 月，报社正式致函，请其履行协议，否则将通过法律途径解决问题。9 月，在始终没有得到小孙明确答复的情况下，报社向法院提起诉讼，状告小孙违约，要求被告赔偿。10 月，法院开庭审理此案。法院认为，原、被告之间自愿签订的《全国普通高等学校毕业生就业协议书》和《聘用协议》，是双方当事人真实意向的表示，双方都应按照协议履行。被告的行为违反了《合同法》，应承担违约责任。最终，小孙被判赔 1.2 万元。

（七）毕业生就业证明

如用人单位不与毕业生签订就业协议书，但毕业生确实已经在该单位上班的，毕业生要与用人单位协商，在毕业生被派遣后，由用人单位出具《毕业生就业证明》。《毕业生就业证明》填写注意事项如下：

（1）毕业生填写姓名、性别、专业等基本信息。

（2）用人单位填写单位名称、单位地址等信息。其中用人单位名称必须与单位公章一致。聘用期至少3个月，实习期间开具的就业证明无效。

（3）用人单位的联系人和联系电话必须真实有效，以便于学校核查毕业生的就业状况。

（4）交到学生所属院系的就业证明，需由院系负责收就业证明的教师签名，以证明毕业生所交就业证明的真实性。

二、劳动合同

劳动合同是劳动者和用人单位确立劳动关系的基本法律形式。今天，大学毕业生就业已从计划分配转变为自由择业。在这种形势下，就业劳动合同就成为规范劳动就业市场的重要法律依据，也是合同双方维护自己权利的法律武器。大学毕业生通过与用人单位签订劳动合同，使双方的权利义务规范化、明确化，以防止用人单位的不当解雇、违反约定支付劳动报酬和提供劳动保护条件等不合理现象的发生。另外，当大学毕业生与用人单位发生劳动争议时，就业劳动合同就是大学毕业生用来维护自己合法权益的有效证据。

扫一扫，看视频

劳动合同

《劳动法》和《劳动合同法》对劳动合同的签订有明确规定。

（一）劳动合同的订立原则

第一，用人单位主体资格合法。指用人单位需经主管部门批准，依法从事生产经营和其他相应的业务，享有法律赋予的用人资格或能力。

第二，合同内容合法。主要指劳动合同的内容不得违反法律、行政法规的强制性规定。

第三，当事人意思表达真实。《劳动法》规定，采取欺诈、威胁等手段订立的劳动合同，因为违背了当事人的真实意愿，所以是无效的。另外，如果有证据证明当事人对合同内容有重大误解，这样的劳动合同也应无效。

第四，合同订立的形式合法。《劳动法》规定，劳动合同应当以书面形式订立。以口头、录音、录像等形式订立的劳动合同均无效。

（二）劳动合同的主要内容

劳动合同的内容即劳动合同条款，是指双方当事人在合同中约定的各自权利、义务和其他问题的条款。依据我国宪法和《劳动法》等有关法律规定，劳动合同条款包括必备条款和补充条款两部分。

1. 必备条款

劳动合同必备条款是法律规定的劳动合同必须具备的内容。《劳动合同法》规定，劳动合同要具备的条款为：① 用人单位的名称、住所和法定代表人或者主要负责人；② 劳动者的姓名、住址和居民身份证或者其他有效身份证件的号码；③ 劳动合同期限；④ 工作内容和工作地点；⑤ 工作时间和休息休假；⑥ 劳动报酬；⑦ 社会保险；⑧ 劳动保护、劳动条件和职业危害的防护；⑨ 法律、法规规定应当纳入劳动合同的其他事项，如违约责任等。

（1）劳动合同期限。劳动合同期限是双方当事人相互享有权利、履行义务的时间界限，即劳动合同的有效期限。劳动合同期限分为固定期限、无固定期限和以完成一定的工作为期限3种：

① 固定期限劳动合同是指用人单位与劳动者约定了合同效力的起始和终止时间的劳动合同，固定期限可以是较短时间，如半年、1年、2年，也可以是较长时间，如10年以上。

② 无固定期限劳动合同是指用人单位与劳动者约定无确定终止时间的劳动合同。无确定终止时间并不是没有终止时间，只是时间可长可短，只要没有出现法律规定的合同终止条件或者双方约定的合同终止条件，在双方当事人协商一致的基础上，就可以继续履行劳动合同。

③ 以完成一定的工作为期限的劳动合同，只要双方协商一致就可以订立。具体采取哪一种类型由双方当事人商定。

（2）工作内容和地点。工作内容是指劳动法律关系所指向的对象，即工作岗位、工作任务或职责，它是建立劳动关系极为重要的因素，既是用人单位使用劳动者的目的，也是劳动者通过自己的劳动取得劳动报酬的缘由。劳动合同中的工作内容条款应当规定得明确具体，便于遵照执行。如果没有约定工作内容或约定的工作内容不明确，用人单位将可以自由支配劳动者，随意调整劳动者的工作岗位，难以发挥劳动者所长，也很难确定劳动者的劳动报酬，造成劳动关系的不稳定。工作地点是劳动合同的履行地，是劳动者从事劳动合同中所规定的工作内容的地点，它关系到劳动者的工作环境、生活环境以及劳动者的就业选择，劳动者有权在与用人单位建立劳动关系时知晓自己的工作地点。

（3）劳动保护和劳动条件。即为了保障劳动者在劳动过程中的安全和健康，用人单位根据国家有关法律、法规而采取的各项保护措施，如工作时间和休息休假制度，劳动安全卫生设施，对女职工、未成年人的劳动保护等。劳动条件则指劳动者在劳动过程中所必需的物质设备条件，如有一定的空间和阳光的厂房、通风和除尘装置、安全和调温设备以及卫生设施等。

（4）工作时间和休息休假。工作时间是指劳动者必须用来完成其所担负的工作任务的时间。工作时间包括工作时间的长短、工作时间方式的确定，如是8小时工作制还是6小时工作制，是日班还是夜班，是正常工时还是实行不定时工作制，或者是综合计算工时制。在工作时间上的不同，对劳动者的就业选择、劳动报酬等均有影响。休息休假是劳动者按规定不必工作而自行支配的时间。休息休假的权利是每个公民都应享有的权利。休息休假的具体时间根据劳动者的工作地点、工作种类、工作性质、工龄长短等各有不同，用人单位与劳动者在约定休息休假事项时应当遵守《劳动法》及相关法律法规。

（5）劳动报酬。即劳动者从事劳动活动而获得的各种报酬，主要包括：① 用人单位工资水平、工资分配制度、工资标准和工资分配形式；② 工资支付办法；③ 加班、加点工资及津贴、补贴标准和奖金分配办法；④ 工资调整办法；⑤ 试用期及病、事假等期间的工资待遇；⑥ 特殊情况下职工工资（生活费）支付办法；⑦ 其他劳动报酬分配办法。劳动合同中有关劳动报酬条款的约定，要符合我国有关最低工资标准的规定。

（6）社会保险。社会保险是政府通过立法强制实施，由劳动者、劳动者所在的工作单位或社区以及国家三方面共同筹资，帮助劳动者及其亲属在遭遇年老、疾病、工伤、生育、失业等风险时，防止收入的中断、减少和丧失，以保

障其基本生活需求的社会保障制度。社会保险由国家成立的专门性机构筹集、管理及发放基金，不以营利为目的。社会保险一般包括医疗保险、养老保险、失业保险、工伤保险和生育保险（俗称“五险”），其中养老保险、医疗保险、失业保险是由企业和个人共同缴纳保费，工伤保险和生育保险保费完全由企业承担，个人不需要缴纳。社会保险强调劳动者、劳动者所在用人单位以及国家三方共同筹资，体现了国家和社会对劳动者提供基本生活保障的责任。劳动者所在用人单位的缴费，使社会保险资金来源避免了单一渠道，增加了社会保险制度本身的保险系数。由于社会保险由国家强制实施，因此成为劳动合同不可缺少的内容。

（7）劳动纪律。即劳动者在劳动过程中必须遵守的工作秩序和规则。劳动纪律主要包括考勤纪律、生产、工作纪律、安全卫生纪律、保密纪律、奖惩制度等。

（8）劳动合同终止的条件。即除了期限以外其他由当事人约定的特定法律事实，这些事实一旦出现，双方当事人间的权利义务关系终止。

（9）违反劳动合同的责任。即当事人不履行劳动合同或者不完全履行劳动合同时，所应承担的相应法律责任。

2. 补充条款

劳动合同除必备条款外，用人单位与劳动者还可以约定试用期、培训、保守秘密等补充条款。

（1）试用期。试用期是指用人单位和劳动者双方相互了解、确定对方是否符合自己的招聘条件或求职条件而约定的不超过 6 个月的考察期。《劳动合同法》规定：试用期包含在劳动合同期限内；劳动合同期限 3 个月以上不满 1 年的试用期不得超过 1 个月；劳动合同期限 1 年以上不满 3 年的试用期不得超过 2 个月；3 年以上固定期限和无固定期限的劳动合同试用期不得超过 6 个月；同一用人单位与同一劳动者只能约定一次试用期；以完成一定工作任务为期限的劳动合同或者劳动合同期限不满 3 个月的不得约定试用期；劳动合同仅约定试用期的，试用期不成立，该期限为劳动合同期限；劳动者在试用期的工资不得低于本单位相同岗位最低档工资或者劳动合同约定工资的 80%，并不得低于用人单位所在地的最低工资标准。试用期是一个约定的条款，如果双方没有事先约定，用人单位就不能以试用期为由解除劳动合同。

（2）培训。培训是指用人单位对劳动者进行的专业技术培训，包括专业知识培训和职业技能培训。《劳动合同法》规定，用人单位与劳动者订立培训条款有严格的条件限制，除了专业技术培训外，用人单位需提供专项培训费用。但同时规定：“用人单位为劳动者提供专项培训费用，对其进行专业技术培训的，可以与该劳动者订立协议，约定服务期。”“劳动者违反服务期约定的，应当按照约定向用人单位支付违约金。违约金的数额不得超过用人单位提供的培训费用。用人单位要求劳动者支付的违约金不得超过服务期尚未履行部分所应分摊的培训费用。”另外，法律规定了在竞业限制约定中可以约定违约金。

（3）保密。《劳动合同法》规定，劳动合同当事人可以在劳动合同中约定保守用人单位商业秘密的有关事项，即保密条款。劳动者违反劳动合同中约定的

保密条款，对用人单位造成经济损失的，应当依法承担赔偿责任。对企业而言，商业秘密是企业形成和保持竞争优势的重要手段，对企业在市场竞争中的生存和发展有着重要影响。劳动者是企业商业秘密的掌握者和使用者，保守商业秘密是每个劳动者的义务，不论在合同中是否约定商业保密条款或是否签订商业保密协议，劳动者都应该保守商业秘密。

（4）竞业禁止。竞业禁止是指为了避免用人单位的商业秘密被侵犯，员工依法定或约定，在劳动关系存续期间或劳动关系结束后的一段时期内，不得到生产同类产品或经营同类业务且具有竞争关系的其他用人单位兼职或任职，也不得自己生产与原单位有竞争关系的同类产品或经营同类业务。竞业禁止协议签订之后，用人单位有义务给当事人支付竞业禁止补偿，否则不受竞业禁止条例的约束。竞业禁止补偿金由双方在劳动合同中相互约定。补偿协议在离职时签订，协定竞业禁止最长时间不得超过 2 年。

【拓展阅读】

保密协议是否该签

2012 年 12 月，为了保守商业秘密，某公司要求公司里从事生产、技术、经营工作的人员签订保密竞业限制协议。该公司高级工程师靳××要求，企业在保护自身利益的同时，也应该尊重职工的合法权益，把“在竞业限制期间给予一定的经济补偿”的内容补充到协议中。该公司不但没有接受靳××的要求，反而声称，谁不签字就解除谁的劳动关系。随后，靳××被该公司单方解除劳动合同关系。2013 年 2 月，靳××一怒之下把该公司告上法庭，要求其支付单方面解除与他的劳动合同关系应给予的经济补偿和经济赔偿。该公司称，公司为了保护技术机密，制定的“保密竞业限制协议”没有不妥之处，至于靳××提出的经济补偿，公司在工资改革分配中已对技术、销售、生产人员给予倾斜，已经体现了经济补偿。2013 年 5 月，省高级人民法院经过再审，判决准许靳××与公司解除劳动合同关系，公司支付其工资、经济补偿和经济赔偿金共计数万元。

（三）劳动合同的解除方式

劳动合同的解除，是指当事人双方提前终止劳动合同的法律效力，解除双方的权利义务关系。解除劳动合同主要有以下 3 类：

1. 双方协商解除劳动合同

用人单位与劳动者协商一致，可以解除劳动合同。只要双方达成一致，内容、形式、程序不违反法律禁止性、强制性规定即可。

2. 劳动者单方解除劳动合同

具备法律规定的条件时，劳动者享有单方解除权，无需征得用人单位的同意。具体又可以分为预告解除和即时解除。

（1）预告解除。即劳动者履行预告程序后单方解除劳动合同：劳动者提前

30 日以书面形式通知用人单位，可以解除劳动合同；劳动者在试用期内提前 3 日通知用人单位，可以解除劳动合同。

（2）即时解除。在试用期内，用人单位未按照劳动合同约定支付劳动报酬或者提供劳动条件的；用人单位以暴力、威胁或者非法限制人身自由的手段强迫劳动者劳动的；用人单位违章指挥、强令冒险作业危及劳动者人身安全的，劳动者可以立即解除劳动合同，无须事先告知用人单位，也无须支付违约金，用人单位应当支付经济补偿。

3. 用人单位单方解除劳动合同

具备法律规定的条件时，用人单位享有单方解除权，无须双方协商达成一致意见。主要包括过错性辞退、非过错性辞退、经济性裁员 3 种情形。

（1）过错性辞退。即在劳动者有过错性情形时，用人单位有权单方解除劳动合同，无须支付劳动者解除劳动合同的经济补偿金。若规定了符合法律规定的违约金条款的，劳动者需支付违约金。劳动者的过错性情形主要有：在试用期间被证明不符合录用条件的；严重违反用人单位的规章制度的；严重失职，营私舞弊，给用人单位造成重大损害的；同时与其他用人单位建立劳动关系，对完成本单位的工作任务造成严重影响，或者经用人单位提出，拒不改正的；因劳动者以欺诈、胁迫的手段或者乘人之危，使对方在违背真实意思的情况下订立或者变更劳动合同致使劳动合同无效的；被依法追究刑事责任的。

（2）非过错性辞退。即劳动者本人无过错，但由于主客观原因致使劳动合同无法履行，用人单位在符合法律规定的情形下，履行法律规定的程序后有权单方解除劳动合同。非过错性辞退适用类型包括：劳动者患病或者非因工负伤，在规定的医疗期满后不能从事原工作，也不能从事由用人单位另行安排的工作的；劳动者不能胜任工作，经过培训或者调整工作岗位，仍不能胜任工作的；劳动合同订立时所依据的客观情况发生重大变化，致使劳动合同无法履行，经用人单位与劳动者协商，未能就变更劳动合同内容达成协议的。非过错性解除劳动合同时，用人单位应提前 30 日以书面形式通知劳动者本人或者额外支付劳动者 1 个月工资后，才可以解除劳动合同。用人单位选择额外支付劳动者 1 个月工资解除劳动合同的，其额外支付的工资应当按照该劳动者上 1 个月的工资标准确定。用人单位应当支付劳动者经济补偿。

（3）经济性裁员。经济性裁员是指用人单位为了降低劳动成本，改善经营管理，因经济或技术等原因一次裁减 20 人以上，或者不足 20 人以上但占企业职工总数 10%以上的劳动者。经济性裁员适用情形包括：依照企业破产法规定进行重整的；生产经营发生严重困难的；企业转产、重大技术革新或者经营方式调整，经变更劳动合同后，仍需裁减人员的；其他因订立劳动合同时所依据的客观经济情况发生重大变化，致使劳动合同无法履行的。在实施经济性裁员时，用人单位应当支付劳动者经济补偿金。

劳动者要特别注意，用人单位有以下情形之一的，不得依据非过错性辞退和经济性裁员的规定单方解除劳动合同：① 从事接触职业病危害作业的劳动者未进行离岗前职业健康检查，或者疑似职业病病人在诊断或者医学观察期间的；② 在本单位患职业病或者因工负伤并被确认丧失或者部分丧失劳动能力的；

③ 患病或者非因工负伤，在规定的医疗期内的；④ 女职工在孕期、产期、哺乳期的；⑤ 在本单位连续工作满 15 年，且距法定退休年龄不足 5 年的；⑥ 法律、行政法规规定的其他情形。

（四）劳动合同的终止条件

劳动合同终止是指劳动合同的法律效力依法被消灭，即劳动关系由于一定法律事实的出现而终结，劳动者与用人单位之间原有的权利义务不再存在。狭义的劳动合同终止是指劳动合同的双方当事人按照合同所约定的权利和义务都已经完全履行，且任何一方当事人均未提出继续保持劳动关系的法律行为。狭义的劳动合同终止条件包括：第一，合同期满终止；第二，双方约定终止；第三，职工入伍或出国；第四，职工退休、退职或死亡；第五，用人单位破产、解散或撤销等。广义的劳动合同终止包括劳动合同的解除。劳动合同终止，原有的权利义务不再存在，是指合同终止之后，双方不再执行原劳动合同中约定的事项，并不是指劳动合同终止之前发生的权利义务关系消灭，如用人单位在合同终止前拖欠劳动者工资，劳动合同终止后劳动者仍可依法追讨。

（五）签订合同的注意事项

劳动者要懂得利用《劳动法》《劳动合同法》和劳动合同维护自身权益。

1. 延迟签订享有权益

用人单位自用工之日起即与劳动者建立劳动关系，建立劳动关系即应依法订立劳动合同。《劳动合同法》规定：“应当自用工之日起一个月内订立书面的劳动合同。”“应当”虽不意味着“必须”，但“用人单位自用工之日起超过一个月不满一年未与劳动者订立书面劳动合同的，应当向劳动者每月支付二倍工资。”“用人单位自用工之日起满一年不与劳动者订立书面劳动合同的，视为用人单位与劳动者已订立无固定期限劳动合同。”

2. 试用有时限、有工资

《劳动合同法》规定，用人单位不得在试用期内随意辞退劳动者；劳动合同期限 3 个月以上不满 1 年的，试用期不得超过 1 个月；劳动合同期限 1 年以上不满 3 年的，试用期不得超过 2 个月；3 年以上固定期限和无固定期限的劳动合同，试用期不得超过 6 个月；同一用人单位与同一劳动者只能约定一次试用期；试用期的工资不得低于本单位相同岗位最低档工资或者劳动合同约定工资的 80%，并不得低于用人单位所在地的最低工资标准。

3. 无固定期限劳动合同不是“铁饭碗”

《劳动合同法》提出了“无固定期限劳动合同”，劳动者在该用人单位连续工作满 10 年的；用人单位初次实行劳动合同制度或者国有企业改制重新订立劳动合同，劳动者在该用人单位连续工作满 10 年且距法定退休年龄不足 10 年的；连续订立 2 次固定期限劳动合同，续订劳动合同的；以及用人单位自用工起满 1 年不与劳动者订立书面劳动合同的，除劳动者本人不愿意之外，都应当订立无固定期限劳动合同。但是，无固定期限劳动合同并非“铁饭碗”，也并不是每个人都适合长期合同，大学毕业生应该根据自己的实际情况考虑签约期限。

4. 经济补偿金

《劳动合同法》详细规定了用人单位应当向劳动者支付经济补偿金的情形，

具体如下：

（1）用人单位有违法、违约行为的，如用人单位未按照劳动合同约定提供劳动保护或者劳动条件的，未及时足额支付劳动报酬的，未依法为劳动者缴纳社会保险费的，用人单位的规章制度违反法律、法规的规定，损害劳动者权益的等，劳动者可以随时或者立即解除劳动合同，并有权取得经济补偿。

（2）双方协商一致解除劳动合同，但是由用人单位提出解除劳动协议的，用人单位支付经济补偿。

（3）非过失性辞退，用人单位需支付经济补偿。根据《劳动合同法》规定，有如下情形，用人单位提前30日以书面形式通知劳动者本人或者额外支付劳动者1个月工资后可解除劳动合同：① 劳动者患病或者非因工负伤，在规定的医疗期满后不能从事原工作，也不能从事由用人单位另行安排的工作的；② 劳动者不能胜任工作，经过培训或者调整工作岗位，仍不能胜任工作的；③ 订立劳动合同时所依据的客观情况发生重大变化，致使劳动合同无法履行，经用人单位与劳动者协商，未能就变更劳动合同内容达成协议的。

（4）在用人单位依法实施经济性裁员中，劳动者没有任何过错，用人单位也是迫于无奈，为了企业的发展和大部分劳动者的权益，解除一部分劳动者的劳动合同。为了平衡双方的权利义务，在经济性裁员中，用人单位应当支付经济补偿。

（5）法律、行政法规规定的其他情形。

用人单位支付的经济补偿金与劳动者在本单位的工作年限挂钩。

经济补偿金与违约金的区别如下：

① 违约金是劳动者与用人单位的双方责任，经济补偿金是用人单位的单方责任。

② 违约金可以由劳动者与用人单位书面约定，经济补偿金是法定的，严格适用《劳动合同法》的规定。

③ 违约金是劳动者或者用人单位违反了合同的约定，由一方承担的责任，而经济补偿金的支付并没有劳动合同的约定，用人单位依据《劳动合同法》的规定支付经济补偿金，一方并不一定是违反了劳动合同。

④ 违约金的法律适用依据主要是《合同法》，经济补偿金的法律适用依据是《劳动合同法》。

三、就业协议与劳动合同的关系

就业协议与劳动合同都是用人单位录用毕业生时所订立的书面协议，二者既有联系，又有区别。

（一）二者的区别

（1）法律依据不同。就业协议适用依据为教育部颁发的《普通高等学校毕业生就业工作暂行规定》和有关政策；劳动合同的适用依据是《劳动法》《劳动合同法》。两者法律效力差异明显，前者属于部门规章，后者属于国家基本法律，部门规章的法律效力低于国家基本法律。

（2）签订主体不同。就业协议适用于应届毕业生与用人单位、学校三方之间，学校是就业协议的见证方和签约方，就业协议对用人单位的性质没有规定，

适用任何单位；而劳动合同只适用于劳动者与用人单位之间，与学校无关。

（3）适用对象不同。依据《劳动法》有关规定，凡是与我国境内的企业、个体经济组织、民办非企业单位组织，以及国家机关、事业单位、社会团体建立劳动关系的劳动者，均可使用劳动合同。而就业协议适用的人员相对单一，对签约学生来说仅适用于全国普通高校毕业生、毕业研究生（定向、委培毕业生）。

（4）签订内容不同。毕业生就业协议的内容主要是毕业生如实介绍自身情况并表示愿意到用人单位就业，用人单位表示愿意接收毕业生，学校同意推荐毕业生并列入就业方案，而不涉及毕业生到用人单位报到后所享有的权利义务。劳动合同的内容涉及劳动报酬、劳动保护、工作内容、劳动纪律等方方面面，更为具体，劳动权利义务更为准确。

（5）签订时间不同。就业协议应在毕业生就业之前签订，而劳动合同往往是毕业生到用人单位报到后才签订。

（6）签订目的不同。就业协议是在毕业生和用人单位对双方基本条件以及即将签订的劳动合同的部分内容共同认可的基础上所签署的初步约定。劳动合同则是约定毕业生和用人单位双方劳动与雇佣关系责任的法律文书。经签字盖章的就业协议除了具有法律效力之外，它也是编制毕业生就业方案和将来订立劳动合同的重要依据。

（7）解决纠纷的方式不同。如因就业协议发生争议，任何一方均可向人民法院提起诉讼，而不能提起劳动争议仲裁。如因劳动合同发生纠纷，任何一方均可向当地劳动争议仲裁委员会申请仲裁。当事人对仲裁裁决不服的，可向人民法院提起诉讼。如当事人就劳动争议直接向人民法院起诉的，人民法院不予受理。

（二）二者的联系

毕业生就业协议与劳动合同是前后承接的关系。高校毕业生一般是首先和用人单位签订就业协议，然后才签订劳动合同。毕业生就业协议生效后，高校按协议约定办理完派遣手续，毕业生按时到用人单位报到，用人单位及时为毕业生妥善办理户口、人事档案手续，该协议约定的主要义务即得到充分履行。

毕业生到用人单位报到后，双方有义务签订劳动合同，确立一定期限的劳动关系。应该说这是毕业生就业协议的后合同义务。虽然协议约定的主要义务已经履行完毕，但各方签订、履行协议的目的是使国家培养的人才得到合理安置，也是为了让用人单位引进所需人才。如果毕业生就业协议履行完毕后，和用人单位不再发生劳动关系，那么，其签订就业协议就有规避法律及国家有关规定之嫌，即当事人可能是利用签订、履行毕业生就业协议以达到其他目的（如落户等）。所以，一般来说，签订了毕业生就业协议以后，毕业生和用人单位有义务签订劳动合同，确定双方的劳动关系，并且未经对方同意，任何一方不得单方变更就业协议约定的服务期限、工作职位等内容。

鉴于毕业生就业协议约定的主要义务已经履行完毕，约定的服务期限、工作职位等内容均属于劳动合同内容，应以劳动合同为准。因此，从劳动合同依法生效之日起，毕业生就业协议的效力终止。

扫一扫，测一测

【拓展阅读】

答疑解惑

1. 什么是待就业毕业生?

待就业毕业生是指有就业愿望但尚未就业的毕业生。

2. 什么是已就业毕业生?

已就业毕业生包括以下几种类别:

(1) 毕业生与用人单位签订了就业协议的。

(2) 毕业生与用人单位签订了劳动合同,或持有用人单位出具的接收函件、就业函或工作证明等的。

(3) 定向、委培毕业生有回原单位定向就业协议的。

(4) 毕业生自主创业,自由职业等灵活就业的。

(5) 升学(如专升本、考取研究生)的。

(6) 出国(境)学习、工作的。

(7) 参加国家或地方项目如“志愿服务西部计划”“村干部计划”等的。

(8) 参军入伍的。

3. 什么是灵活就业毕业生?

灵活就业包括以下两种类型:

(1) 自主创业。创立企业(包括参与创立企业)或者是新企业的所有者、管理者,包括个体经营和合伙经营两种类型。

(2) 自由职业。以个体劳动为主的一类职业,如作家、自由撰稿人、翻译工作者、中介服务者、某些艺术工作者等。

4. 高等学校毕业生毕业证书丢失可否补发?

按照国家规定,高等学校毕业生毕业证书遗失后,由本人向原毕业学校申请,经学校查有实据,可开具《毕业证明书》,不能补发毕业证书。《毕业证明书》具有毕业证书的效力,出国使用者可由公证处公证。

5. 毕业时未落实就业单位的毕业生怎么办?

根据国家有关规定,凡毕业时仍未落实工作单位的毕业生,原则上回原户籍所在地区就业,档案、户口转回原籍。2 年内找到接收单位的,仍予办理就业手续;2 年后找不到接收单位的,自谋职业。

6. 毕业生报到后如何办理户口转移手续?

毕业生离校时已落实工作单位的,需经当地政府人事部门批准,到用人单位报到后,凭用人单位出具的证明、用人单位与毕业生签订的《就业协议书》、毕业生所持的《毕业证书》和《就业报到证》,到当地公安部门办理落户手续。上述户口可转入家庭所在地,也可转入单位集体户口,符合单独立户的,允许其单独立户。

7. 如何管理毕业生档案?

不允许个人保存档案。目前我国对档案的管理主要有单位管理和社会管

理两类：有档案管理权限的企事业单位可直接接收、管理档案；无档案管理权限的企事业单位，主要包括公有制和非公有制（个体、私营、外资）在内的中小企业，可以由各地的人才交流中心、政府批准的人才服务机构为高校毕业生提供档案管理、人事代理、社会保险办理和接续等方面的服务。

【拓展训练】

一、案例分析

1. 2015年4月，即将大学毕业的马莉与学校及甲公司签订了一份《毕业生就业协议书》。协议约定：马莉毕业后必须在甲公司服务5年，否则要赔偿公司1万元。2015年8月，马莉到公司工作后又与该公司签订了3年期限的劳动合同，约定试用期为4个月，在试用期内可以提前书面通知甲公司解除本合同并在工作交接完毕后离开公司。3个月后，马莉认为自己不适应这份工作，按劳动合同要求向公司提出书面辞职，而甲公司以未交纳违约金为由不予办理解除劳动合同的有关手续。马莉向该市劳动争议仲裁委员会申请仲裁，要求解除与被告签订的劳动合同被驳回。马莉遂向法院提起诉讼。

请问：你认为法院应该如何判决？马莉是否需要交纳违约金？

2. 王某等10个大学生毕业后被某化工厂录用。该厂以种种理由一直未与他们签订劳动合同，直到工作3个月后，厂方才与其签订了为期3年的劳动合同。但是，细心的王某发现之前干的3个月没有计入合同，于是找到厂领导论理。厂领导解释说："劳动关系是从签订劳动合同后才建立的，从法律上讲，没有签订劳动合同就不能说你跟厂里有劳动关系。"

请问：厂长的话是否正确？厂里的做法是否违反了相关法律？

3. 某职业学院计算机专业毕业的张某在一家私营企业上班。企业经常要求加班，但并不支付加班工资，有时一周内加班多达20小时以上，法定节假日也不给休假时间。并且公司规定，因病、因事休息的，休息1天扣发5天工资。张某多次向企业经理提出支付加班工资的要求，均遭到拒绝。经理还说："我们公司就是这样，如果你觉得公司加班多了，完全可以走人啊。"张某无奈，不知道该怎么办。

请问：公司的做法是否侵犯了张某的权益？如果你是张某，应该怎么办？

4. 2016年"五一"劳动节期间，某公司接待外宾参观，决定产品调试车间8名职工加班一天，第二天又安排这8名职工休息。6月初领工资时，8名职工都没有领到加班工资，向公司提出质疑。公司称"五一"劳动节加班是工作需要，而且第二天已经安排了补休，不再发给加班工资。8名职工不服，向当地劳动争议仲裁委员会提出申诉，请求补发"五一"劳动节加班工资。

请问：公司是否应该补发加班工资？当地劳动仲裁委员会应该如何裁决？

二、就业政策信息搜索与演讲

作为一名在校大学生，你准备毕业后到哪个省份就业？请搜集你准备就业的省份政府制定的地方就业政策，进行分析整理后，在课堂上作3~5分钟的演讲，交流信息，锻炼口头表达能力。

第八章　自主创业

案例导入

大学生创业开发“问卷宝”APP

“同学，耽误你几分钟，支持我们做个调查吧。”“请帮忙填下问卷。”在高校校园里，学生会遇到各种调查。但是，传统线下问卷调查费时、费力、费钱。武汉软件工程职业学院2016届毕业生熊泉浪从中发现了商机，他开发的“问卷宝”APP于2016年3月得到一家信用卡企业的合作邀请，并获得了550万美元的融资。

一天，在学校食堂吃饭，一名给某饮料公司做兼职的学生给熊泉浪发了一份问卷，他填完后看见这名学生开始一份份地统计。“怎么还用这么传统的办法做调查？既麻烦又浪费纸。”他不由得想到，校园内这样的调查还真不少，有“学生心理健康调查”“就业情况调查”等校方组织的，也有各学生社团的活动调查，更多的是一些商家的市场调查。

于是熊泉浪花了4个月时间调查“校园调查市场”，发现平均每名学生大学期间要接到50份问卷，这促使他要设计一个校园在线调查平台。除了上课，他和团队的5名同学就泡在教学楼搞设计，半年后手机端“问卷宝”以及PC端“我爱调查网”上线。平台上线仅1个多月，在未做大规模推广的情况下，便赢得用户近万名，且保持着43.3%的增长速度。2016年10月，该项目获得武汉市属高校学生创业大赛特等奖。

（资料来源：《武汉晚报》，2016年3月30日第16版）

想一想

在大学校园里，你发现了哪些商机呢？

第一节　创业概述

回顾21世纪的前10年，如果用一个词来概括推动全球经济尤其是高科技产业发展的不竭动力，毋庸置疑是“创业”。时至今日，自主创业已经成为各国大学生实现职业生涯目标的重要选择。我国要建设创新型国家，高等学校承担着为国家培养创新、创业人才的重任，其培养的毕业生是我国现代化建设的重要生力军，创业教育越来越受到国家、社会和学校重视，创业实践对大学生也产生了极大的吸引力。

一、创业含义

创业是指某个人发现某种信息、资源、机会或掌握某种技术，利用相应的平台或载体，将其发现的信息、资源、机会或掌握的技术，以一定的方式，转化、创造更多的财富、价值，并实现某种追求或目标的过程。创业是创业者对自己拥有的资源或通过努力能够拥有的资源进行优化整合，从而创造出更大的经济或社会价值的过程。大学生创业就是利用自己的知识、才能和技术，以自筹资金、技术入股、寻求合作等方式创立新的就业岗位，不做现有岗位的竞争者，而是为更多的人创造就业机会。

创业具有以下几个方面的基本特征：

（1）创业是创造的过程。创业创造某种有价值的新事物，这种新事物不仅对创业者本身有价值，而且对其开发的产品或服务的某些目标对象也具有价值。

（2）创业者要获得报酬。对于创业者来说，获得利润是永远的动力。与此同时，获得独立自主和精神满足也非常重要。

（3）创业要承担风险。创业风险是指由于创业环境的不确定性，创业机会与创业企业的复杂性，创业者、创业团队与创业投资者的能力及实力的有限性，导致创业活动偏离预期目标的可能性及其后果。创业风险一般包括资金风险、技术风险、竞争风险、管理风险、团队风险、社会风险等。在企业发展过程中，随时面临着灭顶之灾的风险。

（4）创业是一个决策过程。创业现象的发生，首先基于对风险和机会的认知，进而形成创业行为和创业精神，创业者面临一个不断地判断、选择的过程。

二、创业要素

创业的基本要素包括创业者、商业机会、技术、资源、人力资本、组织、产品服务 7 个方面。匹兹堡大学的戴维·格耶瓦里博士和丹尼尔·弗葛尔教授于 1994 年提出了创业行为过程的 3 个关键要素，即创业意愿、创业技能和创业机会。

（一）创业意愿

创业意愿是指一个人从潜在创业者变为实际创业者的期望程度。很多创业研究强调创业者的心理和行为特质对创业意愿的影响，比如追求成就、具备创新能力和自律性、倾向于承担风险等。而个人特质不足以使人去创业，创业意愿还会受到社会经济环境的影响。

（二）创业技能

创业技能是指创建和管理新事物的商业知识、技术和能力。由于新企业容易遭到投资者和顾客的拒绝，所以创业者除了创业技术技巧与商业计划、产品开发等各种管理技能外，还要具备战略策划和公关能力。只有具备了创业技能，才能创建和管理好新事物。

（三）创业机会

创业机会是指有吸引力的、较为持久和适时的一种商务活动空间，最终表现为能够为消费者或客户创造价值、增加价值的产品或服务，并为创业者带来

回报。在市场经济条件下，创业壁垒很少，创业机会很多。

三、 创业风险

创业风险是指由于创业环境的不确定性、创业机会与创业企业的复杂性，创业者、创业团队与创业投资者的能力与实力的有限性而导致创业活动偏离预期目标的可能性及其后果。

（一）创业风险的分类

1. 按风险来源的主客观性划分

创业风险可分为主观创业风险和客观创业风险。主观创业风险是指在创业阶段，由于创业者的身体与心理素质等主观因素导致创业失败的可能性。客观创业风险是指在创业阶段，由于客观因素导致创业失败的可能性，如创业资金缺乏、市场的变动、政策的变化、竞争对手的出现等。

2. 按创业风险的内容划分

创业风险可分为技术风险、市场风险、生产风险、管理风险、政治风险和经济风险等。技术风险是指由于技术方面的因素及其变化的不确定性而导致创业失败的可能性。市场风险是指由于市场情况的不确定性导致创业者或创业企业损失的可能性。生产风险是指创业企业提供的产品或服务从小批试制到大批生产的风险。管理风险是指因创业企业管理不善产生的风险。政治风险是指由于战争、国际关系变化或有关国家政权更迭、政策改变而导致创业者或企业蒙受损失的可能性。经济风险是指由于宏观经济环境发生大幅度波动或调整而使创业者或创业投资者蒙受损失的风险。

（二）规避创业风险

人们常说，创业有“三高”：高难度、高风险、高不确定性。这“三高”合为“一高”，就是“高失败率”。创业者要想创业成功，必须有效规避创业风险。

1. 慎重选择项目

创业时如果缺乏前期市场调研和论证，只凭自己的兴趣和想象来决定投资方向，甚至仅凭一时心血来潮作决定，一定会碰得头破血流。创业者在创业初期一定要做好市场调研，在了解市场的基础上创业。一般来说，大学生创业者资金实力较弱，宜选择启动资金不多、人手配备要求不高的项目，从小本经营做起。

2. 掌握创业技能

很多创业者眼高手低，当创业计划转变为实际操作时，才发现自己根本不具备解决问题的能力，这样的创业无异于纸上谈兵。大学毕业生要创业，应先去企业实践，积累相关的管理和营销经验。另一方面，积极参加创业培训，积累创业知识，接受专业指导，提高创业成功率。

3. 拓宽融资渠道

是否有足够的资金创办企业是创业者遇到的首要问题。如果没有广阔的融资渠道，创业计划只能是一纸空谈。对于初创企业来说，如果连续几个月入不敷出或者因为其他原因导致企业现金流中断，会给企业带来极大的威胁。相当

多的企业会在创办初期因资金紧缺而严重影响业务拓展，甚至错失商机而不得不关门大吉。除了自筹资金、银行贷款、民间借贷等传统方式外，创业者还可充分利用风险投资、创业基金等融资渠道。

4. 利用社会资源

企业创建、市场开拓、产品推介等都需要调动社会资源，创业者在这方面往往感到非常吃力，大学生创业者尤其如此。大学生创业者平时应多参加各种社会实践活动，扩大人际交往范围。创业前，最好先到相关行业领域工作一段时间，为日后创业广积人脉。

5. 减少人才流失

一些研发、生产或经营性企业需要面向市场，高素质专业人才或业务队伍是这类企业成长的重要基础。在那些依靠某种技术或专利而创业的企业中，拥有或掌握这一关键技术的业务骨干流失是创业失败的最主要风险，创业者应防止专业人才及业务骨干流失。

6. 化解团队分歧

“二人同心，其利断金。”现代企业越来越重视团队的力量，一个优秀的创业团队能使企业迅速发展壮大。与此同时，风险也蕴涵其中。团队的力量越大，产生的风险也越大，一旦创业团队的核心成员在某些问题上产生分歧不能达到统一时，极可能对企业造成致命的冲击。所以，团队之间要有共同的目标，要分工明确，要及时有效地沟通，遇到矛盾及时化解，齐心协力，方能共创事业辉煌。

7. 规避管理风险

创业失败者很多都是管理方面出了问题，其中包括理念不清、决策随意、信息不通、用人不当、忽视创新、急功近利、盲目跟风、患得患失、意志薄弱，等等。有的创业者虽然技术出类拔萃，但理财、营销、沟通、管理方面的能力不足。特别是大学毕业生，经验、资金和心理素质明显不足，更会增加管理上的风险。要想创业成功，创业者必须技术、经营两手抓，可从合伙创业、家庭创业或虚拟店铺开始，锻炼创业能力，也可以聘用职业经理人负责企业日常运转。

8. 规避竞争风险

无论在哪一行当创业，竞争是必然的。如何面对竞争是每个企业都要随时考虑的问题，对新创企业尤其如此。如果创业者选择的行业是竞争非常激烈的领域，在创业之初可能受到同行排挤。一些大企业为了吞并或挤垮小企业，常会采用低价销售手段。对大企业来说，由于规模效益或实力雄厚，短时间降价不会对自己造成致命伤害，而对初创企业则可能意味着彻底毁灭。因此，考虑好如何应对同行的竞争是创业企业生存的必要准备。

9. 夯实核心竞争力

对于具有长远发展目标的创业者来说，他们的目标是不断地发展壮大企业，因此，企业是否具有核心竞争力就是最主要的风险。依赖别人的产品或市场来打天下的企业永远不会成长为优秀企业。核心竞争力在创业之初可能不是最重要的问题，但要谋求长远发展，就是最不可忽视的问题。没有核心竞争力的企

业终究会被淘汰出局。

10. 提供安全保障

有的商家因为硬件设施不过关，或者安防措施不到位而发生安全事故，造成严重经济损失，甚至出现人员伤亡情况，轻则严重影响企业生产经营，重则给企业造成毁灭性的打击。因此，创业企业一定要确保安全生产或经营，同时购买必要的保险，提供必要的保障。

四、 创业素质

“老板梦”人人可做，但并非人人适合当老板。创业虽不一定需要高深的学问、雄厚的资金，学历、经历、年龄、专业背景也都不是限制因素，但创业者必须具备创业素质。创业的核心素质主要有以下 5 点：

（一）创业欲望强烈

欲望是创业的最大推动力。“欲”，实际就是一种生活目标，一种人生理想。因为想得到，而凭自己现在的身份、地位、财富得不到，所以要去创业，要靠创业改变身份，提高地位，积累财富。因为欲望而不甘心，而创业，而行动，而成功，这是大多数白手起家的创业者走过的共同道路。创业者的欲望往往伴随着行动力和牺牲精神，这是很多人做不到的。

一个真正的创业者一定是强烈的欲望者，他们想拥有财富，想出人头地，想获得社会地位，想得到别人的尊重。瀛海威的创办者张树新，因为第一个大张旗鼓将互联网引入中国而声名鹊起。张树新回忆说：“我记得 1989 年我父亲患癌症来北京，到 1992 年去世，我们几乎倾尽所有，最后想做很多的事情，却总是囊中羞涩做不了。那个时候社会上已经有很多人下海，大街上有很多不同的人的生活状态，你就会觉得，如果自己没有能力改变自己的生活状态，就不用去讲那么多的大道理。”在这样一种状态下，张树新由报社记者转而下海创业。

【创业故事】

邹文龙通过创业消灭“三大差别”

吉盛伟邦家具集团被视为中国家居流通领域的成功典范，老板邹文龙说自己的创业动力来自“三大差别”。邹文龙热恋时，女朋友的父亲对他说：“你和我女儿有三大差别，一是城乡差别，她是城市户口而你却来自贫穷的农村；二是脑力劳动与体力劳动的差别，她已经考上了大学，而你却不得不接一个亲戚的班，到一个小杂货店搬运油、盐、酱、醋出卖劳动力；三是健康上的差别，你因为身体不好以致连大学都没考上，难以想象一个身体不好的人以后怎么靠体力活儿吃饭，你怎么能养活我的女儿？所以，你和我女儿谈恋爱，坚决不成！”邹文龙不愿放弃女朋友，选择了通过创业消灭“三大差别”。

（资料来源：百度百科，《邹文龙》）

（二）市场嗅觉灵敏

商机对每个人都是均等的。它有时就在身边，有商业头脑、对商机敏锐的人，会及时发现；而缺乏商业头脑、对商机迟钝的人，会视而不见。敏锐的市场嗅觉集中反映了经营者的智慧。首先是对商机反应敏锐，在别人还没有意识到它之前已经对它了解清楚。其次是对商机看得深、看得远，不仅能发现明显的、现时的商机，还能发现隐藏的、长远的商机。再次是对发现的商机投资快、决策果断，能够走在别人前面抢占时机。

深圳比亚迪公司掌门人王传福无疑是国内赚钱最快的财富新贵之一。1995年，在北京有色金属研究院工作了5年的王传福忽然发现，作为自己研究领域之一的电池面临巨大的投资机会。当时要花二三万元才能买到一部大哥大，而欲买者趋之若鹜。王传福意识到手提电话的发展对充电电池的需求会与日俱增，当年2月就在深圳注册了比亚迪实业。2002年，王传福进入了福布斯中国富豪榜。

【创业故事】

“小器之王”梁伯强

聚龙集团董事长梁伯强被誉为中国“指甲钳大王”和“小器之王”。1998年，梁伯强看到了《深圳特区报》有一篇名为《话说指甲钳》的短文，提到了1997年10月27日时任国务院副总理的朱镕基在接见全国轻工集体企业第五届职工代表大会代表时的讲话：“要盯住市场缺口找活路，比如指甲钳子，我没用过一个好用的指甲钳子，我们生产的指甲钳子，剪了两天就剪不动了……”梁伯强决定进军指甲钳市场，并很快将这一想法付诸行动，成立公司专门负责指甲钳的品牌运作、营销等。多年后，其领导下的公司发展成为目前世界最大的指甲钳贴牌生产基地、全球最大的美甲用品生产基地和中国指甲钳研发制造中心，其制造的指甲钳成为与德国、韩国三足鼎立的世界品牌，中国指甲钳第一品牌。

（资料来源：前程无忧，《梁伯强：非常小器赚大钱》）

（三）交际能力出众

人脉是创业成功的引擎。正所谓：“一个篱笆三个桩，一个好汉三个帮”“天时不如地利，地利不如人和”，创业者能否编织出高效的人际关系网络，决定着创业成败。成功的创业者不仅是骁勇的战士，更是出色的外交家，他们经常要与员工、客户、银行、代理机构、供销渠道、政府机构等打交道。创业者如果不能在较短的时间内建立广泛的人际网络，其创业往往会非常艰难。即使初期能够依靠领先技术或自身素质，比如吃苦耐劳、精打细算，获得一定成功，但其事业一定做不大。很多创业者有这样的体会：自己知识全面，能力很强，技术过硬，资金也充沛，但创业之路却走得十分艰辛，究其原因，常常是因为忽略了人际关系。

曾宪梓的好人缘

香港金利来集团有限公司董事局主席曾宪梓，创业之初开的是夫妻店，厂房就是家里的小客厅。曾宪梓做裁剪，妻子黄丽群缝边，俩人每天干到深夜一两点，赶制出一批领带后，拿到九龙最旺的尖沙咀去兜售。有一次，一位洋服店老板见他衣衫褴褛，竟然对他下逐客令。曾宪梓没有气恼，反而意识到自己的形象出了问题，第二天便穿着整齐的衣服去向店老板赔罪，并且诚心诚意地请老板喝咖啡。他的真诚打动了对方，这位老板后来不仅欣然接纳他的领带，还成了他的好朋友，在曾宪梓开辟领带销售渠道、成就个人事业方面给予了很大帮助。

（资料来源：华语广播网，《香港金利来集团董事局主席曾宪梓的创业之路》）

（四）懂得与人分享

做生意的人都会算账，只不过有些人算的是大账，有些人算的是小账。商业法则是：算大账的人做大生意，算小账的人永远只能做小生意。只有当老板舍得付出，舍得与员工分享，员工的生存需要、安全需要、尊重需要从老板那里都得到满足，员工出于感激，也因害怕失去所获得的一切，就会产生自我实现的需要。员工通过自我实现，为企业做更多事、赚更多钱，做更大的贡献回报企业，这样企业就步入了良性循环。

【创业故事】

南存辉践行“分享财富观”

初中便辍学的南存辉从昔日温州城内辛苦操劳的修鞋匠，几经奋斗，一手创办起国内一流的电气企业——浙江正泰集团，终成资产超亿万美元的年轻富豪。如今，正泰集团的年销售额达150亿元，在低压电器产业中排名世界第三，成为中国乃至亚洲低压电器产业的龙头老大。事业成功后，南存辉突破阻力，主动发起股权之变，以家族股份稀释整合更多的社会资源，将自己的股权从100%一直稀释到20%。南存辉每一次稀释股权，都伴随着企业的高速成长。在家族企业聚集的温州，南存辉率先提倡的“新集体主义”已经成为现代家族企业的典范。

（资料来源：搜狐新闻，《南存辉践行“分享财富观”》）

（五）意志品质坚定

创业过程是一个长期坚持、努力奋斗的过程，立竿见影、迅速见效的事是极少的，创业期间又会面临很多风险和困难，遭遇不少挫折和打击。因此，创业者需要百折不挠、坚持不懈的毅力和意志，一旦做出行动决定，就要盯住目标，坚持到底，纵有千难万险，也不轻易改变初衷，半途而废。如果三心二意，

知难而退，或者虎头蛇尾，见异思迁，都将一事无成。

【创业故事】

俞敏洪的“化蛹为蝶”

俞敏洪1985年从北京大学毕业，留校担任外语教师。1991年，他从北大辞职，进入民办教育领域，先后在北京市一些民办学校从事教学与管理工作。1993年，他创办了北京市新东方学校，担任校长，开始了艰难的创业历程。

创业起步时，在北京中关村二小一间$10m^2$、漏风漏雨的临时建筑里，俞敏洪除了一张桌子、一把椅子以及冬天还未刷完小广告就结冰的胶水桶之外，一无所有。清早起来，他一个人满大街张贴招生广告。数九寒冬，手中的糨糊经常结成了冰。有时实在冷得受不了，他就掏出揣在怀里的二锅头抿上一口，然后继续贴广告。

在这条创业路上，他失去工作，失去住所，四处租房，白手起家，半夜贴广告，免费办讲座……所有创业时期的艰辛，他一样不落地经历了，甚至几次与“死神”撞了个满怀。几经周折，几历磨难，凭借坚韧和执着，他缔造了中国外语培训的航母“新东方”，成为拥有2.5万名员工的上市公司董事长、中国培训界的领军人物。

（资料来源：宁泊．俞敏洪如是说——中国教父级CEO的创业智慧．北京：中国经济出版社，2008）

扫一扫，测一测

【自我测试】

你是否适合创业

当老板可不是一件容易的事，你是否适合创业？有多少创业的潜力？下列测验可帮助你决定是否应当进入老板行列。各题答“是”得1分，答“否”则不计分。

1. 曾经为了某个理想而设下2年以上的长期计划，并按计划进行直到完成。
2. 在学校和家庭生活中，能在没有父母及师长的督促下自动完成分派的工作。
3. 喜欢独自完成自己的工作，并且做得很好。
4. 与朋友们在一起时，朋友经常寻求你的指导和建议。
5. 求学时期有赚钱的经验，喜欢储蓄。
6. 能够专注地投入个人兴趣连续10小时以上。
7. 习惯保存重要资料，并且井井有条地整理，以备需要时随时提取查阅。
8. 在平时生活中，热衷于社会服务工作，关心别人的需要。
9. 喜欢音乐、艺术、体育以及各种活动课程。
10. 在求学期间，曾经带动同学完成一项大型活动。
11. 喜欢在竞争中看到自己表现良好。

12. 当你为别人工作时，发现其管理方式不当，会想出适当的管理方式并建议改进。

13. 当你需要别人帮助时，能充满自信地要求，并且能说服别人来帮助你。

14. 在募款或义卖时，充满自信而不害羞。

15. 要完成一项重要的工作时，总是给自己足够的时间仔细完成。

16. 参加重要聚会时，准时赴约。

17. 有能力安排一个恰当的环境，使你在工作时能专心有效。

18. 你交往的朋友中，有许多有成就、有智慧、有眼光、有远见、老成持重型的人物。

19. 在工作或学习团体中，被认为是受欢迎的人物。

20. 自认是个理财能手。

21. 可以为了赚钱而牺牲个人娱乐。

22. 总是独自挑起责任的担子，彻底了解工作目标并认真完成工作。

23. 工作时有足够的耐心与耐力。

24. 能在很短的时间内结交许多新朋友。

请统计你所得的分数，并参照下列标准进行分析。

0~5 分：你目前并不适合自主创业，应当训练自己为别人工作的技术与能力。

6~10 分：你需要在旁人的指导下去创业，才有创业成功的机会。

11~15 分：你非常适合自主创业，但是在所有“否”的答案中，你必须分析出自己的问题并加以纠正。

16~20 分：你个性中的特质足以使你从小事业慢慢开始，并从妥善处理中获得经验，成为成功的创业者。

21~24 分：你有无限潜能，只要懂得掌握时机和运气，你将是未来的商业巨子。

（资料来源：中国新闻网，《创业驿站：你适合创业当老板吗》）

第二节 创业项目

拥有好的创业项目等于成功了一半。国内创业企业每 100 家企业中只有 20~30 家可以熬过 1 年，而熬过 3 年的企业只占其中的 30%。我国大学毕业生创业的成功率更低，仅为 2%~3%。众多创业项目归于失败的原因，除了创业本身具有高风险外，创业项目选择失当也是一个重要原因。中国创业招商网的调查显示，80%的创业者在创业前期都感到确定创业项目十分头疼，很难抉择。在创业失败的案例中，60%的人认为是“创业项目不对”或者是“创业项目选择失误”导致。而在成功创业人群中，70%的人认为是“良好的创业项目成就了自己的事业”。

扫一扫，看视频

创业项目选择

一、创业项目选择

如何选择创业项目，是所有创业者面临的难题。一位知名的学者说，创业

如同婚姻，没有最好的项目，只有合适的项目。那么，究竟如何选择合适的创业项目呢？

（一）技术优先

利用技术创业，是一条长远之道，也是一条可持续发展之路。交一些学费，学一门专业技术，不失为一种稳当的投资方式。21世纪是知识经济时代，要想跟上时代步伐，必须重视智力投资。结合自身情况学好专业技术，就不愁找不到赚钱的路子。80后的亿万富翁李想是PCPOP. COM首席执行官，高中文凭。李想上初中时，对计算机产生了浓厚的兴趣。初中3年，他看了3年计算机方面的书。高一开始，他订阅了很多与计算机互联网有关的书籍和杂志。高二时就大量给这些杂志投稿，基本上IT类所有的媒体都有他的稿件。就在高二时，他创办了自己的网站“显卡之家”。2000年，高中毕业的李想毅然放弃了高考，创办了泡泡网。经过十余年的飞速发展，泡泡网成为了中国最具权威性与影响力的IT垂直互动门户网站之一。

（二）小中见大

有研究指出，在现实生活中，不少人最容易犯的错误之一，就是拒绝赚钱的小产业，投资赔钱的大产业。其实，小产业并不小，只要做得好，小产业能成为大产业，成就大市场。浙江的小产业成就了浙江重量级的经济，有人测算，浙江企业的平均规模要比全国平均水平小1/4，但是小商品、小规模形成了大产业——每小时温州人生产皮鞋12万双，地球上每10个人就有1个人穿上温州制造的真皮皮鞋；每天温州有100万副太阳镜销往世界各地；每年5亿~6亿只打火机走下温州的装配线，其中70%出口。锁具一直被列为小五金中的一类，虽然数量很大，仍被认为是小产业，从日杂五金商店、百货店的柜台到家装材料超市，少有专营的。而李文锁城从一个资金不足百万，员工不过30人的小型锁店，发展为资产过亿、员工1 000多人、年销售额近3亿元、拥有十多家大型专业旗舰店和200多家连锁店、服务网络覆盖大半个中国的“锁具大王”。总经理李文说：“多年之前我就感觉到，没有哪个行业是不能做大的。小的产业或窄的行业别人看起来不起眼，但做好了，潜能也不可估量，问题是怎么去做！与大产业、大行业的高、大、全相比，小产业、窄行业就要做到精、专、深！”

（三）开发角落

小本投资者由于势单力薄，选择投资项目时要审时度势，既不要向竞争实力强大的对手挑战，也不要盲目跟风，看着别人做什么生意赚了钱，自己就仿效。投资时，要学会钻空子、找冷门，选择别人不愿意干或尚未顾及的那部分市场，采取填空补缺策略。例如，大街上随处可见女性美容、护肤、保养方面的店面，男人是否需要这方面的关爱呢？有一位商人目光敏锐，开了一家男士形象设计中心，以给男士进行皮肤护理、美容指导、健身指导为主，也兼卖男用化妆品，吸引了大批男性顾客。为了增加客源，还从女性角度做文章，在节日搞些促销活动，如在情人节时开展了“给所爱的他一份惊喜”的办卡优惠活动，生意非常兴隆。再如，法国95%的低价伞从世界各地进口，高档伞才在本地生产。这些高档伞一般不用于遮阳挡雨，主要用于装饰、广告和满足时尚需求。有一种售价近百美元的伞竟然被设计成手枪模样，可以配挂在腰间皮带上，

使传统伞具增加了装饰功能。

（四）别出心裁

世界上并不缺少财富，缺少的是发现财富的眼睛。这双眼睛需要靠强烈的经营意识去激发。兵法云："出奇方可制胜。"经商开店也是如此，如果能够出怪点，使奇招，比较容易成为生意场上的佼佼者。律蒲曼是美国佛罗里达州的一位画家，一度穷得除了画具和铅笔外一无所有。由于绘画时需要用橡皮擦，橡皮擦又不在手边，往往需要到处找，有时把橡皮擦找到后又找不到铅笔了。为了解决这一问题，律蒲曼进行了反复实验，终于想出了一个好办法：剪下10块薄铁皮片，把橡皮擦绕在笔端再包起来，这样橡皮擦就和铅笔捆绑在一起了。欣喜不已的律蒲曼借钱申请了专利，并将这项专利卖给RABAR铅笔公司，获得了55万美元。又如，一位商人30多年前在纽约买下一家经营不善的书店。他摆脱了很多书店老板不希望顾客在店内"打书钉"的固有思维，而是创造一个顾客想留多久就多久的高品质阅读环境，除了提供厕所外，该书店非常宽敞舒适，设有沙发让顾客坐下来阅读，更在店内增设咖啡座。除了费尽心思把上门的顾客留在店内，他也绞尽脑汁去创造让顾客走进书店的理由：定期举办音乐欣赏、朗读、儿童活动和读书会等。渐渐地，他的书店分店开了一家又一家，现在已经发展成年营业额数十亿美元的全美最大的连锁书店。这就是巴诺书店（Barnes&Noble）和其创办人莱恩·雷吉奥的故事。

【拓展阅读】

别出心裁的八大创业绝招

绝招1：以时定价

日本东京一家快餐店一改传统的经营模式，用以时定价法代替以物定价法。其中午餐为每分钟35日元，晚餐为每分钟50日元。自实行计时服务以来，在这家餐厅里高谈阔论的人没有了，不少人都是一边吃饭一边不断地看着手腕上的表。

绝招2：另辟蹊径

在美国，一家蛋糕店运用新科技，将顾客指定的照片丝毫不差地印在蛋糕上。这项新业务使生日蛋糕更加艳丽夺目，蛋糕中间的影像栩栩如生，周围的祝贺文字感人肺腑，边上的奶油装饰品五彩缤纷。加工这样的新式生日蛋糕每次需15美元，可谓价格不菲，可慕名前来订购的顾客络绎不绝。

绝招3：煽情夺人

美国一家玩具厂通过市场调查，发现西方国家普遍出现人口负增长，一些人很想表达母爱但对生育婴儿望而生畏；人口老龄化，不少老人生活寂寞无聊。为此，工厂开发出一种名叫椰莱娃娃的玩偶。它构思奇特，娃娃屁股上有接生人员的印章，还附着一张出生证，登记了娃娃的姓名、手印和脚印，购买时需办理领养手续。椰莱娃娃上市后深受儿童和成年人的喜爱。

绝招4：奇思妙想

几年前的一个周末，一个年轻美国人在捡起一块鹅卵石后突发奇想。他做了一个精致漂亮的小木盒，下面垫上稻草，然后放进鹅卵石，并且美其名曰宠石。另外还附有一本起广告作用的小册子，说宠石是最理想的玩伴，既不吵不闹不需要喂食，也不必清理粪便。他选择圣诞节前推出包装精美的宠石，结果人人竞相抢购，很快成为最畅销的礼品之一。

绝招5：一举两得

日本横滨市平成餐饮服务公司在东京地区经营着30多家酒馆。这家公司一律实行在凉菜柜台前及菜单上明确标示生产者姓名和照片的做法。提供蔬菜的农民对此很是满意，认为登了照片留了姓名，可以促使自己更加努力地生产。菜农保证在生产过程中不使用化肥和农药，不让自己的产品出问题。平成餐饮服务公司由此名声大震，吸引了更多消费者。

绝招6：顺应潮流

1985年，美国可口可乐公司总裁罗伯特·戈伊佐塔收到助手递呈的一份大胆计划，要求在可乐配方中加入另外一些佐料，使它成为一种口味更轻、更甜的可乐。在经过市场调查证明可行后，公司投资数百万美元让20万名顾客做了品尝试验，结果令人满意。于是戈伊佐塔签字同意生产，可乐的销量也随即提升。

绝招7：异想天开

十多年前，美国人时兴在家里养鸟。鸟儿在屋子里自由飞翔，带来了处理粪便的麻烦。一位商人灵机一动，开发出鸟用尿布。此种产品虽然不怎么显眼，但十分有用，能使主人不必担心鸟在客厅、餐厅或卧室里随时喷洒屎尿了。自从登出邮售鸟用尿布广告后，这位商人的订单应接不暇，生意兴隆。

绝招8：将错就错

一次，一场意外的大火袭击了美国食品大王鲍洛奇经营的连锁店，十几箱香蕉被火烤得发黄，皮上还沾有许多小黑点。陷入困境的鲍洛奇并没有心灰意冷，而是突发奇想。他在店门口贴出一则广告，上面写着：女士们，先生们，本店新进口阿根廷香蕉，地道的南美风味。全城独此一家，进货不多，欲购从速。就这样，被火烤过的香蕉竟然以比原价高一倍的价格销售一空。

（资料来源：石材咨询）

二、把握创业机会

机会是指具有时间性的有利情况。创业机会是指创业者可以利用的商业机会。有的创业者认为自己有很好的想法和点子，对创业充满信心。有想法有点子固然重要，但并不是每个大胆的想法和新异的点子都能转化为创业机会。许多创业者没有选择好时机，仅仅凭想法去创业而失败了。那么如何判断一个好的商业机会呢？《21世纪创业》的作者杰夫里·A. 第莫斯教授提出，好的创业机会具有以下4个特征：

第一，它很能吸引顾客。

第二，它能在商业环境中行得通。

第三，它必须在机会之窗存在的期间被实施。机会之窗是指商业想法推广到市场上去所花的时间，若竞争者已经有了同样的思想，并已经把产品推向市场，那么机会之窗也就关闭了。

第四，创业者必须有资源(人、财、物、信息、时间)和技能才能创立业务。

(一) 识别创业机会

有人说，现在市场竞争如此激烈，就业形势如此严峻，创业谈何容易？这种说法不能说没有道理，但如果仔细推敲也并非完全在理。事实上，只要存在尚未被满足的需要，就会有创业机会，而人们未被满足的需要可以说是无限的，因此商机也是无限的。目前世界市场上的产品有 100 万种，而国内仅 18 万种。目前我国供求平衡，或供大于求的是实物产品，而在服务领域存在许多“供不应求”的现象，人们在生活中也有诸多的抱怨和不便。这说明只要善于观察，善于创新，机会就在创业者身边。

【创业故事】

校园创业明星吴斌

一边读书，一边创业，武汉大学二年级硕士研究生吴斌还没走出校门，就成了一家生物科技有限公司的 CEO，成为小有名气的在校创业明星。

吴斌的创业念头来自大三时的一次实习。他发现，国内传统的伤口疗法采用干燥法，用棉纱布捆绑，换药时很不方便，还容易留下疤痕。他决心研制一种更理想的替代品。在充分了解市场需求后，吴斌提出“湿法疗法”与“甲壳虫”相结合的设计理念，并研制出面膜状创可贴。这种敷料生产成本较低，具有无疤痕修复、快速愈合、无须换药等特效。该产品先后获得 8 项国家专利，并获得湖北省第四届、全国第五届“挑战杯”中国大学生创业计划竞赛金奖。

2007 年 6 月，吴斌注册成立了武汉锐尔生物科技有限公司，开始了创业之旅。如今公司生产的生物医用敷料成功上市，在临床试用中得到广大医生和患者的好评，湖北已有多家医院使用这款产品。

(资料来源：武汉大学新闻网，《吴斌：玩生物科技的研二老板》)

创业机会识别是创业领域的关键问题之一。从创业过程来说，它是创业的起点。创业过程就是围绕着机会进行识别、开发、利用的过程。识别正确的创业机会是创业者应当具备的重要技能。

创业机会以不同形式出现。许多好的商业机会并不是突然出现的，而是对于“一个有准备的头脑”的一种“回报”。在机会识别阶段，创业者需要弄清楚机会在哪里和怎样去寻找。

发掘创业机会的做法，大致可归纳为以下 6 种方式：

1. 分析特殊事件发掘创业机会

例如，美国一家高炉炼钢厂因为资金不足，不得不购置一座迷你型钢炉，后来竟然出现后者的获利率要高于前者的意外结果。再经分析，才发现美国钢材市场结构已发生变化。因此，这家钢厂就将之后的投资重点放在能快速反应

市场需求的迷你炼钢技术上。

【创业故事】

垃圾堆里的百万富翁

坐落在美国纽约港的自由女神铜像，历经了百年风雨之后锈迹斑斑，损坏严重。纽约市政府对其进行了翻新重塑，原塑像拆卸下来的建筑垃圾足有200多吨，纽约市政府给出的垃圾处理费用低得可怜，没人愿意承接这项费力又不赚钱的清理工程。

一位叫斯塔克的美国青年自告奋勇，主动要求承包了这项艰巨的清理任务。他雇人将废料进行分类，把废铜皮送铸造厂改铸成自由女神纪念塔，将废铜改铸成自由女神纪念币。又将破碎的水泥送到石料加工场刻成有纪念文字的小石碑，并装在玲珑剔透的小盒子里。他把所有这些小玩意儿做完之后，在自由女神像附近的商店销售。

出人意料的是，原本无人问津、难以处理的建筑垃圾，立刻变成身价百倍的精致纪念品。来自世界各地的游人争相购买，很快销售一空。200多吨垃圾化腐朽为神奇，变成了值钱的宝贝，斯塔克足足赚了300多万美元。

（资料来源：萧遥，《美国智慧》，《商业时代》，2002年第20期）

2. 分析矛盾现象发掘创业机会

例如，金融机构提供的服务与产品大多只针对专业投资大户，但占有市场七成资金的一般投资大众未受到应有的重视。这样的矛盾显示，提供一般大众投资服务的产品市场必将极具潜力。

【创业故事】

“牛仔大王”的创业路

1850年，美国西部发现金矿的消息传遍世界，20多岁的德国籍犹太人李维·施特劳斯加入到浩浩荡荡的淘金人流中。来到旧金山，他才发现自己的莽撞：曾经荒凉的西部现在遍布淘金者的帐篷。怎么办？打道回府吗？

当李维看到淘金者为了买一点日用品不得不跑很远的路时，迅速开了一家日用品小店，不出所料，光顾者络绎不绝。有一天，他乘船外出采购了许多日用百货和一大批搭帐篷、马车篷用的帆布。由于船上旅客很多，日用百货没等下船就被人们抢购一空，但帆布却没人理会。到码头卸货后，他开始高声叫喊推销帆布，由于淘金者们都已搭好了帐篷，无人问津。不愿赔本的李维绞尽脑汁，用帆布制成了结实耐磨的工作裤，向矿工们出售，深受淘金者欢迎。这就是日后风靡全球的“牛仔裤”的来历。

（资料来源：华衣网，《牛仔裤的发明者——李维·施特劳斯》）

3. 分析产业与市场结构变迁的趋势发掘创业机会

例如，在国营事业民营化与公共部门产业开放市场、自由竞争的趋势中，创业者可以在交通、电信、能源产业中发掘极多的创业机会。

创业家季琦的三连胜

毕业于上海交通大学的季琦接连创建携程网、如家连锁酒店、汉庭连锁酒店等品牌，都获得巨大成功。1998 年，我国国内旅游业收入已达 2 391 亿元人民币，被世界旅游组织认定为 21 世纪全球最大的旅游市场。然而，由于体制、管理等多方面的原因，国内旅行社的接待人数和盈利水平却呈连年下降态势，全国旅行社的总市场占有率还不到 5%，其余 95%都是散客。季琦认为，互联网资源可以弥补传统旅游业地域性、时间性、管理有效性等方面的不足，从而能够吸引散客。事实证明，这个“切入点”选得非常精准，携程的营业收入主要通过订飞机票、订房和订购旅游线路这三个主导产品实现，其中订房收入约占总收入的 80%。看准了这一点，从 2000 年开始，季琦开始有计划地吸纳全国订房业中的优秀队伍，携程网不再是一个虚拟的网络概念，而是网络与传统订房业务并举，业务量成倍放大。如家酒店、汉庭酒店的创办更是利用了消费者对酒店服务不同层次的需求，采取差异化战略而走向成功。

（资料来源：中国旅游新闻网，《携程网 CEO 季琦的创业故事》）

4. 分析人口统计资料的变化趋势发掘创业机会

例如，截至 2015 年年底，我国 60 岁及以上老年人口 2.22 亿人，占总人口的 16.1%，预计将在 2026—2027 年进入“老龄社会”，老龄人数将居世界首位。老年人市场规模迅速扩大，创业者可以专门针对老年人细分市场，提供满足老年人需求的产品或服务。再如单亲家庭快速增加、妇女就业的风潮、公民教育程度的变化、青少年国际观的扩展等，这必然提供许多新的市场机会。

5. 分析价值观与认知的变化发掘创业机会

例如，随着国内互联网行业的发展，诞生了搜狐、网易等全面覆盖各个话题领域的大型门户网站，也诞生了以腾讯 QQ 为代表的安装在计算机、手机中的终端软件向用户提供增值服务的新商业模式，以及以百度为代表的搜索引擎企业。再如，人们对于饮食需求认知的改变，造就了美食市场、健康食品市场等新兴行业。

【创业故事】

大学生村干部的创业路

2006 年，安徽省凤阳县招聘 19 名大学生到村任职，担任为期 3 年的“村名誉科技副主任”。毕业于安徽农业大学园艺专业的时全和其他高校的几名大学生来到该县府城镇大王府村，在担任大学生村官的同时，开始了创业。

经过认真调研，考虑到种植大棚蔬菜的成本相对较低，风险较小，他们选择了大棚蔬菜种植。为了支持其创业活动，凤阳县政府给予每人3万元贴息贷款。镇政府也给每亩田补助1 500元，还派人盖了4间平房，帮助打井、拉电、平地等，为他们提供便利。几名村官租了12亩①地，除去修房子、修路占去的土地，共有7亩多土地被用来种植大棚蔬菜。

经过市场调查，他们选择了种植圣女果、黄瓜等经过改良、技术含量和经济附加值较高的蔬菜品种。两个月后，他们种植的无公害蔬菜上市，非常走俏，每亩地获得5 000元左右的经济收入。而农户们种植的传统蔬菜，每亩地收入仅2 500~3 000元，明显的差异拨动了村民们的心弦，很快有近百户农户加入大棚蔬菜种植行列，大棚面积达到数百亩。

（资料来源：中国创业教育网，《大学生到农村创业大有可为》）

6. 分析新知识的产生发掘创业机会

例如，全球第一大社区网站Facebook的创始人、哈佛大学在校生马克·扎克伯格就是充分利用了自己高超的计算机技术和人们对网络社交的需求，创建了该社交网站，2004年2月上线。2016年3月，全球有10.9亿人每天登录Facebook。再如，当人类基因图谱获得完全解决以后，可以预期必然在生物科技与医疗服务等领域带来极多的商业机会。

【拓展阅读】

十大创业商机

根据社会发展趋势判断，以下10类创业具有广阔的市场前景。

一、终身学习：远程教学、证照考试。

二、网络生活：网上开店、电子产品。

三、休闲生活：休闲农场、流动咖啡杯。

四、居家服务：宅配、劳务中介、洗衣。

五、健康环保：保健用品、环保商品。

六、儿童行业：幼教商品、服饰玩具。

七、老年市场：健康食品、养老商品。

八、新新人类：个性商品、流行商品。

九、哈日风潮：寿司吧、日式甜点饮料、拉面专卖店。

十、异国风情：意大利、尼泊尔、韩国、越南等外来商品大受欢迎。

（资料来源：北京科技大学创业教育网，《选择创业项目的注意事项》）

（二）评估创业机会

从发现创业机会到创业成功还有很远的距离。许多创业者在开始创业时，

① 1亩=1/15公顷。

就已经注定未来失败的命运。虽说创业本身是一种“做中学”的高风险行为，失败也可能是奠定下一次创业成功的基础，但那些先天体质不良，市场进入时机不对，或者具有致命瑕疵的创业构想，如果创业者能先以比较客观的方式进行评估，那么许多失败的结局就不至于发生，创业成功的概率也会大幅提升。因此，创业者要保持冷静的头脑，用科学客观的方法和标准对创业机会进行评估，以降低风险。

1. 市场评估准则

（1）市场定位。一个好的创业机会，必然具有特定的市场定位，专注于满足顾客需求，同时能为顾客带来增值效果。创业带给顾客的价值越高，创业成功的机会越大。因此，可以根据市场定位是否明确、顾客需求分析是否清晰、顾客接触通道是否流畅、产品是否持续衍生等，来判断创业机会可能创造的市场价值。

（2）市场结构。市场结构指的是某一市场中各种要素之间的内在联系及其特征，包括市场供给者之间、需求者之间、供给和需求者之间以及市场上现有的供给者、需求者与正在进入该市场的供给者、需求者之间的关系。针对创业机会的市场结构，可在进入障碍、供货商、顾客、经销商的谈判力量、替代性竞争产品的威胁、市场内部竞争的激烈程度等方面进行分析，由这些分析可以得知新企业未来在市场中的地位，以及可能遭遇竞争对手反击的程度。

（3）市场规模。市场规模大小与成长速度也是影响新企业成败的重要因素。一般而言，市场规模大者，进入障碍相对较低，市场竞争激烈程度也会略有下降。如果要进入的是十分成熟的市场，那么纵然市场规模很大，由于成长空间有限，利润空间必然较小，新企业恐怕就不值得再进入这种市场。反之，正在成长中的市场，通常会是充满商机的市场，所谓水涨船高，只要进入时机正确，一般会有获利空间。

（4）市场渗透力。市场渗透力是指新产品逐渐占领市场的速度，其强弱意味着新产品被消费者接受速度的快慢和程度的深浅。对于一个具有巨大市场潜力的创业机会，对市场渗透力的评估是非常重要的影响因素。聪明的创业者知道选择最佳时机进入市场，也就是市场需求正要大幅成长之际。

（5）市场占有率。市场占有率亦称为市场份额，是指一个企业的销售量（或销售额）在市场同类产品中所占的比重，直接反映企业所提供的商品和劳务对消费者和用户的满足程度。市场占有率越高，表示公司的经营能力和竞争力越强，公司的销售和利润水平越好，越稳定。从创业机会预期可取得的市场占有率目标，可以显示新创企业未来的市场竞争力。一般来说，成为市场的领导者，至少需要拥有20%以上的市场占有率。

（6）产品的成本结构。成本结构亦称为成本构成，是指产品成本中各项费用（例如，人力、原料、土地、机器设备、信息、通路、技术、能源、资金、政商关系、管理素质等）所占的比例或各成本项目占总成本的比重。例如，一般一袋洗衣粉的售价为3~5元，约有10%的利润，原料（香精、漂白粉及各种洗涤成分）、劳动力成本（即工资）、运输和分销成本约占价格的90%。产品的成本结构可以反映新企业的前景是否光明。当某种生产因素成本占企业总成本的比重逐渐升高时，

该生产因素便成为企业的主要风险。

2. 效益评估准则

（1）合理的税后净利。一般而言，具有吸引力的创业机会，至少需要创造15%以上的税后净利。如果创业预期的税后净利在5%以下，就不是好的投资机会。

（2）达到盈亏平衡点所需的时间。盈亏平衡点又称为零利润点、保本点，通常指全部销售收入等于全部成本时（销售收入线与总成本线的交点）的产量。当销售收入高于盈亏平衡点时企业盈利，反之，企业就亏损。合理的达到盈亏平衡点的时间应该是两年以内，如3年还达不到，恐怕不是值得投入的创业机会。不过有的创业机会确实需要经过较长的耕耘时间，通过前期的持续投入，保证后期持续获利。在这种情况下，将前期投入视为一种投资，才能容忍较长的盈亏平衡时间。

（3）投资回报率。投资回报率是指通过投资而应返回的价值，企业从一项投资性商业活动的投资中得到的经济回报。投资回报率=（年利润或年均利润/投资总额）×100%。考虑到创业可能面临的各项风险，合理的投资回报率应该在25%以上。一般来说，15%以下的投资回报率，是不值得考虑的创业机会。

（4）资本需求。资本需求量较低的创业机会，投资者一般会比较欢迎。许多创业个案也显示，资本额过高其实并不利于创业成功，有时还会带来稀释投资回报率的负面效果。通常知识越密集的创业机会，对资金的需求越低，投资回报率反而越高。因此，大学生在创业之初，不要募集太多资金，最好通过盈余积累方式创造资金。

（5）毛利率。毛利率是毛利与销售收入（或营业收入）的百分比，其中毛利是收入和与收入相对应的营业成本之间的差额，用公式表示：毛利率=（毛利/营业收入）×100%=［（营业收入-营业成本）/营业收入］×100%。毛利率高的创业机会，风险相对较低，也比较容易达到损益平衡。反之，毛利率低的创业机会，风险则较高，遇到决策失误或市场产生较大变化的时候，企业容易遭受损失。一般而言，理想的毛利率是40%。当毛利率低于20%时，就不是理想的创业机会。

（6）退出的机制与策略。所有商业投资的目的都在于回收，因此退出的机制与策略就成为评估创业机会的重要指标。企业的价值一般由具有客观鉴价能力的交易市场决定，这种交易机制的完善程度也会影响新企业退出机制的弹性。由于退出的难度普遍要高于进入难度，所以一个具有吸引力的创业机会，应该要为所有投资者考虑退出的机制，以及退出的策略等。

三、创业企业的设立

当创业者发现了好的创业机会，并做好了技术、团队、资金、场地、设备等方面的前期准备后，就进入了企业设立阶段。目前，除网上开店等个别创业形式一般不需办理开业手续外，其他创业形式都要办理必要的开业手续，如工商注册和税务登记等，这是合法经营的必要条件。

（一）企业的法律形式

设立企业首先要选择合适的企业形式，目前我国企业形式很多，主要有国有企业、外资企业、有限责任公司、独资企业、合伙企业等。公民个人出资企业的企业形式主要有3种：个人独资企业、合伙企业和公司企业。

1. 个人独资企业

个人独资企业是指依照《中华人民共和国个人独资企业法》在中国境内设立，由一个自然人投资，财产为投资人个人所有，投资人以其个人财产对企业债务承担无限责任的经营实体。个人独资企业历史悠久，几千年前就已经存在，在历史上，农业、商业、手工业、渔业、家庭作坊等多数采用这种形式。

（1）个人独资企业的设立条件。根据《中华人民共和国个人独资企业法》第八条规定可知，设立个人独资企业应当具备下列条件。

① 投资人为一个自然人。自然人是在自然状态之下而作为民事主体存在的人，它与法人相对。法人是具有民事权利能力和民事行为能力，依法独立享有民事权利和承担民事义务的组织，是社会组织在法律上的人格化。在我国，公民在民事法律地位上和自然人同义。个人独资企业的投资人只能是自然人，不能是法人，且数量仅限于一人。由于企业设立后要从事生产经营活动，所以投资人还应具有完全民事行为能力。《中华人民共和国个人独资企业法》第四十七条规定："外商独资企业不适用本法。"因此，设立个人独资企业的自然人只能是中国公民，且非法律和行政法规禁止从事营利性活动的人，如国家公务员、公证员、法官、检察官、人民警察及现役军人等。

② 有合法的企业名称。企业名称与自然人名称相对，是作为法人的公司或企业的名称，该名称属于一种法人人身权，不能转让，随法人存在而存在，随法人消亡而消亡。个人独资企业的名称不仅应当与公司和合伙企业的名称区别开来，而且应当与其他个人独资企业的名称区别开来。《个人独资企业登记管理办法》第六条规定，个人独资企业的名称应当与其责任形式及所从事的营业范围相符合，个人独资企业的名称中不得使用"有限""有限责任"或"公司"等字样。个人独资企业的名称可以叫作厂、店、部、中心、工作室等。企业申请登记时，企业的名称由工商行政管理部门核定。准予登记后，在规定的范围内享有专用权，受国家法律保护。

③ 有投资人申报的出资。投资人申报的出资，是指在设立个人独资企业时，投资人承诺投入企业资本的总和。它不是注册资本，只是经营条件，不具有对债权人给予担保的效力。因此，《中华人民共和国个人独资企业法》对投资人的出资方式和出资数额没有作出规定，只要求投资人申报出资，并不要求投资人实际缴付出资。而《中华人民共和国合伙企业法》明确规定合伙人要实际缴付出资，且对出资方式作了具体规定。《中华人民共和国公司法》也规定，公司在设立时，股东出资不得低于法定资本最低限额，出资必须实缴且需要验资。

④ 有固定的生产经营场所和必要的生产经营条件。固定的生产经营场所和必要的生产经营条件是个人独资企业开展经营活动的物质基础。同时，法律作此规定也是为了使个人独资企业与行商游贩相区别。

⑤ 有必要的从业人员。从业人员包括从事业务活动的投资人和企业依法招

用的职工。《中华人民共和国个人独资企业法》未对个人独资企业从业人员的数量进行限定，只有投资人一人从事业务活动，也符合条件。

（2）个人独资企业的优势和劣势。个人独资企业的基本特点，决定了这种企业形式的优势，也决定了它的局限性。

① 优势。其一，容易设立。依据我国法律，设立个人独资企业没有最低注册资本金的要求，且设立条件及程序较其他形式更为简单。其二，灵活多样。个人独资企业为一人出资，一般规模较小，或者说绝大多数是小规模经营，能适应市场的迅速变化，以多样化的经营适应市场多样的需要。其三，税务较轻。个人独资企业只需以投资人为主体缴纳个人所得税即可，企业无须纳税，大大减轻了投资人的税务负担。

② 劣势。其一，投资人承担无限责任。即投资人的个人财产与企业的风险联系在一起，当个人独资企业财产不足以清偿其所有债务时，投资人必须以个人其他财产承担无限清偿责任。其二，个人能力上的局限性。个人独资企业的所有权及经营管理权都集中在投资者一人身上，企业的进退受其知识与能力的状况影响很大，而个人的精力、经验是有限的，这会影响到企业发展。其三，容易发生筹资困难。个人独资企业由一个自然人投资，个人的资金往往有限。由于注册资金少，所以企业抗风险能力差，容易遭遇筹资障碍，限制企业进一步发展。

2. 合伙企业

合伙企业是依照《中华人民共和国合伙企业法》在中国境内设立的，由各合伙人订立合伙协议，共同出资、合伙经营、共享收益、共担风险，并对合伙企业债务承担无限连带责任的营利性经济组织。合伙企业分为普通合伙企业和有限合伙企业。所谓普通合伙企业是由普通合伙人组成，合伙人对合伙企业债务承担无限连带责任。而有限合伙企业由普通合伙人和有限合伙人组成，普通合伙人对合伙企业债务承担无限连带责任，有限合伙人以其认缴的出资额为限对合伙企业债务承担责任。

（1）合伙企业的设立条件。《中华人民共和国合伙企业法》规定，设立合伙企业应具备以下条件：

① 两个以上合伙人。合伙人为自然人的，应当具有完全民事行为能力。国有独资公司、国有企业、上市公司以及公益性的事业单位、社会团体不得成为普通合伙人。

② 有书面合伙协议。合伙协议应当载明法律规定的各条事项。合伙协议经全体合伙人签名、盖章后生效。合伙人按照合伙协议享有权利，履行义务。修改或者补充合伙协议，应当经全体合伙人一致同意，但合伙协议另有约定的除外。

③ 有合伙人认缴或者实际缴付的出资。合伙人可以用货币、实物、知识产权、土地使用权或者其他财产权利出资，也可以用劳务出资。合伙人以实物、知识产权、土地使用权或者其他财产权出资，需要评估作价的，可以由全体合伙人协商确定，也可以由全体合伙人委托法定评估机构评估。合伙人以劳务出资的，其评估办法由全体合伙人协商确定，并在合伙协议中载明。合伙人应当

按照合伙协议约定的出资方式、数额和缴付期限，履行出资义务。

④ 有合伙企业的名称和生产经营场所。合伙企业的主要经营场所只能有一个，并且应当在其企业登记机关登记管辖区域内。

⑤ 法律、行政法规规定的其他条件。

（2）合伙企业的优势和劣势。

① 优势。其一，合伙企业无最低注册资本金限制。其二，相比个人独资企业，合伙人的出资方式更为灵活。除货币、实物、知识产权等一些常见的出资方式外，经全体合伙人协商一致，普通合伙人还可以提供劳务作为出资方式。其三，纳税较为优惠。新修订的《中华人民共和国合伙企业法》规定："合伙企业的生产经营所得和其他所得，按照国家有关税收规定，由合伙人分别缴纳所得税。"这一规定避免了重复纳税，有利于合伙人更好地开办企业。

② 劣势。其一，普通合伙人的无限连带责任。当合伙企业的财产不足以清偿企业债务时，各普通合伙人必须承担无限连带责任。其二，企业权力不集中。由于合伙企业是典型的合作企业，两个以上的合伙人会使企业权力不集中，在进行一些重大决策时过程会较长，且合伙人之间容易产生分歧。其三，存续期限有限。任何一个合伙人的破产、死亡或退伙都可能导致合伙企业解散。

3. 公司企业

根据 2013 年新修订的《中华人民共和国公司法》(以下简称《公司法》)，公司是指依照本法在中国境内设立的有限责任公司和股份有限公司。

有限责任公司是指根据《中华人民共和国公司登记管理条例》规定登记注册，由 1 个以上 50 个以下的股东出资，每个股东以其所认缴的出资额对公司承担有限责任，公司以其全部资产为限对其债务承担责任的经济组织。有限责任公司以出资证明书证明股东出资份额，不能发行股票，不能公开募股，股东的出资不能随意转让，财务不必公开。

股份有限公司是指以公司资本为股份所组成的公司，股东是以其认购的股份为限对公司承担责任的企业法人。设立股份有限公司，应当有 2 人以上 200 人以下为发起人股份有限公司资本划分为等额股份，通过发行股票筹集资本，股东以其所认购的股份对公司承担责任，公司以其全部资产对公司债务承担责任，股票可以自由转让，财务要公开。

由于股份有限公司无论是从注册资本，还是设立条件、设立程序都比有限责任公司严格得多，所以有限责任公司是大学毕业生创业时首选的公司形式。

（1）有限责任公司的设立条件。

① 股东符合法定人数。《公司法》对有限责任公司的股东人数限定为 2 个以上 50 个以下。股东应具备法律、行政法规和政策规定的法定资格。国家授权投资的机构或者国家授权部门可以单独投资设立国有独资的有限责任公司。

② 股东出资达到法定注册资本的最低限额。

③ 股东共同制定公司章程。公司章程由全体出资人在自愿协商的基础上制定，经全体出资人同意。股东应在公司章程上签名、盖章。

④ 有公司名称并建立符合有限责任公司要求的组织机构。设立有限责任公司，其名称除应符合企业法人名称的一般性规定外，还必须在公司名称中标明

“有限责任公司”或“有限公司”。

⑤ 有固定的生产经营场所和必要的生产经营条件。

（2）股份有限公司的设立条件。

① 发起人符合法定资格，达到法定人数。发起人的资格是指发起人依法取得的创立股份有限公司的资格。股份有限公司的发起人可以是自然人，也可以是法人，但发起人中必须有过半数的人在中国境内有住所。设立股份有限公司，必须有 2 个以上的发起人。国有企业改建为股份有限公司的，发起人可以少于 5 人，但应当采取募集设立的方式。

② 发起人认缴和向社会公开募集的股本达到法定最低限额。法律、行政法规对股份有限公司注册资本的最低限额有较高规定的，从其规定。

③ 股份发行、筹办事项符合法律规定。股份发行是指股份有限公司在设立时为了筹集公司资本，出售和募集股份的行为。设立阶段的股份发行分为发起设立发行和募集设立发行两种。发起设立发行是由公司发起人认购应发行的全部股份。募集设立发行是发起人只认购应发行股份总数的 35%，其余部分向社会公开募集。

④ 发起人制定公司章程，并经创立大会通过。公司章程不仅是公司设立的基础，也是公司及其股东的行为准则。发起人制定公司章程后，以募集方式设立有限责任公司的，必须经由认股人组成的创立大会决议通过。

⑤ 有公司名称，建立符合股份有限公司要求的组织机构。公司名称必须符合企业名称登记管理的有关规定，并标明“股份有限公司”字样。股份有限公司的组织机构对公司内部行使管理权，对外代表公司。股份有限公司的组织机构是股东大会、董事会、监事会和经理。股东大会是由股东组成的公司权力机构，公司的一切重大事项都由股东大会作出决议。董事会是执行公司股东大会决议的执行机构。监事会是公司的监督机构，对董事、经理和公司的活动行使监督权。经理由董事会聘任，主持公司的日常生产经营管理工作，组织实施董事会的决议。

⑥ 有固定的生产经营场所和必要的生产经营条件。

（3）公司企业的优势和劣势。

① 优势。其一，公司较之个人独资企业和合伙企业而言，最大的区别在于其有限性，无论是有限责任公司还是股份有限公司，股东承担的都是有限责任，降低了投资风险。其二，新《公司法》大大减少了设立公司所需的最低注册资本金，取消了有限责任公司的最低注册资本金，大大降低了公司设立的难度。其三，新《公司法》增加了一人有限责任公司的内容。对创业者而言，一人有限责任公司最大的优势在于降低了创业风险，对于有资金独立创业而又不希望承担无限责任的大学毕业生而言，一人有限责任公司是最佳选择。其四，公司企业较易筹资，如可以通过借款、发行股票或债券方式筹资，更容易取得债权人和金融机构的信任。

② 劣势。其一，公司的设立条件和程序较之个人独资企业和合伙企业更加严格，如关于最低注册资本金的要求就可能使许多缺乏资金的创业者望而却步。其二，在征税方面，公司除要缴纳企业所得税外，股东还必须缴纳个人所得税，

公司的税收负担相对较重。其三，个人独资企业、合伙企业的投资者对企业享有绝对控制权，而公司企业的股东对公司并不享有绝对控制权。股东一旦出资，资金即转化为公司财产，由公司统一管理和使用。

（二）公司的注册流程

1. 公司注册需要准备的资料

（1）个人资料。包括身份证、法人户口本复印件或户籍证明、居住地址、电话号码等。

（2）注册资金。

（3）拟定注册公司名称若干。

（4）公司经营范围。

（5）租房房产证、租赁合同。

（6）公司住所。

（7）股东名册及股东联系电话、联系地址。

（8）公司的机构及其产生办法、职权、议事规则。

（9）公司章程。

2. 公司注册的步骤

（1）核名。到工商局领取一张《企业名称预先核准申请书》，填写拟定的公司名称，由工商局上网(工商局内部网)检索是否有重名，如果没有，就可以使用这个名称，核发一张《企业名称预先核准通知书》。

（2）租房。租一间办公室，并签订租房合同，让房东提供房产证复印件。如果自己有厂房或者办公室也可以，有的地区不允许在居民楼里办公。

（3）编写"公司章程"。可以在工商局网站下载"公司章程"样本，参照进行修改。章程的最后由所有股东签名。

（4）刻私章。去指定刻章处刻法人私章。

（5）领取"银行询证函"。联系一家会计师事务所，领取一张"银行询证函"(必须是原件,由会计师事务所盖章)。

（6）去银行开立公司验资户。带上公司章程、工商局发的核名通知、法人代表的私章、身份证、用于验资的资金、空白询证函表格，到银行去开立公司验资账户。公司账户开立后，各股东按出资额向公司账户中存入相应资金。银行会发给每个股东一份缴款单，并在询证函上盖银行的章。

（7）办理验资报告。持银行出具的股东缴款单、银行盖章后的询证函、公司章程、核名通知、租房合同、房产证复印件等，到会计师事务所办理验资报告。

（8）注册公司。到工商局领取公司设立登记的各种表格，包括设立登记申请表、股东(发起人)名单、董事经理监理情况、法人代表登记表、指定代表或委托代理人登记表等。填好后，连同核名通知、公司章程、租房合同、房产证复印件、验资报告一起交工商局。工商局审核通过后颁发营业执照。

（9）刻公章、财务章。凭营业执照，到公安局指定的刻章社刻公章和财务章。在后面的步骤中，均需使用公章或财务章。

（10）办理企业组织机构代码证。凭营业执照到技术监督局办理组织机构代

码证。办此证需要半个月，技术监督局会先发一个预先受理代码证明文件，凭此文件可以办理税务登记证、银行基本户开户手续。

（11）开基本户。凭营业执照、组织机构代码证等，去银行开立基本账户。

（12）办理税务登记。领取执照后，30 日内到当地税务局申领税务登记证。办理税务登记证时，必须有一个会计，因为税务局要求提交的资料中有一项是会计资格证和身份证。

（13）申请领购发票。如果公司是销售商品的，应到国税局申领发票。如果公司是服务性质的，则到地税局申领发票。每个月要按时向税务局报税，即使没有开展业务不需要缴税，也要进行零申报，否则会被罚款。

扫一扫，测一测

3. 行业审批部门

不同的行业面对不同的审批部门，如表 8-1 所示。

表 8-1 行业审批部门

编号	行业	审批部门
1	食品(含饲料添加剂)的生产、销售	区防疫站
2	药品的生产、经营	卫生局
3	烟草专卖品的生产、经营	烟草专卖局
4	锅炉、压力容器制造及电梯安装	劳动局
5	化学危险品(含石油)生产经营	安监局
6	金银收购、金银制品加工、经营及在废料中回收金银	人民银行
7	旅行社	旅游局
8	特种行业(旅馆、印刷、文化娱乐、浴室、废旧金属回收)	公安分局
9	图书报刊和录音录像制品的出版、发行、销售	广播电视局
10	公路水路运输、客运	交通局
11	娱乐场所	文化局
12	文物经营	文物局
13	小轿车经营	工商局市场处
14	会计、审计事务所	财政局、审计局
15	房地产经营	建委
16	广告经营	工商局广告处
17	商标印刷	工商局商标处
18	国有资产评估	财政局
19	成品油批发、零售、加油站	计经委
20	煤炭经营	煤炭市场治理办公室
21	汽车修理	汽车维修行业管理处

续表

编号	行业	审批部门
22	经济信息、房产信息咨询	工商局
23	物业管理公司(要出示与房地产公司之间的代理合同)	房产局
24	计算机网络服务	公安局
25	医疗器械销售	医药管理局
26	职业介绍所	劳动局
27	企业登记代理	工商局

(资料来源:山东省中小企业公共服务平台,《不同创业项目该到哪审批》)

第三节　创业模式

选择合适的创业模式是创业成功的关键。对创业者来说，准确判断自己的优势和劣势，选择最合适的创业模式，可以化解很多不利因素。一个合适的创业模式，未必需要投资大笔资金，未必需要具有很大的规模，甚至未必需要一间办公场所或店面。

这里主要介绍网上开店、代理经营、连锁加盟 3 种模式。

一、网上开店

网上商店(也称为网上虚拟商店、网络商店,或者简称网店)是指具有法人资质的企业或个人在互联网上独立注册网站，开设网上虚拟商店，出售实物或给消费者提供服务的电子商务平台。由于自己制作电子商务站点包含技术量较大，且前期投入巨大，目前网店大多使用淘宝、易趣等第三方平台开启，如同在大型商场中租用场地开设商家的专卖店一样。

当老板是许多人的梦想，但是开实体店手续烦琐，投入不菲，店面租赁较难，让很多人望而却步。网店是虚拟商店，没有复杂的开店程序，不需要昂贵的店面租金，注册容易，无疑是创业的理想选择。

据报道，淘宝网会员约三成是大学毕业生。因为不受资金、场地限制，网上开店已经成为大学毕业生创业的首选。义乌工商学院在校生创业达 1 800 多人，从事电子商务的就达 1 200 多人。其中，杨甫刚成为该校创业典型。2007 年 5 月，他借助义乌小商品市场的天然优势，在淘宝网上开店创业，已拥有几十万元固定资产。

包出来的百万富翁

王萧翔大学毕业后，找了十多份工作都失败了，一直闲在家里。一个偶然

的机会，王萧翔接触到了网上商店，他意识到这是很好的创业平台。第二天就在网上开了一家杂货店，可他并不知道应该卖什么东西，只把一些很普通的茶杯和水壶放到网上卖。几个月下来，一样都没有卖出去。

在一次朋友聚会上，一位朋友说，因为经常给外地客人发“平邮”，可邮局最小的包裹箱都要5元钱。王萧翔心里一动，为何不专门销售邮政包裹箱呢？不久，王萧翔的店铺开始销售邮政纸箱。最初并不顺利，很多纸箱生产厂家听说他只是一个开网店的小老板，一口就回绝了他。王萧翔托朋友，找关系，终于有一家纸箱生产厂答应与他合作。

一个普通的包裹箱，邮局一般卖5~10元，而王萧翔的纸箱，最贵的也才3元，而且质量和邮局的不分上下。王萧翔凭借诚信经营、价格便宜、质量上乘，很快赢得了很多订单。仅2年时间，他就创造了百万财富。

（资料来源：高杨曦，《有心人眼里的商机》，《邯郸日报》，2007年6月29日）

（一）网上开店的优势

网上开店具有实体商店无法比拟的优势：

1. 创业门槛极低

网上开店不受学历和年龄限制，不需要工作经验和专业技能，人人享有起点平等的创业机会。

2. 开店成本极低

一项针对中国中小企业的调查显示，个人在网下启动销售公司的平均费用不少于5万元，而筹办一家网店，所需资金最低6 000元。网店比同等规模的实体店租金要低得多，租金不会因为营业面积的增加而增加，投资者也不用为延长营业时间而增加额外费用。网店主要通过网络经营，不需要专人时时看守，节约了人力成本。

3. 基本不需占压资金

传统商店的进货资金少则几千元，多则数万元，而网店则不需要占压资金，完全可以在有了订单的情况下再去进货。传统商店如果不想继续经营时，得先把积压的货物处理掉，而网店因为存货很少，也就没有这个包袱，随时可以更换品种，或者改行做别的生意。

4. 营业没有时间限制

传统店铺的营业时间为8~12小时，必须有专人值守。网店延长了商店的营业时间，只要服务器不出问题，一天24小时、一年365天可以不停地运作，也无须专人值班看店，消费者可以在任何时间登录、购物。

5. 经营不受地理位置影响

网店开在互联网上，只要是上网的人群都可以浏览和购买商品，不管客户是本国公民还是外国公民，不管客户有多远，都可以很方便地找到网店。这令消费群体突破了地域限制，变得无限广阔。

6. 销售规模不受地盘限制

传统商店有多大就只能摆放多少商品，生意大小常常受门店面积限制。而在网上，只要投资者愿意，可以在网店摆成千上万种商品。目前国内最大的专

业拍卖网站同时在线的商品要超过10万件，已超过一些大超市。网店面向的是全国乃至全球的消费者，潜在的客户基数庞大，这个潜在市场是单个商店，甚至是大型商场无法比拟的。

（二）网上开店的条件

网上开店需要具备硬件和软件两个方面的基本条件，这些条件最低只需6 000元投资。

1. 硬件

（1）一台可以上网的计算机。

（2）数码相机。没有照片的货物很难卖出，货物在网上“上架”前，一般需要对其拍照并上传照片到店铺上。

（3）电话。如果店主因离开了计算机而无法与买家实时联络，通过随身携带的手机依然可以及时与买家取得联系。

（4）扫描仪。有的货物已经有制作精良的图片，可以直接用扫描仪把图片扫描进计算机，然后上传货物照片。此外，有时也需要把相片、身份证、营业执照等扫描上传。

2. 软件

这里的软件主要指网上开店需要使用的一些常用工具，即Word软件、即时通信工具、电子邮件等。

（1）Word软件。开网店要学会使用Word软件，学会基本操作后，就可以很方便地编写合同和网店文案等。

（2）即时通信工具。包括微信、阿里旺旺、QQ、新浪UC等。网上开店者，一般每天超过12小时开通即时通信工具，以便和买家与供货商保持联络。

（3）电子邮件。电子邮件是网店比较重要的沟通方式，店主必须熟练地收发电子邮件。

（三）网上开店的平台

网上开店主要有三大平台。

1. 淘宝网(www. taobao. com)

淘宝网是亚太最大的网络零售商圈，致力于打造全球领先网络零售商圈，由阿里巴巴集团在2003年5月投资创立。拥有近5亿的注册用户数，每天有超过6 000万的固定访客。随着淘宝网规模的扩大和用户数量的增加，淘宝也从单一的C2C网络集市变成了包括C2C、团购、分销、拍卖等多种电子商务模式在内的综合性零售商圈。2017年5月阿里巴巴集团公布，手机淘宝年活跃用户达4.54亿，月度活跃用户5.07亿。根据阿里巴巴官方数据显示，2017淘宝双十一交易额达到1682.69亿元，刷新了2016年记录，去年双十一全天交易额为1207亿元，同比增速为39.36%。

淘宝网目前提供免费注册、免费认证、免费开店服务。淘宝网和银行合作推出了支付宝，与全国众多银行联网，可以保证实时到账，无手续费。淘宝网的特色服务是会员及时沟通工具——阿里旺旺。会员注册之后淘宝网和淘宝旺旺的会员名将通用，如果用户进入某一店铺，正好店主也在线的话，会出现掌柜在线的图标，可与店主及时收发信息。淘宝旺旺具备了查看交易历史，

了解对方信用情况、个人信息、头像、多方聊天等一般聊天工具所具备的功能。

2. 京东商城(www. jd. com)

京东商城是中国最大的自营式电商企业，在线销售家电、数码通讯、电脑、家居百货、服装服饰、母婴、图书、食品、在线旅游等12大类数万个品牌百万种商品。京东集团旗下设有京东商城、京东金融、拍拍网、京东智能、O2O及海外事业部，2015年集团活跃用户总数达1.55亿(不含拍拍)，当年第一季度在中国自营式B2C电商市场的占有率为56.3%，全年交易总额达到4 627亿元人民币。2014年京东在纳斯达克挂牌，成为仅次于阿里巴巴、腾讯、百度的中国第四大互联网上市公司。在京东商城开店和在淘宝开店不一样，淘宝网允许个人申请开店，而京东商城只能以公司名义开店。

3. 易趣网(www. eachnet. com)

易趣网络信息服务(上海)有限公司于1999年8月成立。2002年3月，易趣获得美国最大的电子商务公司eBay的3 000万美元注资，并同其结成战略合作伙伴关系。2003年6月，eBay向易趣追加1.5亿美元投资。易趣网是全国留学生创业项目中吸引外资最多的企业，也是中国最早提供网上开店服务的购物网站之一。自2008年5月5日起，易趣网对用户终身免收包括高级店铺和超级店铺在内的店铺费，也不再收取商品登录费、店铺使用费等传统项目费用。

（四）淘宝网建店程序

1. 用户注册

先进入淘宝网的首页，打开这个网站后，点“免费注册”，可以选择手机号码注册或邮箱注册，一般选择“邮箱注册”，填好一切资料，点击“同意协议并提交注册信息”，如果没有意外的话网站提示注册成功。接下来就是进入你自己的邮箱中，收取淘宝网确认邮件。点击确认链接，激活账号，开网店的第一步就完成。这里请注意，如果你原来已经在淘宝网买过东西，不用重复注册。在淘宝网，你可以一个账号同时是买家和卖家两个身份。

2. 支付宝实名认证

已经成功注册了淘宝网账户后，接下来就要进行支付宝实名认证，这是必需的一步。点击“我的淘宝”后，可以看到“卖宝贝请先实名认证”的提示。点击它，然后根据提示操作即可。这个认证从一定程度上增加了网上开店怎么开的复杂度，但很大程度上增加了整个淘宝网交易的安全性。过去一定要上传身份证等待淘宝网人工验证，现在淘宝网已经跟全国各家银行合作，只要你有相关银行的实名登记的银行卡，淘宝网可以通过银行系统认证你的身份，比以前方便多了。

3. 淘宝开店认证

进入“卖家中心”页面，点击“我要开店”或“免费开店”，即可开始开店认证，开店认证包括支付宝实名认证及上传真实个人照片(身份信息认证)两部分。

4. 通过开店考试

进入“卖家中心”，点击“我要开店”或“免费开店”进入开店任务页面，点击“开始考试”即可开始开店在线考试，考试之前您需要选择您将要经营的行业，共30道考题，答对25道通过，如果考试不通过，需要重新考试直到通过才可以开店。参加考试之前，可以点击开店指导，来了解考试知识点和试题信息。考试试题形式为单项选择题，共30道，答对25道题及其以上将会通过考试。考试时限为90分钟。如果您没有通过，请重新考试。

5. 设置店铺基本信息

如果您进入“卖家中心”页面点击“我要开店”或“免费开店”，开店认证显示“已完成”，那么继续完成“在线考试”和“完善店铺信息”便可以拥有自己的店铺了，在左侧菜单栏“店铺管理”处即可看到“查看我的店铺”字样。

第一步：进入“卖家中心”，点击“我要开店”—“参加考试”。

第二步：点击“开始考试”进入考试系统进行考试。

第三步：提交答卷后，马上会跳转到考试结果页，答对25道题则考试通过，点击“请点击这里填写店铺信息，创建店铺吧”。注：如果考试不通过，需要重新考试直到通过为止。

第四步：点击“填写店铺信息”完善店铺信息。

第五步：出现“诚信经营承诺书”，待阅读10秒后，会显示“同意”和“不同意”字样，阅读完毕后点击“同意”。

第六步：填写店铺信息时带“*”为必填项，勾选同意遵守“商品发布规则”和“淘宝规则”及同意签署“消保协议”，点击“保存”。

第七步：开店成功，以后您可以进入“卖家中心”—“店铺管理”看到“查看我的店铺”。

二、代理经营

代理经营是现代经营环境下产生的一种新的经营模式，其经营渠道是厂家→代理商→消费者，是现代厂家增加产品销量的重要手段。

代理是指被代理人或委托人授予代理商以销售商品的代理权，在销售代理权限内代理商代理委托人搜集订单、销售以及办理销售有关事务。代理商主要分为总代理、区域与分品牌代理、总代理自己建立的省级分公司等。代理商的建立，使厂商与代理商共同拉动市场从而降低厂商经营风险。

销售代理是在签订合同的基础上，为委托人销售某些特定产品或全部产品的代理商，对价格、条款及其他交易条件可全权处理。这种代理商在纺织、木材、某些金属产品、某些食品、服装、设备、汽车等行业中常见。

代理与经销是两种不同的经营模式。经销一般是指经销商与生产厂家或供货商达成协议，在规定的期限和地域内购销指定的商品。在经销情形下，供货商和经销商之间是一种买卖关系。代理与经销的区别主要有以下4个方面：

(1) 代理的双方是一种代理关系，代理商不拥有代理商品的所有权。而经销双方则是一种买卖关系，经销商则拥有经销商品的所有权。

（2）代理是以委托人即供货商的名义销售，按委托方的意志，在代理权限内行事。委托方的意志一般体现在其赋予代理商的代理权限上，在代理权限中规定了代理产品的种类、数量，代理区域的大小，是否有独家销售代理权，产品售价的高低及浮动幅度等。委托方的意志同时体现在代理合同中规定的代理商的义务上。而经销商则以自己的名义从事销售。

（3）代理商只是一种中间商，其主要功能是提供销售机会，只能等商品售出，将货款汇回委托方后，才能从委托方那儿取得佣金收入，且佣金收入随代理额的浮动而浮动。而经销商的收入则是商品买卖的购销差价。

（4）从法律关系上讲，代理行为即委托人行为，代理商与用户之间在授权范围内发生的民事行为的法律后果归于委托人（供货商），而经销商与用户之间发生的民事行为的法律后果需由自己承担。

【创业故事】

借力代理店扩大销售网

2006 年 11 月，邓君在网上开了一家进口生活用品超市，经营婴儿用品、进口化妆品等 3 000 多个品种，月营业额在 3 万元左右。

由于店内生意好，一些网店的小老板开始找邓君打听：能不能从她的店里低价批发进货。邓君想，如果能批量销售自然不错，但网店产品利润本身就不高，批发价格下降空间不大，与其向网店批发产品，不如让这些网店做自己的代理，代理店只需联系顾客，自己负责发货，给代理商提供零售和批发之间的差价利润。2009 年，邓君尝试让 3 家网店老板成为自己的首批代理，仅仅一个月内，销售额就上涨了 60%。

邓君于是决定增加代理店，并制定了详细的代理加盟方案：加盟店必须有“三星”（网上信誉级别）以上信用，好评率在 98% 以上，没有被淘宝警告的不良记录；加盟店付 30 元加盟费，邓君负责将自己店内所有的产品清单传到代理商店上，如果代理商自己从她的店上复制产品，加盟费则只需 5 元；邓君统一批发价，代理商可以制定零售价。由于加盟成本低，邓君的加盟店很快发展到近 20 家，月销售额也保持在 30 万元左右。

（资料来源:315 货源网）

（一）代理经营的优势

1. 投入低

代理经营的低投入主要体现在 4 个方面：一是人力方面，一般一两个人就可以从事代理经营了。二是财物方面，不需积压资金或者货源，风险小。三是场地方面，可以采取家庭店铺或办公室店铺经营状态，投入小。四是设备方面，选择现代的代理销售产品，其设备完全由厂方提供，无须自己投入。

2. 风险小

不管是做无本经营还是有本经营，不管投入有多大，与实体的创业投资和其他办工厂、开公司创业投资相比，代理经销的风险是非常小的。

3. 行业优势

代理经营与其他创业最大的不同就在于代理经营有着较成熟的产品行业，能够代理的产品都是通过代理销售者认定的有前景的行业。

4. 企业优势

在代理销售过程中，代理者与供货商应该是在精诚团结、互惠共赢的前提下开展合作，双方荣辱与共，共同发展，这与其他创业途径有着本质的不同。

（二）代理项目的选择

选择代理项目恰如“女怕嫁错郎，男怕入错行”，一步走错全盘皆输。若选错了项目，投入越多，回报率可能越低。那么，如何选择代理项目呢？

1. 看行业前景

选择代理项目首先要看行业前景。在国民经济发展中的每个行业都有它的成长期、成熟期和衰退期。如果这个行业已度过了它的成长期，走向了成熟，进入产业的成熟阶段预示着市场趋向饱和、产能过剩、竞争加剧与盈利水平下降将成为常态。所以，代理商在选择项目时，一般选择发展到成长期的行业为好。

2. 看厂家规模

选择一个规模适中，正处于上升期的厂商，对代理商尤为重要。因为厂家规模越大，自身管理和经营的压力也越大，对业绩要求也高，走代理制渠道是很多规模较大厂家的必然选择。如果规模太小，厂家对代理商的支持和培训往往跟不上，而且可能导致短线行为，难以做到长期稳定的代理生意合作。当然，仅有较大的厂房规模并不代表厂家的管理及品质到位，一定要去厂家参观。有实力的企业，一般内部管理非常严谨。

3. 看品牌质量

很多代理商因为选择的厂家产品质量不过关而导致自己受到牵连。作为代理商，好的选择是产品定位非常明确，稳定性好，能满足用户需求，自己经过适度培训就可以从事销售，既有一定的门槛，又能保证双方利润。选择代理品牌时，品牌太弱，用户不认可，难以销售。品牌太强，则厂家处于强势，代理商少有讨价还价的余地，因为想卖厂家产品的公司很多，你不做有别人做。因此，最好是一个有一定知名度的品牌，但又不是强势品牌，双方可以共同成长，一起做大市场。

4. 看操作思路

行业前景好，厂家规模大，生意市场前景是否一定就好？不一定。很多项目的发展前景很好，而当厂家对于全局市场的操作方式有问题时，市场再好也运作不起来。所以，代理商要看厂家的渠道策略。厂家的渠道策略无非两种模式：一种是完全走代理商制，另一种是代理商和分公司并行制。两种模式在经营上有较大差别，代理商和分公司并行的策略极易导致厂家和代理商的冲突。在冲突中，代理商永远处于劣势，厂家可以随时取代代理商直接面向客户。而对完全走代理商制的厂家则没有这种担忧。所以，对代理商而言，选择完全代理商制模式较为合适。

5. 看销售结算

销售结算分两种情况：一是结算价格的高低，二是结算回款的快慢。从结算价格来看，结算价格过高，代理商没有利润，也就缺乏销售产品的动力，结算价格过低，厂商利润微薄，所以找到双方都满意的结算价格非常重要。虽说厂家掌握了制定结算价格的主动权，但代理商并非没有话语权。作为代理商，业绩越好，讨价还价的筹码就越大，代理商从厂家得到的支持也就越多。从结算回款的快慢来说，厂家希望代理商能先给钱，最好是一次付清或先打款后发货，代理商则希望等收回客户的钱再给厂家结算货款。比较理想的选择是：代理商不要大量压货销售（先给钱后销售），在签订销售合同时，注意控制风险，及时从最终用户处收回款项，也及时给厂家结算，总体才能做到良性运转。

作为代理商，选好代理项目不是一件简单的事情，在选择代理项目时，一定要多方面考虑，分析利弊，权衡轻重，从而开创与厂家双赢的局面。

三、 连锁加盟

连锁加盟经营又称为连锁经营。它是经营同类商品、使用统一商号的若干门店，在同一总部的管理下，采取统一的采购或授予特许权等方式，实现规模效益的经营组织方式。连锁加盟已成为当今世界许多国家普遍采用的商业组织形式和经营制度。有关调查显示，连锁加盟的成功率为80%~90%。连锁加盟店的特点表现为统一的企业形象和标志、统一的商品采购、统一的物流配送、统一的管理。

连锁加盟分为直营连锁、特许加盟和自由连锁3种方式：

直营连锁就是指总公司直接经营的连锁店，即由公司本部直接经营投资管理各个零售点的经营形态，各分店经理是雇员而不是所有者。直营连锁主要适用于零售业，特别是大型百货店和超级市场。

特许加盟即由拥有技术和管理经验的总部，向加盟者提供完成事业所需要的信息、知识、技术等一整套经营系统外，还授予加盟者店名、商标、商号、服务标记等在一定地区的垄断使用权，并在开店过程中给予经营指导。加盟者对其各自的门店拥有所有权，经营管理应与总部保持高度一致。特许加盟几乎适应于所有行业。

自由连锁又称为自愿连锁，即自愿加入连锁体系的门店。各门店可以自由加入，也可以自由退出，各成员的所有权、经营权和核算权都是独立的。在这种体系中，各成员之间的关系很松散。

（一）连锁加盟的优势

对想创业的人而言，加盟创业的确是一条成功的捷径。日本零售业的统计资料显示，有80%的独立开店者第一年就关门大吉，能撑到第五年者只有8%。而连锁店第一年就结束营业者仅有20%，有77%的连锁店能存活到第五年。连锁经营之所以得到飞速发展，主要由于其具有下列优势：

1. 经营成本降低

连锁经营的同业性，使各个门店的一些共同性活动，如采购、储运、广告宣传、会计核算等，可以集中起来由总部统一操作，降低了企业的管理成本和经营成本。

2. 投资风险减小

特许经营被誉为进入商界的“安全通道”，对于购买特许经营权的被特许人而言，加盟一个特许连锁店，可以利用一个已得到实践检验的成功的商业交易方式，获得特许人的指导和帮忙，比起其单独开店，成功的概率大大提高，行业新人面临的各种风险也大大减少。

3. 销售能力增强

由于连锁店中的商品或服务较其他商业模式的机构更具有价格优势，而且集中采购又使商品的品质有所保证，所以对顾客有很强的吸引力。连锁店铺位置分散、运输方便、配送快捷，而且多个分散的连锁单店构成一个有序的服务网络，能从售前、售中、售后给消费者提供快捷优质的服务，具有服务优势。这些都使连锁店具有强大的销售能力。

4. 竞争能力增强

连锁经营是流通中一种集生产加工、零售、批发为一体，组织化程度较高的组织形式。它组织环节少，调节灵敏，反应迅速，通过连锁体系的销售网络和销售渠道与消费者相联系，能快速准确地了解和掌握市场信息，迅速将生产厂家的产品推向市场，增强市场竞争力，扩大市场占有率。

（二）连锁加盟的风险

连锁经营虽有强大的优势，但也存在风险，加盟经营者要充分认识并有效地规避这些风险。

1. 风险的表现

（1）连锁体系的整体性风险。曹操把很多船只“连锁”在一起征战发挥了优势，但当孙权、刘备用火攻时，其劣势也表现得淋漓尽致。连锁企业也一样，它的劣势同样隐藏在它的优势中，这就是连锁体系的整体性风险。据悉，2003年亚洲爆发大规模禽流感，以鸡为主打食品的肯德基亚洲连锁体系年营业额下降高达20%。2005年，肯德基又遭遇“苏丹红1号”危机，一个小小作料中的隐患却让一个庞大的快餐连锁王国遭遇重创。

（2）总部对连锁体系的管控风险。整个连锁体系是原创店的复制和放大，是总部管理能力的放大和输出。如果原创店做得好，不一定整个连锁体系中的每一家店面都能做得好。如果原创店做得好，同时总部管得好，整个连锁体系中的绝大部分店面也容易做得好。但如果原创店和总部做不好，整个连锁体系中的绝大部分店面一定也做不好。

（3）市场需求变化带来的风险。市场变化莫测，消费者的需求呈现多层次、多样化趋势，连锁经营者面对的是不确定因素的增加和更加激烈的市场竞争。连锁企业是卖产品或者卖服务的，当市场上不再需求某一类产品或者某一类服务时，连锁企业也就会遭遇风险。

2. 风险的规避

规避连锁经营中存在的风险的主要方法有自我评估、行业评估、连锁集团评估、消费者评估等。

（1）自我评估。加盟是一种事业而非一份工作，加盟给予的是经营传承而非成功的保证。对于连锁经营，加盟者要参加一个加盟体系，需检验自己是否适合成为加盟者，一定要明确自我的需求及发展方向，确认自己能否融入某个连锁体系。

（2）行业评估。加盟者必须认真研究所选行业的发展前景，是属于流行性的行业、有发展后劲的潜力行业，还是如餐饮业和日常生活用品的零售业一样的平稳性行业。

（3）连锁集团评估。连锁集团评估只能是针对特许连锁中的盟主，因为直营连锁决策完全由总部决定，分店只能去执行，只有特许加盟店才会考察集团总部。考察的内容包括盟主的经验、开店时间、店铺数量、专业化程度、企业文化、人才实力、资金实力、服务状况、社会口碑、经济效益、产品生命周期、费用情况、店铺成活率等。

（4）消费者评估。做好消费者评估就等于做好市场评估，评估内容主要包括消费者数量、年龄、收入水平、生活方式、家庭结构、文化层次、社会地位、消费欲望、消费结构等，从而对症下药，采取相应的目标策略，把握消费者的消费行为。

（三）连锁店地址的选择

连锁店的地址关系到发展前景和经济效益，两个同行业同规模的商店，即使商品构成、服务水平、管理水平、促销手段等大致相同，仅仅由于所处地址不同，经营效益可能存在较大的差别。那么如何选择店址呢？

1. 分析设店区域的性质

每个行业的连锁店，其顾客对象是不同的消费群体，连锁经营者一定要清楚自己的顾客属于哪种类型，什么地点能吸引这类消费者。一般来说，位于居民区的店铺适合经营一些消费者选择性不强而又经常需求的日常生活用品的行业，如便利店、超级市场、小食品店等。经营此类商品和服务的商店要尽量接近顾客，如以顾客步行的距离计算，一般选择半径在 300 米之内，步行在 20 分钟以内为宜。位于商业街的店铺适合于经营一些较为高档的商品，如服装、电器、钟表及餐厅等，因为顾客来自不同的地方，他们的目的就是购物，所购买的多是挑选性较强的商品。位于繁华商业中心的店铺租金极贵，不适宜小本经营，而适宜经营价格较高，顾客需要再三考虑才决定购买的高档消费品，如高档家具、珠宝首饰等。

2. 分析潜在顾客和客流规律

选择店址首先必须了解当地人口总数、人口密度、人口增长情况、人口年龄结构等，有调查资料表明，现代化的超级市场约 50% 的顾客来自商店 250 米内的区域，因此，如开设超级市场，一般要求在计划地点 500 米半径范围内至少有 1 万人定居。人流量大的地方，当然有利于设店，但并非什么类型的店都适合开，还要分析是哪些人来往，客流规律如何。如过路者儿童多，则适合开快餐店，不适合开服装店。此外，还要了解行人来往的高峰时间和稀少时间，行人来往和目的及停留时间等。在车站、码头、学校、公共场所等，客流速度较快，停留时间短，流动时间比较集中，可以经营挑选性不强和携带方便的商

品，如烟酒副食店、冷饮店、快餐店等。

3. 分析交通地理条件

交通便利性是选址要考虑的重要因素。方便的交通要道，如车站、码头及公共汽车停车站附近，由于人流量大，设店价值较高，交叉路口的街角也是设店的理想位置。由于交通条件、公共设施、行走方向习惯、居住区范围及照明条件等因素影响，一条街道的两侧，或者同一侧街道不同地段其客流量往往并不相同，选址时要分析街道客流特点，选在客流较多的地段或街道一侧。

【拓展阅读】

“豆子”选址法

1915 年，香港永安公司经理郭泉，携港币 50 万元来到上海筹建永安公司，选定了繁华的闹市区南京路后，却因将店址建在路南还是路北而犹豫不决。他便派两个人分别坐在路南和路北观察，只要各自身边走过一个人，就往口袋里放一粒豆子。结果，路南的行人多于路北，郭经理就将店址定在路南。近百年过去了，历经沧桑的永安公司至今仍生意兴隆。

（资料来源：《选址设计陈列要赢得顾客心》，《中国商贸》，1997 年第 2 期）

4. 分析竞争程度

同行之间竞争在所难免。同一地区，如果同行业店铺比较集中，会导致两种情况。一是恶性竞争，势必影响经济效益，除非新设商店有特殊经营风格、能力或不寻常的商品来源，否则难以成功。二是各自在经营品种上相互补充，构成连带关系，既便于顾客广泛比较、挑选，又促进各自销售，如义乌的小商品批发市场、广州的“电器城”等。

5. 分析其他因素

迁移的代价较大，店址一旦被选定，一般不会轻易迁移。所以，选址要从长计议，要详细了解该区的街道、治安、卫生、交通、市政、绿化、公共设施、住宅及其他建设和改造项目的规划，使选定的店址既符合近期环境特点，又符合长期发展规划，避免造成损失。

扫一扫，测一测

第四节　创业政策

依法创业是创业成功的根本。创业者要自觉学习与企业经营有关的法律、法规，牢固树立遵纪守法意识，以防范和避免在经营过程中触犯法律、法规。同时，要树立自我保护意识，学会用法律武器保护企业权益不受侵害。此外，为了鼓励和支持大学毕业生创业，国务院办公厅及有关部门制定了一系列相关政策，了解、利用这些政策，无疑会为创业添油加力。

【拓展阅读】

大学生创业先锋沦为阶下囚

卢伟麟是广东一所知名高校的学生。早在大三时，他就和同学一起创办了一家数码科技公司，筹建广州首家城市生活指导网站，被媒体誉为“广东大学生IT界创业第一人”。同学们也公认其才华横溢。然而，几年后当他再次引起人们的关注时，却是因为在网络上“传播淫秽物品牟利”而被判刑。原来，为了吸引更多的客户以获利，卢伟麟的公司建立电影网站，开设成人区上传淫秽电影，在短短几个月里，已经有近千名会员注册、浏览其上传的淫秽电影。最终法院判处卢伟麟有期徒刑18个月，此时他刚满26岁。

（资料来源：袁先海，《“大学生创业第一人”谈创业》，《中国教育报》，2006年6月28日）

一、创业相关法规

涉及企业运营与管理的相关法律、法规和规章制度，规定了创业者参与经济生活的各种不同主体身份，以及各自的权利义务，了解这些法律法规是创业的基础。这些法律法规主要涉及以下几个方面。

（一）涉及企业注册

我国实行企业注册资本制，对不同性质的出资人有明确规定。不同的组合方式，适用的法律不同，主要有《中华人民共和国公司法》《中华人民共和国合伙企业法》《中华人民共和国个人独资企业法》《中华人民共和国外资企业法》《中华人民共和国中外合作经营企业法》《中华人民共和国中外合资经营企业法》。

（二）涉及创业创办

涉及企业创业的相关法规主要有《中华人民共和国公司登记管理条例》《中华人民共和国企业法人登记管理条例》《企业名称登记管理规定》《税务登记管理办法》。

（三）涉及企业经营管理

1. 企业纳税及其相关财经制度

主要有《中华人民共和国税法》《中华人民共和国票据法》《中华人民共和国会计法》《中华人民共和国证券法》。

2. 规范企业市场交易活动的法律

主要有《中华人民共和国合同法》《中华人民共和国担保法》《中华人民共和国产品质量法》《中华人民共和国反不正当竞争法》《中华人民共和国反垄断法》《中华人民共和国广告法》《中华人民共和国消费者权益保护法》。

3. 规范企业劳动关系的法律

主要有《中华人民共和国劳动法》《中华人民共和国劳动合同法》《中华人民共和国就业促进法》《社会保险费征缴暂行条例》《社会保险登记管理暂行办法》《工伤保险条例》《最低工资规定》。

4. 与知识产权相关的法律

主要有《中华人民共和国著作权法》《中华人民共和国民法通则》《中华人民

共和国专利法》及其实施细则、《中华人民共和国商标法》及其实施细则、《信息网络传播权保护条例》《计算机软件保护条例》。

5. 与解决创业纠纷相关的法律

主要有《中华人民共和国民事诉讼法》《中华人民共和国行政诉讼法》《中华人民共和国仲裁法》《中华人民共和国劳动争议调解仲裁法》。

（四）涉及特定行业管理

政府对特许经营的管理规定包括：创办生产型企业，《中华人民共和国工业产品生产许可证管理条例》；创办网络经营服务，《互联网上网服务营业场所管理条例》。其他，如文化、音像、演出、美容、旅馆、文物、化妆品、医疗器械、药品、食品生产、典当、拍卖、成品油、烟酒、农药等特许经营的管理规定。

二、国家扶持政策

（一）企业登记注册方面

1. 简化登记注册程序

凡高校毕业生（毕业后两年内，下同）申请从事个体经营或申办私营企业的，可通过各级工商部门注册大厅“绿色通道”优先登记注册。其经营范围除国家明令禁止的行业和商品外，一律放开核准经营。对限制性、专项性经营项目，允许其边申请边补办专项审批手续。对在科技园区、高新技术园区、经济技术开发区等经济特区申请设立个私企业的，特事特办，除了涉及必须前置审批的项目外，试行“承诺登记制”。申请人提交登记申请书、验资报告等主要登记材料，可先予颁发营业执照，让其在3个月内按规定补齐相关材料。凡申请设立有限责任公司，以高校毕业生的人力资本、智力成果、工业产权、非专利技术等无形资产作为投资的，允许抵充40%的注册资本。

2. 减免各类费用

对从事个体经营的高校毕业生，除国家限制的行业外，自工商行政管理部门登记注册之日起3年内免交登记类、管理类和证照类各项行政事业性收费。对参加中国个体劳动者协会（又称为个私协会）的，免收其1年会员费。对高校毕业生申办高新技术企业（含有限责任公司）的，其注册资本最低限额为10万元，如资金确有困难，允许其分期到位；申请的名称可以“高新技术”“新技术”“高科技”作为行业予以核准。高校毕业生从事社区服务等活动的，经居委会报所在地工商行政管理机关备案后，1年内免予办理工商注册登记，免收各项工商管理费用。在创业园和创业孵化基地创业的高校毕业生，自创办之日起，1年内享受减免房租。

（二）金融贷款方面

1. 小额担保贷款和贴息支持

自2010年起，高校毕业生只要到人力资源和社会保障机构求职登记，就可以按规定申请小额担保贷款。从事微利项目的，可以按规定享受贴息扶持。对合伙经营和组织起来就业的，贷款规模可适当扩大。

2. 简化贷款手续

通过简化贷款手续，合理确定授信贷款额度，在一定的期限内周转使用。

3. 利率优惠

对创业贷款给予一定的优惠利率扶持，视贷款风险度不同，在法定贷款利率基础上可适当下浮或上浮。

【拓展阅读】

小额担保贷款

小额担保贷款是指通过政府出资设立担保基金，委托担保机构提供贷款担保，由经办商业银行发放，以解决符合一定条件的待就业人员从事个体经营自筹资金不足的一项贷款业务。小额担保贷款主要用做自谋职业、自主创业或合伙经营和组织起来创业的开办经费和流动资金。

国家规定个人申请额度最高不超过5万元，各地区对申请小额担保贷款额度有不同的规定，许多地区额度高于5万元。合伙经营贷款额度更大。小额担保贷款期限一般不超过2年，到期确需延长的，可展期1次，展期期限不超过1年。

小额担保贷款按照自愿申请、社区推荐、人力资源和社会保障部门审查、贷款担保机构审核并承诺担保、商业银行核贷的程序，办理贷款手续。各个国有商业银行、股份制商业银行、城市商业银行和城乡信用社都可开办小额担保贷款业务，各地区根据实际情况确定具体经办银行。在指定的具体经办银行可以办理小额担保贷款。

（资料来源：相关政府部门网站资料综合整理）

（三）税收缴纳方面

财政部、国家税务总局《关于继续实施支持和促进重点群体创业就业有关税收政策的通知》已明确，自2017年1月1日起，毕业年度(指毕业所在自然年，即1月1日至12月31日)内高校毕业生在校期间凭学校出具的相关证明，经学校所在地省级教育行政部门核实认定，取得《高校毕业生自主创业证》(仅在毕业年度适用)，并向创业地公共就业服务机构申请取得《就业失业登记证》；高校毕业生离校后直接向创业地公共就业服务机构申领《就业失业登记证》，作为享受政策的凭证。

对持有《就业失业登记证》(注明“自主创业税收政策”或附着《高校毕业生自主创业证》）的人员从事个体经营(除建筑业、娱乐业以及销售不动产、转让土地使用权、广告业、房屋中介、桑拿、按摩、网吧、氧吧外)的，在3年内按每户每年8000元为限额依次扣减其当年实际应缴纳的营业税、城市维护建设税、教育费附加和个人所得税。

（四）企业运营方面

（1）员工聘请和培训享受减免费优惠。对大学毕业生自主创办的企业，自工商部门批准其经营之日起1年内，可在政府人事、劳动保障行政部门所属的人才中介服务机构和公共职业介绍机构的网站免费查询人才、劳动力供求信息，

免费发布招聘广告等。对于参加政府人事、劳动保障行政部门所属的人才中介服务机构和公共职业介绍机构举办的人才集市或人才、劳务交流活动，可准予适当减免交费。政府人事部门所属的人才中介服务机构免费为创办企业的毕业生、优惠为创办企业的员工提供一次培训、测评服务。登记失业的高校毕业生，参加人力资源和社会保障部门举办的创业培训，可享受职业培训补贴。

（2）人事档案管理免2年费用。对自主创业的高校毕业生，政府人事行政部门所属的人才中介服务机构免费为其保管人事档案（包括代办社保、职称、档案工资等有关手续）2年。

（3）社会保险参保有单独渠道。高校毕业生从事自主创业的，可在各级社会保险经办机构设立的个人缴费窗口办理社会保险参保手续。

（4）有创业意愿的高校毕业生，可免费获得公共就业服务部门提供的创业指导服务，包括项目开发、方案设计、风险评估、开业指导、融资服务、跟踪扶持等内容。

【温馨提示】

扫一扫，测一测

湖北省对大学生创业的扶持政策

2011年12月，湖北省人民政府出台了《关于进一步做好普通高等学校毕业生就业工作的通知》，制定了一系列创业扶持政策。

一是设立我省大学生创业扶持资金，专门用于资助大学生创业以及开展创业指导、创业培训、项目认定、高校就业创业指导站建设等工作。

二是提高高校毕业生小额担保贷款额度，在贷款期限内予以全额贴息。

三是在东湖示范区、大别山试验区、武陵山试验区设立注册资本在50万元以内的内资有限责任公司（一人公司除外），允许实收资本“零首付”。在其他区域设立注册资本10万元以下的内资有限责任公司（一人公司除外），允许实收资本“零首付”。

四是对就业困难高校毕业生在自主创业领取工商营业执照后，按每人2 000元标准给予一次性创业补贴。

五是对毕业年度内持《就业失业登记证》从事个体经营的高校毕业生，在前3年内按每户每年8 000元的标准依次扣减相关税费。

六是对毕业2年以内普通高校毕业生从事个体经营（除国家限制行业外）的，自其在工商部门首次登记之日起3年内免收相关行政事业性收费。

（资料来源：人民网，《湖北省出台普通高等学校毕业生就业政策》）

【自我测试】

你具有成为合格加盟商的素质吗？

尝试回答以下问题，看看自己是否具备合格加盟商的素质。

1. 在加盟店的经营过程中，如果你发现了一种更好的促销手段而未被总部认可时，你能遵守总部的规定吗？

2. 对于如何运作加盟店，你能接受连锁总部的工作人员提出的指导和建议吗？

3. 如果授权人拒绝了你的提议，并提出改变系统的绝好建议，你能接受吗？

4. 即使他们的决定不符合你的具体情况，你能保留自己的意见而相信授权人是在考虑整个系统的利益吗？

5. 你愿意、能够并渴望学习新知识吗？你能够抛弃旧的习惯和观念，遵循一系列连锁经营的运作方式吗？

6. 你愿意公开加盟店的财务状况，并且逐月按要求上报总部吗？

7. 你本身具有成为一名卓越经理人的魄力吗？

8. 为了成功，你愿意长年累月超负荷地工作吗？

9. 你愿意放弃你原来的业务和收入转而投资特许经营吗？

10. 你的自理能力如何？能在没有同仁的帮助时独立工作吗？

11. 你的健康状况如何？你的体能能适应自己经营的加盟店吗？

12. 你能对付压力吗？你具备自己运作加盟店所应有的心理承受力吗？你能应付危急情况吗？

13. 你喜欢与人相处吗？你善于倾听别人的意见吗？在工作中与他人交往时，你有耐心吗？

14. 你善于沟通吗？你能够做一个自己公司的领导人、自己职员的教官，而同时又身先士卒吗？

15. 你能够与手下的员工保持良好的关系吗？

16. 你能够满足你的顾客的需求吗？

17. 你具有推销你自己、你的商品和服务的能力吗？

18. 你愿意接受授权人提供的广告和促销策划，还是认为自己是这方面创作的天才？

19. 你能投资多大数额？你能承受多大的风险？你想保留多少资金？

20. 你的家人和朋友怎么看待你做特许经营人？你作决定时他们支持吗？

（资料来源：连锁中国网，《你具备成为合格加盟商的素质吗》）

【拓展训练】

一、撰写“我的第一个创业计划”

请选择一个自己感兴趣的创业项目，搜集资料、分析情况后填写下表，尝试运作自己的第一个创业计划。

(　　　　　　　　　　)创业计划书	
企业名称	
企业地址	
企业性质	
负责人姓名和住址	
筹措资金陈述	

续表

行业分析	1. 项目开发意图及市场前景 2. 竞争情况分析 3. 市场划分 4. 行业预测
生产(经营)计划	1. 生产(经营)条件(厂房、机器、设备等) 2. 劳动力组合情况 3. 生产(经营)能力估计 4. 货源供应情况
营销策略	1. 定价 2. 分销 3. 促销 4. 产品市场预测
财务计划	1. 资金的来源和运用 2. 损益预测 3. 盈亏平衡分析 4. 资产负债预测 5. 现金流预测
人员及组织结构	1. 合作伙伴 2. 团队介绍 3. 团队成员的角色和责任
其他	1. 市场调研分析(包括原材料报价) 2. 相关法律法规 3. 合同

二、案例分析

案例一

王××就读的是汽车维修专业，大学毕业后，他一门心思要当老板。为了积蓄资本，王××在一家4S店里辛勤工作，省吃俭用，6年后终于积攒了足够的资本，注册了一家汽车维修公司。办齐所有手续后，他雇用了2名维修工人，自己也不分节假日天天守在公司里，勤勤恳恳努力工作，但怎么也没料到，最初3个月没做成几笔生意，直到第5个月才有所好转，可生意很不稳定，半年就赔了4万元。看着附近的汽车维修店生意兴隆，他怎么也想不明白，自己为什么生意惨淡。家人纷纷劝他别折腾了，还是给别人打工牢靠。他动摇了，第8个月时毅然关闭了公司，重新找了一份工作。

请问：

1. 开一家汽车维修公司，应该如何办理各项手续？

2. 你认为王××适合当老板吗？为什么？

3. 如果不关闭公司，你认为王××应该采取哪些措施拯救公司？

案例二

广东省汕头市潮阳区有一家生产内衣的民营企业，其老板姓刘。最初是一家夫妻店，后来生意逐渐兴隆后，工厂开始扩大规模，亲朋好友纷纷前来帮忙打理。工厂越做越大，

工人达 500 多人。但刘老板却很发愁：生意好，工厂应该赚钱才对，可除去银行还贷和开支，银行的存款所剩无几。他经常到车间巡视，每天安排 4 个搬运工负责搬运车间的半成品，可车间主任还一再反应杂工太少，应该更多一些。这话有道理，但人工成本却需增加，这如何是好？各车间的合格品、次品、半成品及原料到处乱放，无标志、无区分，有时候出货时少数找不到，出货后又冒了出来，让人哭笑不得。机修师傅的工具和员工的工具随地放置，常常遗失，又申请购买，有时工人们为此争吵，怀疑有人偷窃。机台有时候突然损坏，一修就是半天，还缺少零部件。制衣车间里的私人物品到处乱放。在车间，有的工人拨打私人电话，有的听收音机，有的干脆就把耳机插在耳朵内不取下来。地面很脏，天花板上的蜘蛛网连成一片，出货的电梯门敞开，曾经还发生过安全事故。员工士气不振，管理人员说管理难，员工刁，但招工难，员工不好辞退。还有一些管理人员说，这些都是小问题，能出货，客户的钱能收回就好！但最让刘老板烦心的是，出货老是延期，产品质量无法控制，客户抱怨增多，成本增加，竞争加剧，产品价格又下降。刘老板愁白了头，真不知该如何处理。

（资料来源：中华服装网）

请问：

1. 刘老板在服装企业管理中存在哪些问题？你认为应该如何解决？

2. 你认为内衣生产市场前景如何？为什么？

3. 选择国内知名度较高的 3 种内衣品牌，搜集各自相关信息并加以比较，分析这 3 种内衣品牌的经营战略有何区别。

参考文献

[1] 麦可思研究院. 大学生求职决胜宝典. 北京：清华大学出版社，2012.

[2] 戴裕葳. 高职生职业生涯规划与就业创业指导. 北京：高等教育出版社，2005.

[3] 张晖怀. 新编大学生就业与创业指导. 北京：高等教育出版社，2011.

[4] 彭纯宪. 企业文化. 北京：高等教育出版社，2011.

[5] 高桥. 大学生就业指导. 北京：清华大学出版社，2006.

[6] 王明复，孙培雷. 大学生职业生涯规划与求职指导. 北京：清华大学出版社，2012.

[7] 张晓丹，何代忠. 大学生就业指导案例汇编. 北京：清华大学出版社，2010.

[8] 吴红波. 大学生就业与创业. 北京：人民出版社，2011.

[9] 彭建设，彭纯宪. 创业教育. 北京：高等教育出版社，2008.

[10] 李明才. 职业指导. 北京：石油工业出版社，2006.

[11] 张玉珍，任金珍，顾世明. 大学生职业生涯规划与求职指导. 北京：中国水利水电出版社，2010.

[12] 匡增明，殷黎丽. 大学生职业发展与就业指导实用教程. 北京：化学工业出版社，2012.

[13] 周群. 职业人生与就业指导. 北京：北京大学出版社，2007.

[14] 周志远，曹俊伟. 大学生职业生涯发展规划与就业指导. 北京：科学出版社，2010.

[15] 钟谷兰，杨开. 大学生职业生涯发展与规划. 上海：华东师范大学出版社，2008.

[16] 里尔登，伦茨，辛普桑，等. 职业生涯发展与规划. 侯志瑾，伍新春，等译. 北京：高等教育出版社，2005.

[17] 孙权，王滨有. 高职大学生就业指导. 北京：北京邮电大学出版社，2005.

[18] 曹占东. 大学生就业指导. 北京：北京师范大学出版社，2010.

[19] 奥尼尔. 职场人际关系心理学. 北京：中国人民大学出版社，2012.

[20] 谭一平，徐晓丹. 职场人际关系与沟通. 北京：清华大学出版社，2011.

[21] 张汉芳，韩志来. 心路导航：大学生成长手册. 武汉：华中科技大学出版社，2009.

[22] 黑贝尔斯，威沃尔. 有效沟通. 北京：华夏出版社，2005.

[23] 江光荣，梁宇颂. 大学生心理健康教育. 武汉：华中师范大学出版社，2012.

[24] 春晓. 求职风暴. 北京：北京工业大学出版社，2010.

[25] 申永东. 大学生就业指导教程. 广州：华南理工大学出版社，2007.

[26] 饶俊南，杨应慧. 大学生就业指导. 武汉：武汉理工大学出版社，2012.

[27] 赵天武. 大学生择业指导. 武汉：湖北人民出版社，2007.

[28] 范河明，李江云. 大学生就业与创业指导. 北京：高等教育出版社，2010.

[29] 王熙兰. 职业生涯规划与就业指导. 北京：高等教育出版社，2010.

[30] 张超. 职场潜伏心理学. 长春：北方妇女儿童出版社，2010.
[31] 王琤，高兴. 做一个心理健康的员工. 北京：新世界出版社，2011.
[32] 孙科炎，路光. 职场心理学. 北京：中国电力出版社，2012.
[33] 宋专茂. 职场心理案例集. 广州：暨南大学出版社，2005.
[34] 穆学君，英宝有. 高职学生社会素质培养. 北京：高等教育出版社，2009.
[35] 李晓宵. 职场心灵疏导术. 北京：中国纺织出版社，2012.
[36] 宇琦，尹逸如. 职场要懂心理学. 北京：中国华侨出版社，2010.
[37] 张路中. 职场新人最重要的 90 天. 北京：中国时代经济出版社，2008.
[38] 王新文. 大学生全程就业指导. 南京：南京大学出版社，2009.
[39] 黄信景，吴洁，邹圻. 职场人际关系心理健康指南. 北京：中国工人出版社，2010.
[40] 张艳. 大学生职业指导实训教程. 北京：高等教育出版社，2008.
[41] 马蜂，胡广龙. 基本职业素养. 天津：天津大学出版社，2012.